भारतीय साहित्य के इतिहास की समस्याएं

भारतीय साहित्य के इतिहास की समस्याएँ

रामविलास शर्मा

वाणी प्रकाशन

वाणी प्रकाशन
4695, 21-ए, दरियागंज, नयी दिल्ली 110 002
फ़ोन : +91 11 23273167 फ़ैक्स : +91 11 23275710

शाखाएँ
अशोक राजपथ, पटना 800 004, बिहार
कॉफ़ी हाउस कैम्पस, महात्मा गांधी मार्ग, इलाहाबाद 211 001, उत्तर प्रदेश
महात्मा गांधी अन्तरराष्ट्रीय हिन्दी विश्वविद्यालय, वर्धा 442 001, महाराष्ट्र

www.vaniprakashan.in
marketing@vaniprakashan.in
sales@vaniprakashan.in

BHARTIYA SAHITYA KE ITIHAS KI SAMASYAYEN
by Ramvilas Sharma

ISBN : 978-93-5000-121-9
Essays on Indian Literature and Language

संस्करण 1986, 2002, 2010, 2012
आवृत्ति 2019

मूल्य : ₹ 250

हर्ष प्रिंटर्स, दिल्ली-110 093 में मुद्रित

वाणी प्रकाशन का लोगो मक़बूल फ़िदा हुसेन की कूची से

भूमिका

इस पुस्तक में दो निबन्ध हैं : 'बहुजातीय राष्ट्रीयता और साहित्य' और 'साहित्य में देशी भाषाओं की प्रतिष्ठा'। इन निबन्धों में जिन समस्याओं का विवेचन है, उनका सम्बन्ध भारतीय साहित्य से है और भारत की प्रत्येक भाषा के साहित्य से है।

भाषा के बिना साहित्य का अस्तित्व असंभव है, मानव समाज के बिना भाषा का अस्तित्व असम्भव है। इस मानव समाज के गठन के रूप बदलते रहते हैं। पूंजीवादी समाज, उससे पहली सामंती समाज, और उससे भी पहले कबीलाई समाज—इनमें सामाजिक गठन के रूप अलग-अलग तरह के होते हैं। किसी भी भाषा के साहित्य का इतिहास लिखना हो, इस बात पर विचार करना आवश्यक होगा कि उस भाषा के व्यवहार करने वाले मानव समाज के गठन का रूप कौन-सा है। वह मानव-समाज विकास की किस अवस्था में है, इसकी जानकारी के बिना उसकी भाषा के साहित्य के इतिहास का विवेचन नहीं किया जा सकता, उस साहित्य की सामाजिक विषयवस्तु का ऐतिहासिक महत्व निर्धारित नहीं किया जा सकता।

भारत के सामाजिक विकास की प्रमुख समस्या है यहाँ विभिन्न भाषाएँ बोलने वाली जातियों के निर्माण की समस्या। इस समस्या का विशिष्ट रूप यह है : इन जातियों का निर्माण अंग्रेज़ी राज कायम होने से पहले हुआ या उसके बाद हुआ ? अधिकांश इतिहासकार मानते हैं, आधुनिक साहित्य का निर्माण अंग्रेज़ी राज कायम होने के बाद हुआ। इसके पहले 'मध्यकाल' है। 'मध्यकाल' में आधुनिक जातियों का अस्तित्व नहीं है। इन इतिहासकारों की समझ में जातियों का निर्माण अंग्रेज़ी राज कायम होने के बाद हुआ। ऐसे इतिहासकार किसी-न-किसी रूप में अंग्रेज़ी राज की प्रगतिशील भूमिका स्वीकार करते हैं। अंग्रेज़ों ने यहाँ पुरानी व्यवस्था—कबीलाई अथवा सामंती व्यवस्था—ध्वस्त करके नयी व्यवस्था अर्थात् पूंजीवादी व्यवस्था कायम की अथवा उसे कायम करने के लिए परिस्थितियाँ उत्पन्न कीं और इस तरह जातियों का निर्माण सम्भव हुआ।

सोवियत संघ और चीन में भारतीय भाषाओं के इतिहास लिखने की योजनाएँ बनायी गयी हैं। वहाँ के इतिहासकारों को इस प्रश्न का उत्तर देना होगा; अंग्रेज़ी राज में भारत की पराधीनता उसकी भाषाओं के साहित्य के विकास के लिए लाभकारी थी या हानिकारक ? इस प्रश्न का जो भी उत्तर वे दें, उन्हें एशियाई संदर्भ को ध्यान में रखते हुए इस प्रश्न पर भी विचार करना होगा कि चीन जैसे देशों में अंग्रेज़ों या उनके गोरे भाईबंदों का सीधा प्रभुत्व कायम नहीं हुआ, तो वहाँ जातियों का निर्माण हुआ या नहीं और हुआ तो कब हुआ।

अंग्रेज़ों से पहले भारत पर तुर्कों ने आक्रमण किया और यहाँ अपना राज कायम किया। क्या इससे भारतीय समाज के विकास में कोई महत्वपूर्ण सहायता मिली ? तुर्कों और मंगोलों ने चीन और रूस पर हमला किया था, वहाँ अपना राज कायम किया था। क्या इससे वहाँ के समाजों के विकास में कोई महत्वपूर्ण सहायता मिली थी ? पूर्वी यूरुप और एशिया के सन्दर्भों में इन प्रश्नों पर विचार करने से भारतीय साहित्य के इतिहास की समस्याएँ सुलझाने में सहायता मिलेगी।

समाज और साहित्य का इतिहास लिखते समय क्या धर्म और साम्प्रदायिक मतों को विवेचन का आधार बनाना चाहिए ? काल-निर्धारण में धर्मों और मतों का ध्यान रखा जाता है यथा बौद्ध काल, मुस्लिम काल का विवेचन होता है। इनके समानान्तर हिन्दू काल होना ही चाहिए पर ईसाई काल नहीं है, न भारत में है न यूरुप में। कलाओं का नामकरण भी इसी पद्धति के अनुरूप है यथा बौद्ध स्थापत्य, मुस्लिम स्थापत्य, हिन्दू स्थापत्य। पर हिन्दू संगीत, मुस्लिम संगीत नहीं है। क्यों नहीं है ? हिन्दू संस्कृति है, मुस्लिम संस्कृति है। क्या संगीत संस्कृति से बाहर की चीज़ है ? विभिन्न कलाओं के व्यापक संदर्भ में साहित्य के इतिहास पर विचार किया जाये तो समस्याएँ सुलझाने में मदद मिलेगी। हिन्दू संगीत और मुस्लिम संगीत की जगह हिन्दुस्तानी और कर्णाटक संगीत, भारतीय संगीत के ये दो रूप प्रसिद्ध हैं। हिन्दुस्तान और कर्णाटक जातीय प्रदेश हैं, 'जातीय' शब्द पर आपत्ति हो तो इन्हें भौगोलिक इकाई मान लीजिये। संगीत में सांप्रदायिक विभाजन नहीं हुआ, इसका कारण यह हो सकता है कि संगीत का इतिहास विश्वविद्यालयों में पढ़ाया न जाता था, इसलिये वह पेशेवर इतिहासकारों के सांप्रदायिक विवेचन से बच गया।

भारत में नृत्य के अनेक रूप प्रचलित हैं, बौद्ध काल से लेकर अब तक प्रचलित रहे हैं। इनमें बौद्ध नृत्य, हिन्दू या मुस्लिम नृत्य जैसी चीज़ नहीं है। लेकिन इसी धर्मनिरपेक्ष नृत्य की मुद्राएँ जब शिल्प में अंकित होती हैं तो वे हिन्दू या बौद्ध हो जाती हैं ! दोष न तो शिल्पकारों का है, न नर्तकों और नर्तकियों का; दोष है इतिहासकारों का।

किसी भी भाषा के साहित्य का निर्माण अन्य भाषाओं के साहित्य से नितांत

अलगाव की अवस्था में नहीं होता। लोग यूरोपियन साहित्य की बात करते हैं, भारतीय साहित्य की बात भी करते हैं। यूरुप राष्ट्र नहीं है, भारत राष्ट्र है। लोग भारत के राष्ट्रीय स्वाधीनता आन्दोलन की बात करते हैं, यूरुप के स्वाधीनता आन्दोलन की बात नहीं करते; शायद उन्हें ऐसे आन्दोलन की ज़रूरत नहीं पड़ी। यूरुप में साझा मंडी है पर यूरुप का कोई राष्ट्रीय अर्थतंत्र नहीं है। यूरोपियन साहित्य यूरुप का राष्ट्रीय साहित्य नहीं है। भारतीय साहित्य भारत का राष्ट्रीय साहित्य है।

ब्रिटेन और संयुक्त राज्य अमरीका में एक ही भाषा अंग्रेज़ी का व्यवहार होता है। ब्रिटेन के अंग्रेज़ी साहित्य का इतिहास अलग लिखा जाता है, अमरीका के अंग्रेज़ी साहित्य का इतिहास अलग। मध्य और दक्षिणी अमरीका के अनेक देशों में स्पैनिश बोली जाती है। ये सब पृथक् देश हैं, किसी राष्ट्र के प्रदेश नहीं। जर्मनी और आस्ट्रिया में एक ही भाषा जर्मन बोली जाती है पर दोनों अलग, स्वतंत्र देश हैं। नार्वे, हालैण्ड, जर्मनी आदि देश एक दूसरे से मिलती-जुलती जर्मन समुदाय की भाषाएँ बोलते हैं। इटली, फ्रान्स, स्पेन आदि देश एक दूसरे से मिलती-जुलती लैटिन समुदाय की भाषाएँ बोलते हैं। मध्य और दक्षिणी अमरीका के देशों में स्पैनिश और पोर्चुगीज़ न केवल लैटिन समुदाय की भाषाएँ हैं वरन् वे एक दूसरे से बहुत ज्यादा मिलती-जुलती हैं। पर जर्मन या लैटिन समुदायों के भाषा क्षेत्रों में बहुजातीय राष्ट्रीयता का विकास न तो यूरुप में हुआ, न अमरीका में।

ब्रिटेन में अंग्रेज़ी के अलावा वेल्श में साहित्य रचा गया है पर अंग्रेज़ी साहित्य केवल अंग्रेज़ जाति का साहित्य है, ब्रिटिश जाति के साहित्य का इतिहास नहीं लिखा गया। ऐसे इतिहास में अंग्रेज़ी के अलावा वेल्श साहित्य का विवरण भी होगा। संयुक्त राज्य अमरीका में गोरे और काले अमरीकियों के अलावा वहाँ के आदिवासी रेड इंडियन भी रहते हैं। एकाध जगह उनकी भाषाओं को स्कूली शिक्षा के माध्यम के रूप में मान्यता भी दी गयी है। संयुक्त राज्य अमरीका बहुजातीय राष्ट्र है पर उसके साहित्य का इतिहास केवल एक जाति के साहित्य का इतिहास है।

भारत में बहुजातीय राष्ट्रीयता का विकास मानव-समाज की विशिष्ट उपलब्धि है। पूँजीवादी देशों में स्विट्ज़रलैण्ड बहुजातीय राष्ट्र है, समाजवादी देशों में सोवियत संघ बहुजातीय राष्ट्र है। बहुजातीय राष्ट्रीयता के विकास की समस्या समाजशास्त्र की महत्वपूर्ण समस्या है; उसका जो महत्व भारत के लिए है, वह अन्य किसी देश के लिए नहीं।

राष्ट्र के रूप में सोवियत संघ का निर्माण १९१७ की क्रान्ति के बाद हुआ। सोवियत इतिहासकार जब अपने बहुजातीय देश का इतिहास लिखते हैं, तब उसमें विभिन्न जातियों के, सन् १७ से पहलेवाले, इतिहास को शामिल कर लेते हैं।

हम भारतीय साहित्य का इतिहास लिखें तो उसमें सन् ४७ से पहले और बाद के सिन्धी साहित्य का इतिहास शामिल करें या नहीं ? मान लीजिये, भारतीय साहित्य नहीं, केवल बँगला साहित्य का इतिहास लिखना है। इसमें बँगला देश में रचा हुआ साहित्य शामिल किया जायेगा या नहीं ? ऐसे ही पंजाबी साहित्य का इतिहास लिखना हो तो उसमें पश्चिमी पंजाब में रचा हुआ, सन् ४७ के बाद का, साहित्य शामिल किया जायेगा या नहीं ? भारतीय साहित्य के इतिहास का विवेचन वैसे तो किसी भी विचारधारा के इतिहासकारों के लिए चुनौती है, मार्क्सवादी इतिहासकारों के लिए वह विशेष रूप से चुनौती है क्योंकि जातियों की निर्माण प्रक्रिया का विवेचन मार्क्सवादी समाजशास्त्र की विशेषता अवश्य है पर बहुजातीय राष्ट्र की निर्माण प्रक्रिया का विवेचन उसमें नहीं के बराबर है।

इतिहासकार चाहे मार्क्सवादी हो, चाहे गैर-मार्क्सवादी, भारतीय साहित्य का इतिहास लिखेगा तो उसे विभिन्न भाषाओं के साहित्य के आपसी सम्बन्धों पर ध्यान देना होगा। यदि उसे किसी एक भाषा का साहित्य लिखना हो तो भी अन्य भाषाओं के साहित्य से उसके सम्बन्धों पर ध्यान देना होगा। वास्तविकता यह है कि भारत की किसी भी भाषा के साहित्य का इतिहास सही ढंग से अखिल भारतीय परिप्रेक्ष्य में ही लिखा जा सकता है।

जो लोग भारत में अनेक जातियों का अस्तित्व नहीं मानते, वे भी यहाँ अनेक भाषाओं का अस्तित्व मानते हैं। साहित्य में इन भाषाओं की प्रतिष्ठा एक ही समय पर क्यों नहीं हुई ? यह प्रश्न करते ही भारत के विभिन्न प्रदेशों में सामाजिक विकास की विषम गति स्पष्ट हो जायेगी। विभिन्न प्रदेशों में सामाजिक विकास की विषम गति वास्तव में यहाँ की जातियों के सांस्कृतिक विकास की ही विषम गति है। अतः वह बहुजातीय राष्ट्रीयता के विकास की विषम गति भी है। किसी एक भाषा के साहित्य का इतिहास लिखते समय इस समस्या पर विचार करना आवश्यक होगा, भारतीय साहित्य का इतिहास लिखते समय भी।

दोनों निबंधों के आरंभ में कुछ समस्याएँ मैंने गिना दी हैं, अन्त में निष्कर्ष दे दिये हैं। यह पाठकों की सुविधा के लिए है। समस्याओं और निष्कर्षों के बारे में अपनी राय कायम करते समय पूरे विवेचन को ध्यान में रखना उचित होगा। भारतीय साहित्य के इतिहास से सम्बन्धित अनेक प्रकार की बहुत सी समस्याएँ हैं। यहाँ कुछ मूल समस्याओं पर ही विचार किया गया है। ये मूल समस्याएँ नहीं हैं, गौण समस्याएँ हैं—यह भी कुछ लोगों की राय हो सकती है। साहित्य के इतिहास विवेचक बहुजातीय राष्ट्रीयता अथवा साहित्य में देशी भाषाओं की प्रतिष्ठा पर ज़रा कम विचार करते हैं। उनकी परम्परा के अनुयायी कह सकते हैं, साहित्य के लिए ऐसी समस्याएँ हैं ही नहीं, न मूल समस्याएँ हैं, न गौण समस्याएँ हैं। हो सकता है, साहित्य के लिए न हों पर साहित्य के इतिहास के लिए अवश्य हैं। शाश्वत मूल्यों वाले, लोकोत्तर आनन्द देने वाले, विशुद्ध

कलात्मक सौन्दर्य वाले साहित्य का कहीं इतिहास होता है? जहाँ साहित्य का इतिहास है, वहाँ ऐसी समस्याएँ भी होंगी। चाहे भारतीय साहित्य का इतिहास लिखा जाये, चाहे हिन्दी साहित्य का, ऐसी समस्याओं पर विचार करना अनिवार्य है।

मूल समस्याएँ यही हैं, अन्य नही हैं, ऐसा मेरा आग्रह नहीं है। मेरे निष्कर्ष सही हैं, ऐसा आग्रह और भी नहीं है। मैं जो कुछ कहूँगा, उसे आप मान लेंगे, ऐसा मैं नहीं सोचता। आप जो कहेंगे, उसे मैं मान लूंगा, ऐसा आप भी न सोचें। (यह बात मैं विशेष रूप से हिन्दी के मार्क्सवादी आलोचकों को ध्यान में रखते हुए कह रहा हूँ।) पर विचार-विमर्श से धारणाएँ बदल सकती हैं, आपकी और मेरी भी। जिन्हें बदलना ज़रूरी न हो, उनका और अधिक परिष्कार सम्भव है।

ये निबन्ध लगभग दस वर्ष पहले क० मु० विद्यापीठ की पत्रिका 'भारतीय साहित्य' में प्रकाशित हुए थे। कुछ अंश जो मुझे अनावश्यक लगे, मैंने निकाल दिये हैं, जहाँ-तहाँ अर्थ को स्पष्ट करने के लिए कुछ शब्द बदल दिये हैं या नये शब्द जोड़ दिये हैं। अन्य किसी प्रकार का परिवर्तन या परिवर्धन मैंने नहीं किया। इति।

नयी दिल्ली,
८ जून १९८६

रामविलास शर्मा

सूची

१. बहुजातीय राष्ट्रीयता और साहित्य

१. समस्याएँ

भारतीय साहित्य का इतिहास, इतना कहते ही अनेक समस्याएँ सामने प्रस्तुत हो जाती हैं।

क्यों न ऐसा माना जाय कि भारतीय साहित्य नाम की कोई वस्तु नहीं है? किसी समय भारत का बहुत सा साहित्य संस्कृत में रचा गया था। चाहें तो उसे भारतीय साहित्य की संज्ञा दे सकते हैं। उसके रचने वाले अनेक प्रदेशों के लोग थे। और ये सब प्रदेश अधिकांशतः उत्तर भारत में हैं। यह संस्कृत साहित्य थोड़े से पढ़े-लिखे लोगों की भाषा में रचा गया था। सामान्य जनता न संस्कृत बोलती थी, न संस्कृत पढ़ती थी। ऐसे संकुचित सामाजिक आधार वाले साहित्य को भारतीय साहित्य अर्थात् राष्ट्रीय साहित्य की संज्ञा कैसे दी जा सकती है?

कहा जा सकता है कि संस्कृत के विपरीत पाली लोक-भाषा थी। उसमें लिखा हुआ साहित्य राष्ट्रीय साहित्य कहलायेगा। किन्तु इस भाषा में जो कुछ लिखा गया है, वह अधिकतर बौद्ध धर्म से सम्बद्ध है। एक धर्म विशेष से सम्बद्ध साहित्य को राष्ट्रीय साहित्य कैसे कह सकते हैं? प्राकृतों में बहुत सा साहित्य रचा गया है पर इसके रचने वाले भी अधिकतर जैन विद्वान् हैं। इसके सिवा प्राकृतें वास्तव में लोक-भाषाएँ थीं, यह धारणा संदिग्ध है। इन प्राकृतों में सैकड़ों शब्द णकार से आरम्भ होते हैं; भारत की नदियों, पर्वतों, नगरों, ग्रामों, जनपदों, देवियों, देवताओं, मुनियों, मनुष्यों में किसी का नाम भी णकार से आरम्भ नहीं होता।

इस तरह भारत का प्राचीन साहित्य भारतीय कहलाने का अधिकारी नहीं ठहरता। अपभ्रंशों की बात ही करना बेकार है क्योंकि उनका क्षेत्र बहुत सीमित है। ये लोक भाषाएँ थीं, यह धारणा भी प्रमाण-सिद्ध नहीं है। विद्यापति लोक-भाषा मैथिल में लिख रहे थे, इसके साथ उनकी कीर्तिलता अपभ्रंश में है। इनमें कौन-सी लोक-भाषा है, कौन-सी कृत्रिम साहित्यिक भाषा है, यह निर्णय करना कठिन नहीं है।

जो साहित्य आधुनिक भारतीय भाषाओं में लिखा गया है, उसे भारतीय कहना और भी कठिन है। जिस युग में इस देश के विभिन्न भागों के पण्डितजन संस्कृत का व्यवहार करते थे, उस युग में भारत राष्ट्र की कल्पना की भी जा सकती है किन्तु जब आधुनिक भाषाओं का अभ्युदय हुआ, और वे साहित्य का माध्यम बनीं, तब जो राष्ट्रीय एकता थी भी, वह छिन्न-भिन्न हो गई। अनेक इतिहासकार मानते हैं कि अंग्रेज़ों के आने से पहले यहाँ राष्ट्रीय एकता की भावना का अभाव था। अंग्रेज़ी राज कायम होने के बाद ही राष्ट्रीय एकता का जन्म हुआ और स्वाधीनता प्राप्ति के लिए यह एकता किसी सीमा तक दृढ़ की गई। इस एकता का वाहन अंग्रेज़ी भाषा थी। भारतीय भाषाओं में राष्ट्रवादी भावनाएं भले ही व्यक्त हुई हों, वे राष्ट्रभाषा नहीं थीं, प्रादेशिक भाषाएँ थीं। इनमें हिन्दी को कुछ लोग राष्ट्रभाषा कहते हैं पर वह किसी प्रदेश की भाषा है, इसमें भी सन्देह है। फिर स्वाधीनता प्राप्ति से पहले और स्वाधीनता प्राप्ति के बाद से अब तक हिन्दी को राष्ट्रभाषा बनाने का प्रयत्न ही किया जाता रहा है, अभी तक वह राष्ट्रभाषा बनी तो नहीं है। बहुत से दूरन्देश लोग अंग्रेज़ी को बनाये रखने के पक्ष में इसीलिए हैं कि इस भाषा के माध्यम से राष्ट्रीय एकता का जन्म हुआ और वह एक सीमा तक संवर्धित हुई। उसके न रहने से राष्ट्रीय एकता खंडित हो जायगी और भारतीय साहित्य क्या, भारत देश की बात करना भी कठिन हो जायगा।

इस स्थिति का एक पक्ष यह भी है कि अंग्रेज़ी राज से मुक्ति पाने के लिए जो एकता कायम की गई, वह नकारात्मक थी। अंग्रेज़ों का विरोध करना था, इसलिए विभिन्न प्रदेशों के लोग एकता की बातें करने लगे। जब वह विरोध समाप्त हो गया, तब एकता की बातें भी समाप्त हो गईं। राष्ट्रीय एकता को प्रेरित करने वाली कोई ऐसी सकारात्मक भावना यहाँ नहीं थी जिसका अंग्रेज़ों के आने-जाने से कोई सम्बन्ध न होता।

निष्कर्ष यह निकला कि भारतीय साहित्य का इतिहास लिखना ही हो तो अंग्रेज़ी में भारतवासियों ने जो कुछ लिखा है, उसका इतिहास लिखा जा सकता है। इससे पहले का और भी साहित्य जोड़ना हो तो अधिक से अधिक संस्कृत साहित्य उसमें जोड़ा जा सकता है। इस तरह भारतीय साहित्य के इतिहास का अर्थ होगा अंग्रेज़ी और संस्कृत में भारतवासियों द्वारा लिखे हुए साहित्य का इतिहास। इसमें वह संस्कृत साहित्य भी सम्मिलित किया जा सकता है जो २०वीं सदी में, विशेषत: उसके उत्तरार्द्ध में, रचा जाता रहा है। इसके अतिरिक्त और किसी साहित्य को भारतीय साहित्य नहीं कहा जा सकता।

राष्ट्र की पहचान क्या है? शायद यह अंग्रेज़ी के नेशन शब्द का हिन्दी पर्याय है। ब्रिटेन एक राष्ट्र है। वहाँ के रहने वाले एक नेशन हैं, उनकी नैशनल लैंग्वेज या राष्ट्रभाषा अंग्रेज़ी है। भारत में बहुत सी भाषाएँ बोली जाती हैं। यही नहीं, ये

ऐसे परिवारों की भाषाएँ हैं जो एक-दूसरे से नितान्त भिन्न हैं। इनमें एक आर्य भाषा परिवार है जो एक और बड़े इंडो-यूरोपियन परिवार की शाखा है। यह शाखा पहले भारत-ईरानी रूप में संयुक्त थी। आगे चलकर भारतीय आर्य और ईरानी प्रशाखाएँ विभक्त हो गईं। क्या यह सत्य नहीं है कि संस्कृत, तमिल की अपेक्षा, ईरानी भाषा (अथवा भाषाओं) के अधिक निकट है? दूसरा प्रसिद्ध द्रविड़ भाषा-परिवार है। १९वीं सदी में काल्डवेल ने इसका सम्बन्ध शक भाषा परिवार से जोड़ा था। २०वीं सदी में द्रविड़-भाषा-विशेषज्ञ बरो ने इस शक परिवार को सीमित करके फिनोउग्रियन परिवार से द्रविड़-समुदाय का सम्बन्ध जोड़ा है। प्रायः सभी भाषावैज्ञानिक सम्प्रदायों के विद्वान् मानते हैं कि आर्यों ने भारत में उत्तर-पश्चिम की ओर से प्रवेश करके द्रविड़ों को परास्त किया, उनकी भूमि पर अधिकार किया, उन्हें दास बनाया और विन्ध्याचल के दक्षिण में उन्हें खदेड़ दिया। इससे पहले तो यह सिद्ध हुआ कि आर्यों के आगमन से पहले यहाँ द्रविड़ भाषाएँ बोली जाती थीं। द्रविड़ लोग दक्षिण भारत में भले खदेड़ दिये गये हों, उनकी भाषाओं का नाश नहीं हुआ। आर्यों के आने से पहले से लेकर अंग्रेज़ों के जाने के बाद तक ये भाषाएँ जीवित रही हैं। अनेक भाषाओं का व्यवहार भारत में अनादि काल से अब तक होता रहा है। ऐसे देश को राष्ट्र की संज्ञा कैसे दी जा सकती है? फिर विजेता आर्यों के साहित्य के साथ विजित द्रविड़ों के साहित्य को गिनना, दोनों को एक ही राष्ट्र के साहित्य के अन्तर्गत मानना, क्या जले पर नमक छिड़कना नहीं है? क्या यह उन्हीं आर्यों की प्रभुत्वभावना नहीं है जो भारतीयता, राष्ट्रीयता आदि-आदि के नाम पर आर्येतर जनों को दास बनाते रहे हैं, जिन्होंने द्रविड़ों को विन्ध्याचल के दक्षिण में खदेड़ने के बाद भी उनका पीछा नहीं छोड़ा, वहाँ भी ब्राह्मणों का आधिपत्य कायम किया, संस्कृत भाषा और साहित्य के केन्द्र कायम किये, और इस प्रकार आर्य उत्तर भारत द्वारा आर्येतर दक्षिण भारत को गुलाम बनाते रहने का प्रयत्न निरन्तर चालू रहा? भारतीय साहित्य के इतिहास लिखने का प्रयत्न क्या उसी श्रृंखला की ओर एक कड़ी नहीं है?

द्रविड़ों के अतिरिक्त यहाँ कोल अथवा मुण्डा परिवार की भाषाएँ भी बोली जाती हैं। भाषाविज्ञानी कहते हैं कि कोल भाषाएँ बोलने वाले लोग यहाँ द्रविड़ों से पहले रहते थे। द्रविड़ों ने उन्हें हटाया, आर्यों के आने पर द्रविड़ और कोल मिलकर आर्यों से लड़े पर जीत न पाये। जो भी हो, ये मुण्डा लोग भी भारत में बाहर से आये थे और इनका भाषा-समुदाय उस आस्ट्रो-एशियाटिक परिवार की शाखा माना जाता है जो दक्षिण-पूर्वी एशिया से लेकर प्रशान्त महासागर के द्वीप समूह पार करता हुआ आस्ट्रेलिया तक चला गया है। इस परिवार की भाषाओं में बहुत कम साहित्य लिखा गया है, इसलिए भारतीय साहित्य का इतिहास लिखते समय किसी हद तक उसकी उपेक्षा की जा सकती है। किन्तु जब भारत राष्ट्र की बात करें, तब उसकी उपेक्षा से काम न चलेगा और इस धारणा

का सामना करना होगा कि आर्य-द्रविड़ परिवारों के साथ यहाँ यह तीसरा भाषा-परिवार भी है जो राष्ट्र-सम्बन्धी कल्पना को खण्डित करता है। यह बात भी ध्यान देने योग्य है कि किसी एक ही भाषा-परिवार की भाषाएँ बोलने वाले लोग कहीं भी एक राष्ट्र के रूप में संगठित नहीं हैं; पूरा परिवार तो बड़ी बात है, उसकी एक शाखा मात्र की भाषाएँ बोलने वाले लोग भी एक राष्ट्र में संगठित नहीं हैं। जर्मनी, आस्ट्रिया, हालैंड, डेनमार्क, नौर्वे, स्वीडन आदि देशों में जर्मन शाखा की भाषाएँ बोली जाती हैं पर ये सब राष्ट्र अलग-अलग हैं। फ्रान्स, स्पेन, इटली, रूमानिया में लैटिन शाखा की भाषाएँ बोली जाती हैं, पर ये सब राष्ट्र अलग हैं। फिर अनेक भिन्न परिवारों की भाषाएँ जहाँ बोली जाती हों, वहाँ भारत जैसे देश में राष्ट्र की कल्पना कैसे की जा सकती है ?

एक नाग (चीनी-तिब्बती) परिवार अभी और हैं। मणिपुर, नागालैण्ड, अरुणाचल, असम के कुछ क्षेत्रों आदि में इस परिवार की भाषाएँ बोली जाती हैं। यह चौथा नाग भाषा-परिवार काफी पुराना है। कुछ भाषा विज्ञानियों के अनुसार इस परिवार की भाषाएँ बोलने वाले लोग भारत में आज जहाँ दिखाई देते हैं, उसकी अपेक्षा पुराने ज़माने में भारत के और अधिक विस्तृत प्रदेशों में बसे हुए थे। इनकी भाषाओं में भी साहित्य-रचना कम हुई है। इसलिए भारतीय-साहित्य का इतिहास लिखते समय फिलहाल इनकी उपेक्षा भी की जा सकती है पर कोलों की तरह ये नाग लोग भी राष्ट्र सम्बन्धी कल्पना के आड़े आते हैं।

२. राष्ट्र, नेशन, जाति

यदि राष्ट्र नेशन का पर्याय है तो सबसे पहले इस नेशन की परिभाषा देखनी चाहिए। इस विषय का वैज्ञानिक विवेचन मार्क्सवादी पुस्तकों में मिलता है। उसकी चर्चा करने से पहले एक बात और कह दें कि अंग्रेज़ी में नेशन के समानान्तर एक शब्द और है—नैशनैलिटी। इन दोनों में स्पष्ट भेद नहीं किया जाता। हिन्दी में कुछ लोग इनके पर्यायवाची के रूप में राष्ट्र के अलावा राष्ट्रीयता शब्द का व्यवहार करते हैं। जहाँ अंग्रेज़ी में बहुवचन नैशनैलिटीज होगा, वहाँ हिन्दी में राष्ट्रीयताएँ लिखेंगे। यथा भारत में अनेक राष्ट्रीयताएँ हैं।

मार्क्सवादी साहित्य में नेशन शब्द जिस अर्थ में प्रयुक्त होता है, उसके लिए हिन्दी-बँगला के परिचित पुराने शब्द 'जाति' का प्रयोग करना अधिक उचित है। राष्ट्र शब्द से भूमि का भी बोध होता है, जबकि नेशन शब्द से केवल किसी भूमिखण्ड के निवासियों का बोध होता है। दोनों शब्दों—जाति और राष्ट्र को—अलग रखने से हम उस उलझन से बच सकते हैं जो नेशन शब्द के व्यवहार से उत्पन्न होती है। इस उलझन पर हम आगे विचार करेंगे।

जाति के बारे में स्तालिन की एक प्रसिद्ध परिभाषा है जिसमें जाति के लक्षण

बताये गये हैं। सामान्य आवास भूमि, सामान्य संस्कृति, सामान्य भाषा, सामान्य ऐतिहासिक परम्परा आदि के साथ मुख्य बात यह है कि जातियाँ आधुनिक पूंजीवादी विकास की देन हैं। पूँजीवाद के अभ्युदय से पहले जातियों की कल्पना नहीं की जा सकती। समाजवाद कायम होने के बाद सोवियत संघ एक बहुजातीय राष्ट्र बना। यह राष्ट्र स्वाधीन जातियों का स्वेच्छा से बनाया हुआ संघ है। राष्ट्रीयता की प्रेरक शक्ति समाजवादी अर्थतन्त्र है। दूसरे महायुद्ध से पहले, एक राष्ट्र के रूप में, सोवियत संघ की चर्चा कम-से-कम सैद्धान्तिक क्षेत्र में, कम होती थी। दूसरे महायुद्ध के दौरान और उसके बाद राष्ट्र-रूप में उसकी सत्ता की चर्चा काफी हुई। रूसी लोग अपने देश के संदर्भ में उस महायुद्ध को महान् राष्ट्रीय संग्राम कहते हैं। राष्ट्र के लिए रूसी और अंग्रेज़ी में कोई उपयुक्त शब्द नहीं है। लैटिन में एक शब्द है पात्रिआ। इससे अंग्रेज़ी के पेट्रियट, पेट्रियौटिज्म, पेट्रिऔटिक आदि शब्द बनते हैं। उसी से रूसी भाषा में पात्रिओतिचेस्किइ शब्द बनता है जो अंग्रेज़ी के पेट्रिओटिक का प्रतिरूप है।

सोवियत संघ एक राष्ट्र है, वहाँ रहने वाली जातियों की एक सामान्य मातृभूमि है, इस बारे में वहाँ के मार्क्सवादियों को कोई सन्देह नहीं है, भले ही राष्ट्र जैसा शब्द उनकी भाषा में न हो। किन्तु स्वेच्छित संघ बनाने की प्रेरणा यदि समाजवाद से मिलती है तो पोलैण्ड अलग राष्ट्र क्यों है? चेकोस्लोवाकिया और यूगोस्लाविया अलग राष्ट्र क्यों हैं? स्पष्ट है, समाजवादी प्रेरणा को, समाजवादी देशों में, स्वेच्छित संघ बनाने का एक मात्र आधार नहीं माना जा सकता। समाजवादी व्यवस्था में कहीं बहुत बड़े बहुजातीय राष्ट्रीय हैं जैसे सोवियत संघ, कहीं छोटे बहुजातीय राष्ट्र हैं जैसे यूगोस्लाविया, कहीं द्विजातीय राष्ट्र हैं जैसे चेकोस्लोवाकिया, कहीं एकजातीय राष्ट्र हैं जैसे पोलैण्ड या रूमानिया। विभिन्न प्रकार के राष्ट्रों के बनने और विकसित होने का एक ही कारण अथवा मूल कारण समाजवाद होता तो यह विभिन्नता न दिखाई देती। इस विभिन्नता का कारण इन देशों में रहने वाली जातियों के इतिहास की भिन्नता है। यह ऐतिहासिक भिन्नता किस प्रकार की है, किन ऐतिहासिक कारणों से एकजातीय, द्विजातीय, बहुजातीय राष्ट्रों का निर्माण होता है, इसका विवेचन मार्क्सवादी साहित्य में नहीं है। जहाँ तक समाजवाद से भिन्न व्यवस्था वाले किसी बहुजातीय राष्ट्र का प्रश्न है, उसके बारे में मार्क्सवाद या तो कुछ नहीं बताता या यह कहता है कि ये सामन्तों-पूंजीपतियों के कायम किये हुए राज्य हैं जिनमें एक शक्तिशाली जाति निर्बल जातियों का उत्पीड़न करती है, इसलिए आत्मनिर्णय का अधिकार देकर पीड़ित जातियों को अलग राज्य बनाने की छूट होनी चाहिए।

यूरुप में एक देश है स्विट्ज़रलैण्ड। यहाँ जर्मन, फ्रान्सीसी और इटालियन भाषाएँ बोलने वाली तीन प्रमुख जातियाँ रहती हैं। तेरहवीं शताब्दी से ये जातियाँ इस देश में एक साथ रहती आई हैं। अपनी स्वाधीनता की रक्षा के लिए

इन्होंने अनेक युद्ध किये हैं। इस देश में जातियों को समान अधिकार प्राप्त थे। लेनिन यूरुप के मार्क्सवादियों के सामने स्विट्‌ज़रलैण्ड का उदाहरण दिया करते थे; रूस में जातीय उत्पीड़न ख़त्म करने, जातीय समानता कायम करने के लिए वह रूसी भाषा के आधिपत्य का विरोध करते थे और कहते थे कि स्विट्‌ज़रलैण्ड में सभी भाषाओं के अधिकार समान हैं, वहाँ कोई अनिवार्य राजभाषा नहीं है, उसी तरह रूसी मार्क्सवादियों को अपने कार्यक्रम में अनिवार्य राजभाषा का विरोध शामिल करना चाहिए। प्रश्न है, स्विट्ज़रलैण्ड बहुजातीय राष्ट्र है या नहीं ? वहाँ समाजवादी व्यवस्था नहीं है, पूंजीवादी व्यवस्था है, और ऐसी पुष्ट पूंजीवादी व्यवस्था है कि जिन राजनीतिज्ञों को शंका होती है कि शायद कभी अपना देश छोड़कर भागना पड़े, वे अपना रुपया-पैसा इस देश के बैंकों में जमा कर देते हैं। स्विट्ज़रलैण्ड में कई जातियों ने मिलकर जो संघ बनाया, उसकी शुरुआत तेरहवीं सदी से हुई। पूंजीवादी विकास में सबसे आगे चलने वाले देश इंग्लैण्ड में औद्योगिक क्रान्ति अठारहवीं सदी के अन्त में शुरू हुई। अठारहवीं सदी से पहले इंग्लैण्ड में औद्योगिक सर्वहारा वर्ग नहीं था। स्विट्ज़रलैण्ड में पूंजीवादी विकास इंग्लैण्ड के बाद हुआ, पहले नहीं। चौदहवीं, पन्द्रहवीं, सोलहवीं और सत्रहवीं सदियों में स्विट्ज़रलैण्ड राष्ट्र था या नहीं ?

मार्क्सवादी साहित्य में यह बात अक्सर कही गई है कि पूंजीवादी विकास का सामान्य नियम है, एकजातीय राज्य की स्थापना। इंग्लैण्ड पूंजीवादी देशों का अगुआ, एक जाति, एक भाषा वाले राज्य का मानो आदर्श रूप था। उसी तरह फ्रान्स, जर्मनी, इटली, एक भाषा, एक जाति, एक राज्य के विकास-सिद्धान्त को पुष्ट करते हुए प्रतीत हुए। 'मार्क्सवाद और जातीय समस्या' नाम के अपने निबन्ध में स्तालिन ने पूंजीवादी विकास के दो रूपों का उल्लेख किया। एक रूप था पश्चिमी यूरुप में जहाँ एकजातीय राज्य कायम हुए। दूसरा रूप था पूर्वी यूरुप में जहाँ बहुजातीय राज्य कायम हुए। इस भेद का कारण उन्होंने यह बताया कि जहाँ सामन्तवाद को निर्मूल नहीं किया गया और पूंजीवाद का विकास अपेक्षाकृत कम हुआ, वहाँ ऐसे बहुजातीय राज्य कायम हुए।

यहाँ पोलैण्ड का उदाहरण लेना चाहिए। इस देश में जब सामन्ती व्यवस्था बहुत सुदृढ़ थी, तब भी पोलैण्ड के निवासी अपनी स्वाधीनता के लिए लड़ते रहे। जब वहाँ पूंजीवादी विकास हुआ, तब वहाँ के पूंजीपति ही नहीं मज़दूर वर्ग का बहुसंख्यक भाग भी ज़ारशाही रूस में रहने को तैयार न था। जब रूस में समाजवादी क्रान्ति हुई, तब भी पोलैण्ड समाजवादी रूस के साथ रहने को तैयार न हुआ। उक्रैन में जब सामन्तवाद मज़बूत था, तब वह रूसी राज्य में था। जब वहाँ समाजवादी क्रान्ति हुई, तब वह रूस के साथ सोवियत संघ में शामिल हुआ। इसलिए पूर्वी यूरुप में बहुजातीय राज्य बनने का जो कारण बताया गया है, वह अपर्याप्त है।

पश्चिमी यूरुप में जिन राज्यों को एक जाति, एक भाषा का नमूना माना जाता रहा है, क्या वास्तव में वे वैसे हैं ? सबसे पहले इंग्लैण्ड। इस देश के सामन्तों और पूंजीपतियों ने आयर्लैण्ड पर अपना प्रभुत्व स्थापित किया था और दोनों को एक ही राज्य युनाइटेड किंगडम में गिनते थे। स्तालिन ने ठीक लिखा है कि आयर्लैण्ड की जाति ब्रिटिश जाति से भिन्न है। पर उन्होंने दोनों की भाषा अंग्रेज़ी मानी है जो सही नहीं है। आयर्लैण्ड को छोड़ दें तो देखना चाहिए कि ब्रिटेन नामक जो द्वीप बचता है, वह एकजातीय है या अनेकजातीय। भारत पर अंग्रेज़ों का राज था; उनका देश यहाँ के राजनीतिज्ञों के लिए राष्ट्रीयता का नमूना था। इसलिए इस देश की राष्ट्रीयता पर कुछ विस्तार से विचार करना आवश्यक है।

इस देश के मूल निवासी केल्त थे। केल्त शाखा की भाषाएँ आयर्लैण्ड के अलावा वेल्स और स्कौटलैण्ड में अभी बोली जाती हैं। ब्रिटेन में अन्यत्र वे नष्ट कर दी गईं। जिस समय रोमन लोगों ने ब्रिटेन पर अधिकार किया और उसे सभ्यता के नये तत्व दिये, उस समय अंग्रेज़ नाम के लोग उस देश में न रहते थे। जिस समय भारत में अशोक ने अपना राज्य स्थापित किया, उस समय ब्रिटेन में अंग्रेज़ों या उनके पूर्वजों का पता न था। जिस समय भारत में गुप्त साम्राज्य का प्रसार हुआ, उस समय जर्मनी के कुछ कबीले रोमनों द्वारा खाली किये हुए ब्रिटेन में घुसने का प्रयत्न कर रहे थे। इनमें दो कबीले मुख्य थे, एक ऐंगल, दूसरा सैक्सन। इन्हीं ऐंगल नामक लोगों के नाम पर ब्रिटेन के एक हिस्से को नया नाम इंग्लैण्ड दिया गया। स्कौटलैण्ड और वेल्स अब तक इंग्लैण्ड से भिन्न प्रदेश माने जाते हैं। जब सामन्ती व्यवस्था का विकास न हुआ था, गणव्यवस्था का युग था, तब जर्मन कबीलों ने ब्रिटेन के मूल निवासियों का विनाश करके, या उनकी जन्मभूमि से उन्हें भगाकर, इंग्लैण्ड नामक आवास-भूमि में रहना शुरू किया। सामन्ती युग में फ्रान्सीसियों की कृपा से, उनके द्वारा पराजित और शासित इंग्लैण्ड में, नई सामन्ती संस्कृति का जन्म हुआ। इसके बाद अंग्रेज़ सामन्तों ने ब्रिटेन के केल्त निवासियों से युद्ध करना आरम्भ किया। ११५८ में वेल्स से पहला युद्ध हुआ, ११६३ में वेल्स से दूसरा युद्ध हुआ। १२७६ में वेल्स से तीसरा लम्बा युद्ध हुआ। १२८४ में वेल्स को इंग्लैण्ड के राज्य में मिला लिया गया।

१२९४ में स्कौटलैण्ड से युद्ध हुआ। १३१४ में बैनकबर्न की प्रसिद्ध लड़ाई हुई जिसमें राबर्ट ब्रूस की स्कौट सेना ने अंग्रेज़ों को पराजित किया। १३५६ में अंग्रेज़ों की फौज ने स्कौटलैण्ड में खूब तबाही और बर्बादी की किन्तु उसे जीत न सकी। १४८० में स्कौटलैण्ड से फिर युद्ध हुआ और अंग्रेज़ों ने उस देश की भूमि का कुछ हिस्सा प्राप्त कर लिया। १४९७ में अंग्रेज़ों ने स्कौटलैण्ड से सन्धि की। १५४२ में फिर युद्ध हुआ और स्कौटलैण्ड का राजा पाँचवाँ जेम्स पराजित हुआ। अब इंग्लैण्ड के राजा आठवें हेनरी ने प्रस्ताव किया कि उसके बेटे एडवर्ड से स्कौट-

लैण्ड की अल्पवयस्क राजकुमारी मेरी का ब्याह कर दिया जाय। स्कौटलैण्ड ने यह प्रस्ताव अस्वीकार किया। १५४४ में इंग्लैण्ड की पार्लियामेंट ने यह फैसला किया कि यदि इंग्लैण्ड के राजकुमार एडवर्ड के कोई सन्तान न हुई तो मेरी और एलीज़ाबेथ इंग्लैण्ड और स्कौटलैण्ड की उत्तराधिकारी होंगी। १५६४ में मेरी को अपने पुत्र छठे जेम्स के पक्ष में गद्दी छोड़कर भागना पड़ा और उसने इंग्लैण्ड में शरण ली। वहाँ उसे कैद कर लिया गया और १५८७ में एक षड्यन्त्र में शामिल होने के नाम पर इंग्लैण्ड की रानी एजीज़ाबेथ ने उसका वध करा दिया। १६०३ में अंग्रेज़ों ने स्कौटलैण्ड के राजा प्रथम जेम्स को अपना राजा बना लिया और इस तरह स्कौटलैण्ड और इंग्लैण्ड का संयुक्त राज्य बन गया। जेम्स के मरने के बाद प्रथम चार्ल्स राजा हुआ। १६४८ में क्रौमवेल ने स्कौट सेना को पराजित किया। इस समय वेल्स में विद्रोह हुआ और क्रौमवेल ने उसका भी दमन किया। १६४९ में स्कौटवंशीय प्रथम चार्ल्स का वध किया गया और इंग्लैण्ड को प्रजातंत्र घोषित किया गया। उधर उसके पुत्र द्वितीय चार्ल्स ने स्कौटलैण्ड पहुँचकर स्वयं को राजा घोषित किया। १६५० में क्रौमवेल ने स्कौट सेना को पराजित किया। १६५१ में द्वितीय चार्ल्स स्कौट सेना लेकर इंग्लैण्ड में घुस आया पर वह पराजित हुआ और फ्रान्स में उसने शरण ली। क्रौमवेल की मृत्यु के बाद द्वितीय चार्ल्स इंग्लैण्ड का राजा बना। १६८९ में विलियम और मेरी इंग्लैण्ड के साथ स्कौट-लैण्ड के भी राजा-रानी बने। १७०७ में इंग्लैण्ड और स्कौटलैण्ड का संयुक्त राज्य कायम हुआ जिसका नाम ग्रेट ब्रिटेन रखा गया। तभी से यूनियन जैक ब्रिटेन की राष्ट्रीय पताका बना।

इस तरह ४०० साल तक युद्ध करने के बाद, और युद्धों में सफलता न मिलने पर विवाहादि सम्बन्धों के ज़रिये, अंग्रेज़ों ने स्कौटलैण्ड को अपने राज्य में मिलाया। ये सारी लड़ाइयाँ और कूटनीतिक चालें सामन्ती युग में सम्पन्न हुईं। ऐसा नहीं था कि इंग्लैण्ड में पूँजीवादी विकास हुआ और इस विकास-क्रम में पिछड़ा हुआ स्कौटलैण्ड इंग्लैण्ड के पूँजीवादी क्षेत्र में सिमट आया। सामन्तों ने स्कौट लोगों का दमन किया, पूँजीपतियों ने उस स्थिति से लाभ उठाया। यही स्थिति वेल्स और आयर्लैण्ड की थी। अंग्रेज़ों ने बारहवीं सदी में आयर्लैण्ड पर दाँत गड़ाने शुरू किये थे। तेरहवीं सदी में उस देश के कुछ भाग में थोड़े से अंग्रेज़ जाकर बस गये और पन्द्रहवीं शताब्दी के अन्त तक आयर्लैण्ड की स्वाधीनता समाप्त हो गई। यह सारा कार्य भी सामन्ती युग में सम्पन्न हुआ। अंग्रेज़ पूरे आयर्लैण्ड में आइरिश जाति की जगह अंग्रेज़ जाति को प्रतिष्ठित न कर सके जैसा कि उन्होंने ब्रिटेन के इंग्लैण्ड नामक भाग में किया था। किन्तु नीति वही थी। कुछ भाग पर अंग्रेज़ बस गये, बाकी भाग पराधीन बना लिया गया जैसे कि वेल्स और स्काट-लैण्ड को पराधीन बनाया गया था। फिर अनेक बार विद्रोह हुए और उनका दमन क्रूरतापूर्वक किया गया। इनमें एक विद्रोह क्रौमवेल के ज़माने में हुआ

था और प्रजातन्त्रवादी अंग्रेज़ी सेना ने उसका भी दमन किया था। १८०१ में आयर्लैण्ड को कानून द्वारा युनाइटेड किंगडम में शामिल किया गया।

सामन्ती युग में बहुजातीय राज्य का निर्माण दो तरह से होता दिखाई देता है। एक तरीका स्विट्ज़रलैण्ड का है जहाँ एक दूसरे को गुलाम बनाये बिना भिन्न भाषाएँ बोलने वाली जातियाँ मिलकर एक साथ रहने लगीं। दूसरा तरीका इंग्लैण्ड का है जहाँ अंग्रेज़ों ने, मूल निवासियों का नाश करके, उनकी भूमि से उन्हें खदेड़कर, वहाँ अपना प्रभुत्व कायम किया, और जिनका नाश न कर पाये या जिन्हें खदेड़ न पाये, उन्हें साम-दाम-दण्ड-भेद से, किसी-न-किसी प्रकार, अपने अधीन कर लिया। ऐसी परिस्थिति में आइरिश, वेल्श या स्कौट जाति के लोग अंग्रेज़ों के राज्य को अपना राष्ट्र न समझ सकते थे। अंग्रेज़ों वाले भाग इंग्लैण्ड पर उनका कोई अधिकार न था लेकिन उनके अपने जातीय क्षेत्रों पर अंग्रेज हावी थे। इसके विपरीत स्विट्ज़रलैण्ड के निवासी चाहे जर्मन बोलें, चाहे फ्रेंच, चाहे इटालियन, वे सारे देश को अपना देश समझते थे। ऐसे ही देश को राष्ट्र की संज्ञा देना उचित है। युनाइटेड किंगडम या ब्रिटेन एक राज्य अवश्य रहा, पर यह सारा राज्य पराधीन जातियों के लिए उनका अपना सामान्य राष्ट्र कभी नहीं था।

पूँजीवादी विकास के साथ ब्रिटेन का विकास एक भाषा वाले राष्ट्र के रूप में हुआ, वहाँ की पुरानी जातियाँ वेल्श और स्कौट अंग्रेज़ों के साथ मिलकर एक ही जाति का अंग बन गईं, यह धारणा गलत है। मेरी पुस्तक 'भाषा और समाज' (१९६१) में ब्रिटिश जाति के निर्माण का उल्लेख इसी प्रकार है। भारत के राजनीतिज्ञ भी ब्रिटेन को एक भाषा, एक जाति वाला राष्ट्र इसी ढंग से मानते थे। पर इस संदर्भ में पहली बात ध्यान देने की यह है कि वेल्श, स्कौट आदि केल्त जातियों को जीतकर एक राष्ट्र बनाने का क्रम सामन्ती युग में पूरा हुआ। इस तथाकथित राष्ट्र का निर्माण किन्हीं नये आर्थिक सम्बन्धों के विकास का परिणाम न था। दूसरी बात यह कि ब्रिटेन में जब पूँजीवादी क्रान्ति हुई, जब पूँजीपतियों ने सामन्तों से राज्यसत्ता छीन कर अपने हाथ में ली, तब इस सामन्तविरोधी क्रान्ति में उन्होंने सामन्तों द्वारा गुलाम बनाई हुई जातियों को मुक्त नहीं किया, उनकी पराधीनता से बिकाऊ माल तैयार करने और बेचने में उन्होंने लाभ उठाया। (ब्रिटेन की और यूरुप की) पहली पूँजीवादी सशस्त्र क्रान्ति में ही क्रौमवेल ने आइरिश, स्कौट और वेल्श विद्रोहों का दमन करके सिद्ध कर दिया था कि सामन्ती राज्य-विस्तार पूँजीपतियों के लिए लाभकारी है, वे जातियों का सामन्तयुगीन उत्पीड़न कायम रखेंगे। तीसरी बात यह कि आइरिश जाति परतन्त्र हुई। मातृभूमि के एकीकरण के लिए वहाँ संघर्ष जारी है, साथ ही वेल्स और स्कौटलैण्ड की जनता भी अब निरन्तर स्वायत्त शासन की माँग कर रही है। वहाँ के कुछ राष्ट्रवादी दल ब्रिटेन से अलगाव की माँग भी कर रहे हैं। सम्भव है,

अलगाव की माँग पूरी न हो, पर स्वायत्तता की माँग को वेल्स और स्कौटलैण्ड के बाहर भी ब्रिटेन के श्रमिक संघों और उनके नेताओं का व्यापक समर्थन मिल रहा है। यह समर्थन इस तथ्य की स्वीकृति है कि वेल्श और स्कौट जातियाँ ब्रिटिश नामक जाति का अंग नहीं हैं। जातीय रूप में उनकी पृथक् सत्ता है, भले ही राजनीतिक रूप में वे अंग्रेज़ों के साथ मिलकर एक ही संघ में रहना स्वीकार करें।

सिद्ध हुआ कि ब्रिटेन एक भाषा, एक जाति वाला राष्ट्र नहीं है, जैसा लोग उसे समझते रहे हैं। वह बहुजातीय देश है, वहाँ अंग्रेज़ी के अलावा स्कौटलैण्ड में गेलिक और वेल्स में वेल्श भाषाएँ बोली जाती हैं। पूंजीवाद के अभ्युदयकाल में, उद्योग धन्धों में मशीनों के चलन के समय, ऐसा लगता था कि पश्चिमी यूरुप में सामान्य प्रवृत्ति यह है कि एक जाति, एक भाषा वाले राज्य निर्मित हो रहे हैं। किन्तु पश्चिमी यूरुप में कोई भी ऐसा पूंजीवादी राष्ट्र नहीं है जो वास्तव में बहुजातीय न हो। सामन्तों द्वारा विजित और उत्पीड़ित जातियों के ऊपर अपना शिकंजा और भी मज़बूत करके नये पूंजीवाद ने यह भ्रम उत्पन्न किया कि जिस राज्य पर किसी एक जाति के पूंजीपतियों का प्रभुत्व है, उसमें एक ही भाषा बोली जाती है, अन्य भाषाओं और उन्हें बोलने वाली जातियों का अस्तित्व ही नहीं है। दूसरे महायुद्ध के बाद जैसे-जैसे यूरुप के पूंजीपतियों के साम्राज्य संकुचित हुए या समाप्त हुए, वैसे-वैसे, अपने देश के मजदूरों में वे साम्राज्य की जो आमदनी बाँटते थे, वह कम हुई; मजदूरों को अपना शोषण अखरने लगा, बेकारों की संख्या मुद्रा-स्फीति की तरह निरन्तर बढ़ती गई, फलतः समाज में वर्ग-संघर्ष तेज़ हुआ। इसके साथ एक दूसरी प्रक्रिया आरम्भ हुई। जिन भाषाओं और जातियों का अस्तित्व लुप्त मान लिया गया था, वे रंगमंच पर फिर आ गयीं; प्रभुत्वशाली जाति के पूंजीपतियों का शिकंजा ढीला होते ही उन्होंने अपनी स्वायत्तता या स्वतन्त्रता की माँग करना शुरू कर दिया।

स्पेन में फ्रैन्को के अन्तिम दिनों में, और उसके मरने के बाद विशेष रूप से, बास्क-विद्रोह के समाचार निरन्तर आ रहे हैं। बास्क भाषा स्पेनी भाषा से बिल्कुल भिन्न है। वेल्श और अंग्रेज़ी तो फिर भी इण्डो-यूरोपियन परिवार के अन्तर्गत मानी जाती हैं, पर बास्क का अपना वंश ही निराला है। शताब्दियों से दबाये और सताये हुए बास्क जन अब अपनी स्वाधीन सत्ता के लिए फिर उठ खड़े हुए हैं। इनके साथ कतलन भाषा बोलने वाले भी स्पेन में अपनी स्वतन्त्र सत्ता की घोषणा कर रहे हैं। स्पेन में कम-से-कम तीन भाषाएँ बोलने वाली तीन जातियाँ रहती हैं। वह एक भाषा वाला राज्य नहीं है।

बास्क भाषा बोलने वाले केवल स्पेन में नहीं हैं। उनका काफी बड़ा भाग फ्रान्स में है। फ्रान्स के बास्क अपनी स्वायत्तता के लिए उतने सक्रिय नहीं हैं जितने स्पेन के बास्क हैं। किन्तु फ्रान्सीसी भाषा से स्वतन्त्र अपनी प्राचीन भाषा के प्रति

वे भी अत्यन्त सजग हैं। इनके अलावा फ्रान्स में ब्रेतों भाषा बोलने वाले लोग रहते हैं। ये वहाँ के पुराने केल्त समुदाय के आदिवासी हैं। इनकी भाषा वेल्श भाषा से मिलती-जुलती है और फ्रान्सीसी से उतना ही भिन्न है जितना अंग्रेज़ी से वेल्श भिन्न है। ब्रेतों लोग अपनी स्वायत्तता के बारे में उतना सक्रिय नहीं हैं जितना वेल्श भाषा बोलने वाले ब्रिटेन में हैं, पर इनकी भाषा का अस्तित्व बना हुआ है, और यह नहीं कहा जा सकता कि वे फ्रान्सीसी जाति में घुल-मिल गये हैं। फ्रान्स एकभाषा-भाषी राज्य नहीं है। वहाँ कम-से-कम तीन भाषाएँ बोलने वाली तीन जातियाँ रहती हैं।

जर्मनी में राष्ट्रवादी भावना बहुत प्रबल रही है। एक भाषा, एक जाति के नारे के अलावा एक नेता, एक पितृभूमि आदि का नारा भी वहाँ सुनाई देता रहा है। इस जर्मन राज्य के गठन में उस प्रदेश के भूस्वामियों का बहुत बड़ा हाथ रहा है जिसे पूर्वी प्रुशिया कहा जाता है। यहाँ की भाषा न तो जर्मन थी और न जर्मन वंश की कोई शाखा-प्रशाखा थी। वहाँ की भाषा स्लाव समुदाय की थी और उसमें लिखी हुई प्राचीन पुस्तकों में ऐतिहासिक भाषाविज्ञान की बहुमूल्य सामग्री विद्यमान है। सामन्ती युग में जर्मनों ने इस भाग पर आधिपत्य जमा लिया था। वहाँ की जनता के जर्मनीकरण में उन्होंने कोई कसर न उठा रखी। नगरों में जर्मन भाषा का आम चलन हो गया पर गाँव में स्लाववंशी भाषा का व्यवहार होता ही रहा। दूसरे महायुद्ध में पराजित होने के बाद जर्मनों को यह पुरातन स्लाव प्रदेश पड़ोसी स्लाव देश पोलैण्ड को देना पड़ा। महान् जर्मन राष्ट्र एक भाषा वाला एकजातीय राष्ट्र नहीं था।

जर्मन राज्य में स्लाव भाषा-भाषियों के अस्तित्व का दिलचस्प ज़िक्र लेनिन के एक लेख में है। १९१४ में जातियों के आत्मनिर्णय के अधिकार पर उन्होंने एक लेख लिखा था। इसमें उन्होंने लुडविग बर्नहार्ड की एक जर्मन पुस्तक का हवाला दिया है जिसमें प्रुशिया के राज्य में रहने वाले पोलिश समाज का विवरण दिया गया था। जर्मनीवासी पोल जनों ने अपनी जातीयता के लिए, और पोलिश भूमि के लिए, संघर्ष करते हुए एक तरह का किसान-प्रजातन्त्र कायम किया था। लेनिन कहते हैं कि जर्मन उत्पीड़न ने पोल जनों को संगठित होने के लिए बाध्य किया; वे जर्मनों से अलग संघबद्ध हुए; उस उत्पीड़न ने पहले अभिजात वर्ग में जातीयता जगाई, फिर पूंजीपतियों में, और अन्त में आम किसान जनता में, ख़ास तौर से १८७३ के बाद, जब जर्मन लोगों ने स्कूलों में पोलिश भाषा के व्यवहार के विरुद्ध आन्दोलन शुरू किया।

१९वीं सदी के अन्तिम चरण तक जर्मन भूस्वामी और पूंजीपति इस प्रयत्न में लगे हुए थे कि पोल जाति का जर्मनीकरण हो जाय। पोल जाति की पृथक् सत्ता का मुख्य चिह्न उसकी भाषा थी। इसलिए १८७३ में उन्होंने इस भाषा का दमन करने, उसके स्थान पर जर्मन भाषा चलाने का प्रयत्न किया। इससे

सिद्ध हुआ कि जर्मन राज्य एकजातीय राज्य नहीं था। लेनिन के उल्लेख में यह बात ध्यान देने की है कि जातीयता का भाव हमेशा पूंजीपतियों में पहले पैदा हो, यह आवश्यक नहीं है। पोलिश जातीयता का भाव पहले अभिजात वर्ग में पैदा हुआ, उसके बाद पूंजीपतियों में, फिर वह किसान समुदाय में फैल गया। इसका कारण यह है कि पूंजीपतियों (व्यापारियों) द्वारा घरेलू बाज़ार का निर्माण जातीय निर्माण के अनेक कारणों में एक कारण है, वह एकमात्र कारण नहीं है। पोल जन आधुनिक जाति के रूप में संगठित न होने पर भी भाषा, संस्कृति और ऐतिहासिक परम्पराओं की समानता के कारण, लघु जातियों के रूप में भी, जर्मनों से भिन्न अपनी आधारभूत एकता पहचानते थे। इसीलिए अभिजात वर्ग में भी जातीय चेतना जाग्रत हुई, पूंजीपतियों का अस्तित्व तब रहा हो चाहे न रहा हो।

दूसरे महायुद्ध के बाद संयुक्त राज्य अमरीका संसार के सबसे शक्तिशाली पूंजीवादी राज्य के रूप में विकसित हुआ। यहाँ के जिन काले आदमियों की भाषा अब केवल अंग्रेज़ी है, उनकी बात छोड़ दीजिए। वहाँ आयर्लैण्ड और यूरुप के देशों से आने वाले जो गोरे लोग अंग्रेज़ी को ही सांस्कृतिक भाषा के रूप में लिखते-बोलते हैं, उनकी बात भी छोड़िये। इन सबको अंग्रेज़ी-भाषी अमरीकी जाति का अंग मान लीजिए। पर वहाँ के रेड इंडियन कहलाने वाले आदिवासी, मूल भूमि छिन जाने पर भी, नष्ट नहीं हुए, उनकी भाषाएँ जीवित हैं। संयुक्त राज्य अमरीका के एकाध राज्य में कानूनी तौर पर उनकी भाषाओं को शिक्षा का माध्यम भी मान लिया गया है। अमरीका में रेड इंडियन जातियों और उनकी भाषाओं के अस्तित्व से इन्कार करना असम्भव है। अमरीकी राष्ट्र पर इन आदिवासी जातियों का कोई हक है या नहीं? उनका हक माना जाय चाहे न माना जाय, संयुक्त राज्य अमरीका में एक ही भाषा बोलने वाली एक ही जाति के लोग रहते हैं, यह कोई नहीं कह सकता। ब्रिटेन, फ्रान्स, स्पेन आदि की तरह संयुक्त राज्य अमरीका भी बहुजातीय राज्य है।

यूरुप और अमरीका के राज्यों को ध्यानपूर्वक देखा जाय तो विदित होगा कि एकजातीय राज्य अपवाद हैं, नियम हैं; बहुजातीय राज्य, कहीं इन राज्यों में प्रभुत्वशाली जाति से भिन्न दूसरों की जातीयता मुखर है, कहीं वह ऊपर से शान्त दिखाई देती है। संयुक्त राज्य अमरीका के ऊपर (नक्शे में) कनाडा राज्य हैं। यहाँ दो भाषाएँ बोली जाती हैं। संयुक्त राज्य अमरीका के आदिवासियों के लिए सारा देश उनका राष्ट्र चाहे न हो, कनाडा के अंग्रेज़ी-फ्रान्सीसी बोलने वालों के लिए सारा देश एक ही राष्ट्र है। इसी तरह यूरुप के छोटे से देश बेल्जियम में एक जाति फ़्लेमिश भाषा बोलती है जो जर्मन समुदाय की है। दूसरी जाति फ्रान्सीसी भाषा बोलती है। इन दोनों के लिए एक ही राष्ट्र है बेल्जियम, और दो महायुद्धों में इस देश की जातियों ने अपनी राष्ट्रीय एकता अच्छी तरह प्रमाणित कर दी है।

परिणाम यह निकलता है कि जिन देशों में सामन्ती और पूंजीवादी युगों में जातीय उत्पीड़न नहीं रहा या कम रहा है, विभिन्न जातियों में समानता और भाईचारे का व्यवहार जहाँ अधिक हुआ है, वहाँ भाषाओं की भिन्नता होते हुए भी राष्ट्रीयता का विकास हुआ है। इसके विपरीत जहाँ एक प्रभुत्वशाली जाति के सामन्तों और पूंजीपतियों ने दूसरी जातियों का दमन किया है, वहाँ इस राष्ट्रीयता का अभाव रहा है; प्रभुत्वशाली जाति भले ही राष्ट्रीयता के गीत गाती रहे, पराधीन जातियों में इस राष्ट्रीय चेतना का अभाव होता है; उनके लिए राष्ट्रीयता का अर्थ होता है, दूसरों का प्रभुत्व स्वीकार करना, अपना जातीय अस्तित्व अस्वीकार करना। मारियो पेई ने 'लैंग्वेज फॉर एवरीबॉडी' पुस्तक में बेल्जियम और स्विट्ज़रलैण्ड का हवाला देते हुए कुछ महत्वपूर्ण बातें कही हैं : "यह देखना दिलचस्प है कि बेल्जियम और स्विट्ज़रलैण्ड दोनों में फ्रान्सीसी भाषा बोलने वालों के बड़े समुदाय हैं। इनकी भाषाई नातेदारी फ्रान्स से है, न कि फ़्लेमिश या जर्मन बोलने वाले जैर्मैनिक समुदाय से। दोनों देशों में जर्मन कुल की भाषाएँ बोलने वालों का दूसरा बड़ा समुदाय है। भाषा और संस्कृति के विचार से फ्रेंचभाषी बेल्जियन और स्विस, दोनों फ्रेंच हैं, किन्तु यह बात उनकी बेल्जियन और स्विस राजनीतिक वफादारी में बाधक नहीं होती। उनके राष्ट्रों (नेशनल स्टेट्स) से उन्हें अलग करने और फ्रान्स के राज्यतन्त्र से सम्बद्ध करने के प्रयास निश्चय ही व्यर्थ होंगे। ठीक यही बात स्विटज़रलैण्ड के उन लोगों के बारे में कही जा सकती है जो इटालियन और जर्मन भाषाएँ बोलते हैं।" (पृष्ठ २००-२०१)। यह राजनीतिक वफादारी क्या है जिसके कारण बेल्जियम और स्विट्ज़रलैण्ड के फ्रान्सीसी भाषी लोग फ्रान्स से सम्बद्ध होना स्वीकार नहीं करते? क्या यह केवल राजनीतिक वफादारी की बात है? शताब्दियों से भिन्न भाषाएँ बोलने वाले लोग स्विट्ज़रलैण्ड में एक साथ रहते आये हैं। उनका मिला-जुला इतिहास है, सामान्य आर्थिक जीवन है और भिन्न भाषाओं में रचे हुए साहित्य के साथ-साथ उनकी संस्कृति में बहुत से तत्व सामान्य हैं। उनके लिए स्विट्ज़रलैण्ड एक राष्ट्र है और इस राष्ट्र के प्रति उनकी निष्ठा है जो राजनीतिक वफादारी से बड़ी चीज़ है। इससे मिलती-जुलती बात बेल्जियम के बारे में कही जा सकती है।

इसके विपरीत यूरुप के एक दूसरे राज्य का हाल देखिये जहाँ अनेक जातियाँ रहती थीं किन्तु जिनमें राष्ट्रीय एकता का विकास न हुआ था। पुराने आस्ट्रिया-हंगरी राज्य में इटालियन, क्रोट, सर्ब, पोल, चेक, स्लोवाक, रूमानियन और हंगेरियन जातियों के लोग रहते थे। राज्यसत्ता जर्मन भाषियों के हाथ में थी। इस देश की गैर-जर्मन भाषी जातियाँ इस राज्य के बाहर अपने मूल देशों के प्रति निष्ठावान थीं। हंगेरियन लोगों का इस राज्य के बाहर कोई देश न था; वे स्वतन्त्र राज्य बनाने की माँग करते थे। ज़ोर-ज़बरदस्ती से कायम किया हुआ यह राज्य टूट गया। हंगरी अब एक स्वतन्त्र राष्ट्र है।

ब्रिटेन में जब गृहयुद्ध हुआ, तब अंग्रेजों के सताये हुए आइरिश, वेल्श और स्कौट लोगों ने विद्रोह किया और उनके विद्रोहों का दमन किया गया। यह गृहयुद्ध पूंजीवादी क्रान्ति था जिसमें व्यापारी वर्ग सामन्तों से राज्यसत्ता छीन रहा था। इससे तुलना कीजिए फ्रान्सीसी राज्यक्रान्ति की जहाँ क्रान्ति के समय गैर-फ्रान्सीसी लोगों को अपनी-अपनी भाषाओं का व्यवहार करने के लिए प्रोत्साहन दिया गया। मारियो पेई ने उक्त पुस्तक में बताया है कि क्रान्ति के प्रारम्भिक दौर में फ्रान्स के जिन प्रदेशों में जर्मन, इटालियन, कतलन, बास्क और ब्रेतों भाषाएँ बोली जाती थीं, उनमें लोगों को अपनी भाषाओं का व्यवहार करने के लिए इस विचार से उत्साहित किया गया कि इस तरह क्रान्तिकारी आन्दोलन आसानी से फैलेगा और क्रान्ति का अन्तर्जातीय स्वरूप निर्मित होगा (पृष्ठ १९७)। यह भी एक पूँजीवादी क्रान्ति थी। गैर फ्रान्सीसियों को दबाने के बदले उन्हें अपनी भाषाओं का व्यवहार करने की प्रेरणा दी गई। किन्तु क्रान्ति के सफल हो जाने के बाद फ्रान्सीसी पूँजीपतियों ने अपना प्रभुत्व सुदृढ़ किया और फ्रान्स में एक ही भाषा का चलन हो, इसके लिए प्रयत्न किया। मारियो पेई कहते हैं कि यह भावना फ्रान्स में अब भी बलवती है; फ्रान्सीसी भाषा का व्यवहार न करने वाले लोग फ्रान्सीसियों के कोपभाजन इस हद तक बनते हैं कि यदि चिट्ठी ब्रेतों अथवा अन्य अल्पसंख्यक समुदाय की भाषा में लिखी गई हो, तो वह प्रेषक के पास वापस भेज दी जाती है (पृष्ठ १९७-२००)। और अमरीकी राष्ट्र में गैर-अंग्रेज़ी भाषाओं की स्थिति कैसी है? मारियो पेई ने बताया है कि फ्रान्स से मिलती-जुलती हालत यहाँ भी है। संयुक्त राज्य अमरीका में फ्रेंच, जर्मन, स्वीडिश और डच भाषाओं का व्यवहार करने वालों को निरुत्साहित किया गया, "और नवागन्तुकों को समझा दिया गया कि अंग्रेज़ी का व्यवहार करने से ही नागरिकता प्राप्त होगी और उस नागरिकता के फल प्राप्त होंगे।" (पृष्ठ २००)।

ब्रिटेन, फ्रान्स, अमरीका आदि पूँजीवादी राज्यों में उन जातियों को दबाया गया है जो सत्ताधारी सामन्तों और पूँजीपतियों की भाषा अस्वीकार करती थीं। इस तरह के राज्य भारत के लिए आदर्श राष्ट्र नहीं हो सकते। यह धारणा मन से निकाल देनी चाहिए कि राष्ट्र का लक्षण यह है कि उसमें एक ही भाषा का व्यवहार हो। मुख्य बात यह है कि किसी देश में रहने वाली जातियाँ आपस में एक-दूसरे से किस तरह का व्यवहार करती हैं, एक साथ रहने के कारण उनकी कोई सामान्य ऐतिहासिक परम्पराएँ निर्मित हुई हैं या नहीं। भारत की राष्ट्रीयता की समस्या के विवेचन के लिए यूरुप के किसी देश का उदाहरण सामने रखना ही है तो स्विट्ज़रलैण्ड का उदाहरण रखना चाहिए। पहले तो ब्रिटेन ऐसा देश नहीं है जिसमें एक ही भाषा बोलने वाली जातियाँ रहती हों। फिर यदि यह मान लिया जाय कि वहाँ सब लोगों की भाषा अंग्रेज़ी ही है, तो इसे कौन अस्वी-

अस्वीकार करेगा कि वेल्श और गेलिक भिन्न शाखा की भाषाएँ हैं और उनका दमन किया गया है ? भाषाओं का दमन करने वाला राज्य भारत के लिए आदर्श राष्ट्र कैसे हो सकता है ?

३. भाषा-प्रसार की भिन्न पद्धतियाँ

यहाँ यह प्रश्न अप्रासंगिक न होगा कि संसार के किस भाषा-परिवार की किस शाखा के लोगों ने विश्व पैमाने पर अन्य भाषाओं का दमन सबसे अधिक किया है ? अमरीका के आदिवासी, प्रशान्त महासागर के द्वीप-समूह, अफ्रीका के गण-समाज, वहाँ की नवोदित जातियाँ, इथिओपिया की प्राचीन सभ्यता पर गर्व करने वाली अफ्रीकी जाति, मध्य एशिया, दक्षिण-पूर्वी एशिया की जातियाँ—संसार में सैकड़ों भाषा-परिवार हैं। इनमें एक परिवार है इण्डो-यूरोपियन। इस परिवार की एक शाखा है जर्मन। इसी शाखा के ऐंगल और सैक्सन कबीलों ने ब्रिटेन की केल्त सभ्यता का विनाश किया और ब्रिटेन के भीतर इंग्लैण्ड की स्थापना की। इंग्लैण्डवासी, जर्मन शाखा के अंग्रेज़ी-भाषी, सामन्तों और व्यापारियों ने अमरीका की आदिवासी सभ्यताओं का नाश किया, वहाँ अपने उपनिवेश कायम किये, फिर अमरीकी उपनिवेशों के अंग्रेज़ इंग्लैण्ड के अंग्रेज़ों से लड़े। पिछले दो महायुद्धों में असंख्य जनों के संहार के लिए उन्हीं प्राचीन जर्मन कबीलों के आधुनिक उत्तराधिकारी ज़िम्मेदार हैं। तीसरे महायुद्ध का ख़तरा सबसे ज्यादा इन्हीं में से एक अमरीकावासी समुदाय से है। भाषाओं के विश्व मानचित्र में यह जर्मन शाखा एक छोटी-सी बूंद के समान है किन्तु विनाश और विध्वंस के कार्यों में वह अद्वितीय है। यहाँ जर्मन शाखा की भाषाएँ बोलने वाले सामन्तों और पूंजीपतियों को लक्ष्य करके ही यह बात कही जा रही है। पर क्या यह बात सही नहीं है कि गण व्यवस्था के समय इनके पुरखों ने जिस बर्बरता का परिचय दिया था, उसमें इन पूंजीपतियों ने चार चाँद लगा दिये हैं ?

ऐतिहासिक भाषाविज्ञान का मुख्य केन्द्र जर्मनी रहा है। जर्मन विद्वानों के लिए यह कल्पना करना अत्यन्त कठिन था कि जैसे ऐंगल और सैक्सन कबीलों ने केल्त सभ्यता का विनाश किया था, वैसे ही भारत में आर्यों ने द्रविड़ या कोल सभ्यता का नाश न किया होगा। अपने इतिहास के साँचे में उन्होंने दूसरों के इतिहास को फिट किया; जहाँ इस काम में कठिनाई हुई, वहाँ उन्होंने इतिहास के हाथ-पैर काटकर उसे अपने साँचे के अनुकूल बना लिया। विश्व पैमाने पर इस तरह के इतिहास की आवृत्ति कहाँ-कहाँ हुई है ? जैसे राष्ट्रीयता का एक मात्र आदर्श ब्रिटेन नहीं है, वैसे ही ऐतिहासिक भाषाविज्ञान में, भाषाओं और भाषा-परिवारों का परस्पर सम्बन्ध समझने के लिए, एक ही साँचा नहीं है जिसमें जर्मन कबीलों ने पहले केल्त सभ्यता का विनाश किया और फिर उनके वंशजों ने मूल अमरीकी सभ्यता का नाश किया।

जर्मन शाखा के बाद इस विनाश-क्रिया में दूसरा स्थान लैटिन शाखा का है। इस शाखा के सामन्तों और व्यापारियों ने यूरुप की केल्त सभ्यता का दमन किया, जो केल्त बच रहे, उन पर अपना प्रभुत्व स्थापित किया। जर्मन कबीलों से पहले यही लोग ब्रिटेन पहुँचे थे। ब्रिटेन और आयर्लैण्ड की तरह यूरुप में भी केल्त भाषाएं बोलने वाली जातियाँ फैली हुई थीं। जर्मन कबीलों के लिए रोमन आक्रमण-कारियों ने विजय-अभियान का एक आदर्श कायम कर दिया था। किन्तु जर्मन कबीलों से ये रोमन लोग अधिक सभ्य थे। इन्होंने दूसरे देशों को जीता तो उन्हें कुछ दिया भी। पर इस लैटिन शाखा के उत्तरकालीन वारिसों ने उत्तरी और दक्षिणी अमरीका में जैसी लूट मचाई और जैसा नरसंहार किया, उसे देखते वे जर्मन कबीलों के ही ज्यादा नज़दीक थे, रोमन विजेताओं से वे काफी फासले पर थे। विश्व इतिहास से यदि लैटिन और जर्मन शाखाओं के हमलावरों को निकाल दिया जाय तो विश्व की जातियों और भाषाओं का मानचित्र ही बदल जाय।

जो लोग यह समझते हैं कि किसी जाति के इतिहास का निर्माण मूलतः उसकी आर्थिक परिस्थितियों के कारण होता है, वे इस बात पर ध्यान दें कि अर्थतन्त्र के विचार से जो मंज़िलें इन शाखाओं की जातियों ने पार की हैं, उन्हें दूसरों ने भी पार किया है। एशिया और यूरुप में, तथा अन्यत्र, वैसी गण-व्यवस्था रही है जैसी जर्मनी और इटली में थी। सामन्ती व्यवस्था और व्यापार का प्रसार एशिया और अफ्रीका के देशों में भी हुआ। औद्योगिक क्रान्ति अवश्य पहले यूरुप में हुई। परन्तु उसके पहले, गण-समाजों के ज़माने में, सामन्ती व्यवस्था और व्यापार के ज़माने में, विभिन्न कबीलों और जातियों के इतिहास में इतना अन्तर क्यों है?

यूरुप में जैसे राष्ट्रीयता के लिए ब्रिटेन का विकल्प स्विट्ज़रलैण्ड है, वैसे ही सांस्कृतिक प्रभाव के विस्तार में इटली का विकल्प यूनान है। यूनान की सभ्यता यूरुप के अन्य देशों की सभ्यता से पुरानी है। लैटिन भाषा, लैटिन साहित्य, रोमन लोगों का धर्म यूनानियों की भाषा, साहित्य और धर्म की प्रतिच्छवि है। एथेन्स की सभ्यता मौलिक है, रोम की सभ्यता उसकी अनुकृति है। रोमन साम्राज्य के अभ्युदय से पहले अपने व्यापार और संस्कृति के बल पर यूनानियों ने भूमध्य-सागर के तटवर्ती सुदूर प्रदेशों को प्रभावित किया। रोमनों द्वारा, और मखदूनिया के लुटेरे सिकन्दर द्वारा, पराजित होने पर भी उनकी सभ्यता के केन्द्र उत्तरी अफ्रीका में कायम रहे। पर इन यूनानियों ने फ्रान्स या ब्रिटेन को जीतकर वहाँ अपनी भाषा का प्रभुत्व कायम नहीं किया। इससे परिणाम यह निकलता है कि सुदीर्घ गण-व्यवस्था-काल में किसी भाषा कुल के लोग जो संस्कार अर्जित करते हैं, वे अन्य गण-समाजों के संस्कारों से भिन्न ही नहीं होते, वरन् सामन्ती और पूंजीवादी व्यवस्थाओं में भी वे बहुत कुछ कायम रहते हैं।

जर्मनी के बाद ऐतिहासिक भाषाविज्ञान का केन्द्र फ्रान्स रहा है जहाँ लैटिन

भाषा बोली जाती है। रोमन सभ्यता के उत्तराधिकारी फ्रान्सीसी विद्वानों के लिए यह समझना बहुत कठिन है कि जैसे रोमन विजेताओं ने केल्त समाजों का विनाश किया था, वैसे ही आर्यों ने भारत में अनार्य समाजों का नाश न किया होगा। किन्तु लैटिन और जर्मन गण-समाजों के अलावा एक अन्य उदाहरण यूनान का भी है। उससे भारत की तुलना की जा सकती है। भाषाओं और भाषा-परिवारों के परस्पर सम्बन्धों का एक ही साँचा नहीं है जिसका निर्माण जर्मन-लैटिन शाखाओं के हमलावरों ने किया था। इन दूसरे साँचों को ध्यान में रखते हुए भारतीय भाषाओं के परस्पर सम्बन्धों और भारतीय राष्ट्रीयता के विकास को समझने का प्रयत्न करना चाहिए।

४. राष्ट्र और प्राचीन समाज व्यवस्था

यूनान प्राचीनकाल में छोटे-छोटे राज्यों में विभाजित था, ये राज्य आपस में लड़ते-भिड़ते थे और मिलकर भी रहते थे। राजनीतिक रूप से एकताबद्ध न होने पर भी यूनान के लोगों में यह भावना पैदा हुई कि हम एक ही देश के निवासी हैं। यह भावना उस समय पैदा हुई जिस समय वहाँ आधुनिक पूंजीवाद का विकास न हुआ था। विभिन्न प्रदेशों और राज्यों के यूनानी समूचे देश को हेलास कहते थे। जिस समय स्पार्टा और एथेन्स में लम्बी लड़ाई चली, उस समय बहुत से यूनानी दुखी थे कि यह आपस में भाइयों की लड़ाई है और इससे देश का नाश हो जायगा। प्रसिद्ध इतिहासकार थुकेदिदेस की कृति में यह भावना बहुत साफ दिखाई देती है। इसे राष्ट्रीय चेतना कहना उपयुक्त होगा।

यूनान के गण-समाजों की भाषाएँ एक-दूसरे से मिलती-जुलती थीं, फिर भी वे अलग-अलग थीं। इनमें एक से अधिक का उपयोग साहित्य के लिए भी हुआ है। होमर के काव्यों की भाषा वही नहीं है जो प्लेटो के गद्य की है। प्राचीनकाल में अनेक यूनानी गण-समाज एशिया के उस भाग में रहते थे जहाँ अब तुर्की है। कुछ गण-समाज बिखरे हुए द्वीपों में रहते थे, अन्य जन यूरुप के उस दक्षिणी भाग में रहते थे जो अब यूनान कहलाता है। जलस्थल का यह सारा भाग अखण्ड भौगोलिक इकाई न था, फिर भी परस्पर आर्थिक विनिमय, सांस्कृतिक सम्पर्क, भाषागत समानता (एकरूपता नहीं) और सम्बद्ध ऐतिहासिक परम्पराओं के कारण इन गण-राज्यों में राष्ट्रीय एकता की भावना का विकास हुआ। थुकेदिदेस अपनी पुस्तक हेलास के वृत्तान्त से आरम्भ करता है, किसी विशेष गण-समाज के वृत्तान्त से नहीं।

यहाँ राष्ट्र और जाति, इन दोनों शब्दों को आपस में उलझा न देना चाहिए। जाति वह मानव-समुदाय है जो व्यापार द्वारा पूंजीवादी सम्बन्धों के प्रसार के साथ गठित होती है। सामाजिक विकास-क्रम में मानव समाज पहले जन या गण के रूप में गठित होता है। सामूहिक श्रम और सामूहिक वितरण गण-समाज की

विशेषता है और उसके सदस्य आपस में एक दूसरे से रक्त सम्बन्ध के आधार पर सम्बद्ध माने जाते हैं। इन गण-समाजों के टूटने पर लघु जातियाँ बनती हैं जिनमें उत्पादन छोटे पैमाने पर होता है और नये श्रम विभाजन के आधार पर भारतीय वर्ण-व्यवस्था जैसी समाज-व्यवस्था का चलन होता है। पूंजीवादी युग में इन्हीं लघु जातियों से आधुनिक जातियों का निर्माण होता है।

प्राचीन यूनान में, होमर के महाकाव्यों के युग में, अनेक गण-समाज थे। प्लेटो के समय में सामन्ती व्यवस्थावाली लघु जातियाँ थीं। अब यूनान में पूंजीवादी युग की एक जाति रहती है। वैदिक काल में भरत, कुरु, पांचाल आदि अनेक गण-समाज थे। बौद्ध काल में जिन्हें जनपद या महाजनपद कहा जाता था, वे लघु जातियों के प्रदेश थे। ब्रज, अवध, बुन्देलखण्ड आदि उन्हीं लघु जातियों वाले प्रदेशों के अवशेष हैं और इन्हें अब भी हम जनपद कहते हैं। इन लघु जातियों से आधुनिक हिन्दीभाषी जाति का निर्माण हुआ है। भारत में अब हिन्दी, बँगला, मराठी, तमिल, कन्नड़ आदि भाषाएँ बोलने वाली अनेक जातियाँ रहती हैं।

'राष्ट्र' शब्द का व्यवहार इन तीनों प्रकार के मानव समाजों के लिए होता रहा है। वैदिक काल में, महाभारत काल में और उसके बाद भी 'राष्ट्र' शब्द का प्रयोग हमारे यहाँ होता आया है और इसमें दो अर्थगर्भित रहे हैं: वह भूमि जिस पर कोई मानव-समुदाय रहता है, और स्वयं वह मानव-समुदाय।

राष्ट्र के अन्तर्गत एक गण-समाज और उसकी भूमि गिनी जा सकती है, और एक से अधिक गण-समाजों और उनकी संयुक्त भूमि को भी गिना जा सकता है। इस तरह के गण-संघ वैदिक काल में ही बनने लगे थे। इसी तरह राष्ट्र के अन्तर्गत एक जनपद हो सकता है और अनेक जनपद हो सकते हैं। बौद्धकालीन महाजनपद इसी तरह लघु जनपदों को मिलाकर बनाये गये थे। इन समस्त गण-समाजों ओर लघु जातियों—जनपदों और महाजनपदों—के समवाय को भी एक राष्ट्र की संज्ञा दी जा सकती है। संस्कृत में 'वर्ष' शब्द का प्रयोग इसी ढंग से होता था। इस देश को भारतवर्ष कहा जाता था। भारतवर्ष के स्थान पर अब केवल भारत शब्द का चलन सामान्य हो गया है। यह भारत एक राष्ट्र है। प्रश्न यह है कि सामन्तकाल में क्या इस देश के लोगों में यह चेतना थी कि हम एक ही राष्ट्र के सदस्य हैं। सामन्ती व्यवस्था की विशेषता यह मानी जाती है कि उसमें छोटे-छोटे राज्य होते हैं, आपस में लड़ते रहते हैं, राज्यों की सीमाएँ बनती-बिगड़ती रहती हैं, उत्पादन और वितरण छोटे पैमाने पर होता है, यातायात के साधन अविकसित होते हैं, ऐसी स्थिति में राष्ट्रीयता का विकास, वह भी भारत जैसे विशाल भूखण्ड में, कैसे सम्भव है? यदि इस भूखण्ड में उस प्रदेश को शामिल किया जाय जिसे पहले उत्तराखण्ड कहते थे, तो अफगानिस्तान और उसकी सीमाएँ पार कर जाने वाला यह भारतवर्ष और भी बड़ा दिखाई देने लगता है। दक्षिण-पूर्वी एशिया के जिन देशों और द्वीपों को अनेक भाषाविज्ञानी और

इतिहासकार वृहत्तर भारत के अन्तर्गत मानते हैं, उन्हें भी ध्यान में रखें तो भारत नाम की सांस्कृतिक इकाई और भी विराट हो जाती है। क्या इस सब को राष्ट्र कहा जा सकता है ?

यहाँ यह स्मरण रखना चाहिए कि सामन्तकाल में राज्यों की सीमाएँ बनती-बिगड़ती रहती हैं, सांस्कृतिक इकाइयों की सीमाएँ अपेक्षाकृत स्थिर रहती हैं। छोटे-बड़े राज्यों में विभाजित होने से विभिन्न जनपदों के आर्थिक विनिमय और सांस्कृतिक सम्पर्क विच्छिन्न नहीं हो जाते। इसके सिवा सामन्ती व्यवस्था में चक्रवर्तियों के साम्राज्य भी कायम होते हैं और कभी-कभी काफी स्थायित्व वाले होते हैं। व्यापार का विकास सामन्ती व्यवस्था के अन्तर्गत ही होता है। व्यापार के लिए यातायात के साधनों का विकास हुआ, विभिन्न प्रदेशों को मिलाने वाले राजमार्गों का निर्माण हुआ। इसके अलावा नदियाँ और समुद्र यातायात के पुराने मार्ग हैं। प्राचीन भारत ने स्थल मार्गों से एशिया और यूरुप के देशों से सम्पर्क कायम किया था और जलमार्गों द्वारा दक्षिण पूर्वी एशिया से। ऐसा न होता तो बौद्ध धर्म का प्रसार इतने बड़े पैमाने पर कैसे होता (यह प्रसार भी जब सैनिक अभियान द्वारा न हुआ हो) ? स्वभावतः यातायात के साधनों का विकास स्वय भारत देश के भीतर और भी ज्यादा हुआ था। अन्य देशों से सम्पर्क बनाये रखने वाले बाह्य साधन अपेक्षाकृत कम विकसित थे।

राज्यों की सीमाओं से आर्थिक सम्बन्धों की परिधि बड़ी थी। इस आर्थिक परिधि से सांस्कृतिक सम्बन्धों की परिधि और भी बड़ी थी। जातक साहित्य, कथासरित्सागर, पंचतंत्र आदि में जो लोक-कथाएँ सुरक्षित हैं, उनके अलावा महाकाव्य और पुराण पढ़कर दूसरों को सुनाने और उनका अर्थ समझाने वाले लोग विभिन्न प्रदेशों को एक सूत्र में बाँधते थे। इसके अतिरिक्त शकों, हूणों तथा अन्य बर्बर जातियों का निरन्तर सामना करते रहने से भारत के विभिन्न जनपदों और महाजनपदों में ऐतिहासिक रूप से एकता की भावना वैसे ही सुदृढ हुई जैसे अंग्रेज़ों से मुक्ति पाने के लिए वह पुरातन राष्ट्रीय एकता आधुनिक काल में पुष्ट हुई।

भारत जैसे देश में राष्ट्रीयता का विकास सुदीर्घ ऐतिहासिक प्रक्रिया का परिणाम है। ऐसा नहीं है कि किसी विशेष सम्वत्, मास या तिथि में, शुभ मुहूर्त देखकर, इस राष्ट्रीयता का जन्म हो गया, फिर वैसे ही किसी विशेष सम्वत्, मास और तिथि में वह राष्ट्रीयता निर्वाण को प्राप्त हो गई। उस प्रक्रिया के आर्थिक, राजनीतिक, सांस्कृतिक अनेक कारण हैं, और वह प्रक्रिया अभी समाप्त नहीं हुई है। भारतीय साहित्य का इतिहास लिखना उचित है या अनुचित, इस बारे में शंका हो सकती है, पर भारत का इतिहास लिखना चाहिए या नहीं, इस बारे में किसी को शंका नहीं है। सैकड़ों देशी-विदेशी इतिहासकार भारत का इतिहास लिखते आये हैं, अब भी लिख रहे हैं। इस इतिहास में वे केवल आधुनिक भारत

का इतिहास नहीं लिखते जब अंग्रेज़ों की कृपा से, मान लीजिए, यहाँ राष्ट्रीय एकता कायम हो गई थी। इस इतिहास में वे 'मध्यकालीन' और 'प्राचीन' भारत का इतिहास भी शामिल कर लेते हैं। इतिहासकारों के लिए भारतीय इतिहास एक अटूट इकाई है जो त्रिकाल-सिद्ध है, यानी जिसमें प्राचीन काल, मध्यकाल और आधुनिक काल, तीनों काल शामिल हैं। यह बात अवश्य है कि इतिहासकारों ने इस बात की व्याख्या नहीं की कि जिस भारत का वे इतिहास लिख रहे हैं, वह भारत किस तरह की इकाई है।

इतिहासकार जब युग-विशेष के विवेचन में संस्कृति का विवरण प्रस्तुत करते हैं, तब स्थापत्य, शिल्प, संगीत आदि कलाओं के साथ वे साहित्य का भी उल्लेख करते हैं, फिर यह साहित्य चाहे एक भाषा में हो, चाहे अनेक भाषाओं में हो, चाहे किसी प्राचीन भाषा में हो चाहे आधुनिक भाषाओं में। यह बात अवश्य है कि इतिहासकार यह नहीं बताते कि जिस भाषा के साहित्य का विवरण वे दे रहे हैं, उसे व्यवहार करने वाला मानव-समुदाय किस सामाजिक रूप में गठित है—वह गण-समाज है, गण-संघ है, लघु-जाति है, महाजनपद में बसने वाली लघु जातियों का संघ है, आधुनिक जाति है या गणों, लघु जातियों अथवा महाजातियों का कोई विशाल राष्ट्र है। किन्तु यह निर्विवाद है कि भारत के इतिहास में यहाँ की भाषाओं में रचे हुए साहित्य का उल्लेख होता है।

इस प्रसंग को यहीं छोड़कर पूर्व प्रश्न पर विचार करें कि भारत-व्यापी राष्ट्रीय एकता की भावना यहाँ पहले—यानी अंग्रेज़ों के आने से पहले—थी या नहीं।

महाभारत के भीष्म पर्व में धृतराष्ट्र संजय से पूछते हैं : यह जो भारतवर्ष है, जहाँ का राज्य पाने के लिए दुर्योधन तथा पाण्डवों के मन में बड़ी लालसा है और जिस राज्य की प्राप्ति के लिए युद्धभूमि में दोनों ओर की सेनाएँ एकत्र हैं, यह भारतवर्ष क्या है, इसका वर्णन मुझे सुनाओ। कौरव और पाण्डव सारे भारत का राज्य पाने के लिए युद्ध कर रहे हों, चाहे न कर रहे हों, संजय ने जिस भारत-वर्ष का वर्णन किया है, वह विशाल भारत देश ही है। इस देश में गंगा, सिन्धु, सरस्वती, गोदावरी, नर्मदा, वितस्ता, सरयू, गोमती, कावेरी आदि नदियाँ प्रवाहित हैं। इसमें कुरु-पांचाल, शूरसेन, कोसल, कलिंग, विदर्भ, पुण्ड्र, निषाद, निषध, काश्मीर, गान्धार, सिन्धु-सौवीर्य, द्रविड़, केरल, कर्णाटक, चोल, चुलिक, पुलिन्द, कुलिन्द, कोङ्कण, आन्ध्र आदि अनेक जनपद हैं। इस देश में आर्य और म्लेच्छ दोनों रहते हैं। यवन, चीन, काम्बोज को भी इसी भारत में गिना गया है। यह चीन आधुनिक चीन नहीं है। चीन का अर्थ है नाग भाषाएँ बोलने वाले उत्तराखंड के जनपद। कहा जा सकता है कि यह सारा वर्णन एक ऐसे कवि की कल्पना है जो सामन्तों के विशाल साम्राज्य का स्वप्न देख रहा है। ऐसा सोचना बहुत बड़ा भ्रम होगा। भीष्म-पर्व के नवें अध्याय में

जिस व्यक्ति ने भारत का यह वर्णन लिखा है, उसने राजाओं की तुलना कुत्तों से की है। वह इनके पृथ्वीव्यापी प्रभुत्व का स्वप्न कैसे देख सकता है ? उसका कहना है कि मनुष्य अपने गुण और शक्ति के अनुसार यदि इस पृथ्वी की सेवा करें, तो वह कामधेनु के समान उन्हें सभी प्रकार के फल दे सकती है (धर्म-अर्थ-काम वाले त्रिवर्ग के महाफल दे सकती है)। किन्तु जैसे कुत्ते मांस के लिए परस्पर लड़ते हैं, वैसे ही राजा वसुन्धरा को भोगने की इच्छा से आपस में लड़ते हैं।

अन्योन्यस्यावलुम्पन्ति सारमेया यथामिषम्।
राजानो भरतश्रेष्ठ भोक्तकामा वसुन्धराम्।

शायद कौरव और पाण्डव इस तरह के राजाओं से भिन्न हैं ? निस्सन्देह कवि के लिए पाण्डव कौरवों से भिन्न हैं, फिर भी उसका कहना है कि परिग्रह के कारण—राज्य-प्राप्ति की इच्छा के कारण—कौरव और पाण्डव दोनों, साम-दाम-दंड-भेद द्वारा, सारी पृथ्वी पर अधिकार पाने का प्रयत्न कर रहे हैं। कवि के लिए यह धरती पिता, भ्राता, पुत्र सभी कुछ है, वही उसके लिए स्वर्ग भी है। वह उसकी सेवा कर सकता है, उसे भोगने के लिए युद्ध नहीं कर सकता। इसके सिवा इस कवि के भारत में दो तरह के समाज हैं। एक तरह का समाज वह है जिसमें राजा शासक होता है; दूसरी तरह के समाज वे हैं जिनमें कोई राजा नहीं है और जनता स्वयं अपनी शासन व्यवस्था चलाती है।

न तत्र राजा राजेन्द्र न दंडो न च दण्डिकः।
स्वधर्मेणैव धर्मज्ञास्ते रक्षन्ति परस्परम्॥

(भीष्म-पर्व, नवाँ अध्याय)

वहाँ न कोई राजा है, न दंड है, न दंड देने वाला है। उस समाज के लोग अपना धर्म जानते हैं और स्वधर्म द्वारा एक दूसरे की रक्षा करते हैं।

इन वैराज्य गणों से कवि को सहानुभूति है। राजा, राज्य-सत्ता का अर्थ है दण्ड-व्यवस्था, समाज का वर्गों में विभाजन, एक वर्ग द्वारा दूसरे वर्ग पर शासन। जिस दण्डहीन समाज की बात कवि यहाँ कह रहा है, वह अभी वर्गहीन है। सामन्ती व्यवस्था में जो कुछ लिखा जाता है, वह सभी अनिवार्यतः सामन्तों और पुरोहितों के वर्गहित में नहीं होता। सामन्ती व्यवस्था, दस्तकारी वाले छोटे उत्पादन और वितरण की व्यवस्था, एक ढाँचा है, जिसके भीतर अनेक वर्ग संस्कृति के निर्माण में भाग लेते हैं। इस तन्त्र के भीतर रहकर जिन्होंने महाभारत और रामायण जैसे महाकाव्य रचे हैं, वे उत्पीड़क वर्ग के चाटुकार नहीं हैं। राष्ट्रीय एकता की आवश्यकता सामन्तों को हो सकती है, उससे भी अधिक उसकी आवश्यकता यहाँ की सामान्य जनता को थी। उसका सामाजिक, आर्थिक और सांस्कृतिक विकास विभिन्न जनपदों के संघर्ष पर नहीं, उनके सहयोग पर निर्भर था; उसका हित राजाओं के युद्ध-अभियानों, लूट-पाट और नर-संहार में नहीं था, उसका हित शान्ति, सहयोग और भाईचारे का जीवन बिताने में था। जिस

सामन्त वर्ग के हाथ में राज्यसत्ता थी, वह राजनीतिक रूप से इस देश को कभी एकताबद्ध नहीं कर पाया। जिन कवियों के हाथ में राज्यसत्ता नहीं थी, वे इस देश को सांस्कृतिक रूप से एकताबद्ध करने में सफल हुए। सामन्ती व्यवस्था में संस्कृति के दो भाग हैं। एक कर्मकाण्ड वाला भाग है, जहाँ धर्म संघबद्ध है, जहाँ धर्म के अनुसार आचरण करने का अर्थ है सामन्तों और सम्पत्तिशाली वर्गों की सेवा करना और सेवा न करने पर इस संसार में बार-बार जन्म लेकर पीड़ित होना। रामायण और महाभारत की संस्कृति इस कर्मकाण्ड की विरोधी है। इस सामन्त विरोधी संस्कृति का मूल स्वर है भारत राष्ट्र की एकता। यह संस्कृति का दूसरा भाग है।

जिस कवि ने भारत का वर्णन करते हुए राजाओं की तुलना कुत्तों से की थी वह प्राचीन वैदिक परम्परा का अनुसरण कर रहा था। शतपथ ब्राह्मण में राष्ट्री अर्थात् निरंकुश राजा की तुलना मांसाहारी व्यक्ति से की गई है जिसके लिए प्रजा पुष्ट पशु के समान खाद्य है। स्वामी दयानन्द सरस्वती ने ऋग्वेदादि-भाष्यभूमिका में राजा-प्रजा धर्म विषय की चर्चा करते हुए शतपथ ब्राह्मण से जो उद्धरण दिया है, उसकी एक पंक्ति यह है : विशमेव राष्ट्रयाद्यां करोति तस्माद्राष्ट्री विशमत्ति न पुष्टं पशु मन्यत इति। निरंकुश राजा, प्रजा का सब कुछ छीनकर, अपने हाथ में करना चाहता है; इस तरह वह प्रजा का भक्षक बनता है जैसे मांसाहारी व्यक्ति पुष्ट पशु को देखकर उसे मारना चाहता है (स्वामी दयानन्द के अनुसार यथा मांसाहारी पुष्टं पशुं दृष्ट्वा हन्तुमिच्छति इत्यादि)। इस प्रकार यह सामन्त-विरोधी मानवतावादी परम्परा बहुत पुरानी है, उतनी पुरानी जितना पुराना सामन्त वर्ग का अभ्युदय है। इस परम्परा को भूल जाना, ब्रिटिश-पूर्व भारत में पहले तो राष्ट्रीय एकता की भावना को ही अस्वीकार करना, फिर स्वीकार करना तो उसे सामन्तों के वर्गहित से बाँध देना, वास्तव में उन सामन्तों की ही बहुत बड़ी सेवा करना है जिनके स्वार्थ परस्पर टकराते थे और इस कारण जो देश को शताब्दियों तक अनेक राज्यों में विभाजित किये हुए थे। आधुनिक काल में पूँजीपतियों का हित राष्ट्रीय एकता में हो चाहे न हो, राष्ट्रीय एकता की भावना वर्तमान काल में पूँजीवाद की देन हो चाहे न हो, इस बारे में जरा भी सन्देह न होना चाहिए कि यह एकता भारतीय जनता के हित में है। इसलिए उसकी रक्षा करना, उसे सुदृढ़ करना भारतीय जनता का कर्तव्य है, पूँजीपतियों की नीति कुछ भी हो।

महाभारत में कश्मीर से लेकर केरल तक अनेक जनपदों के आर्य, द्रविड़, किरात, निषाद, यवन, म्लेच्छ आदि अनेक समाजों के जिस भारत का उल्लेख है, वह किसी एक कवि की निराली कल्पना नहीं है। अनेक पुराणों में उससे मिलता-जुलता स्वर सुनाई देता है। विष्णु पुराण के द्वितीय अंश के तीसरे अध्याय में भारतवर्ष का वर्णन है। जो देश समुद्र के उत्तर में है और हिमालय के दक्षिण

में है, वह भारतवर्ष है, उसकी सन्तति का नाम भारती है। इस देश के पूर्वी भाग में किरात हैं, पश्चिमी भाग में यवन हैं। इसमें शतद्रु, चन्द्रभागा, गोदावरी, ताम्रपर्णी आदि नदियाँ बहती हैं। इस देश में कुरु, पांचाल, कोसल, कामरूप, पुण्ड्र, कलिंग, मगध, सौराष्ट्र आदि जन रहते हैं। ये सब लोग मिलकर रहते हैं और इस देश की नदियों का जल पीते हैं : आसा पिवन्ति सलिलं वसन्ति सहिता: सदा। कवि के अनुसार ये सब लोग सहित भाव से निवास करते हैं अर्थात् मिलकर रहते हैं। यही राष्ट्रीय एकता का समर्थ आधार है। अन्य देश भोग-भूमि हैं; भारत पुण्य भूमि है। इस भूमि में जन्म लेना पूर्वजन्म के पापों का फल नहीं है, पूर्वजन्म में महान् पुण्य करने पर ही इस देश में मनुष्य-जन्म प्राप्त होता है। स्वर्ग में देवता यह गीत गाते हैं कि जो मनुष्य इस कर्मभूमि में जन्म लेकर अपना कर्मफल ईश्वर को अर्पित करते हैं, वे देवताओं से भी अधिक भाग्यशाली हैं। देवता कहते हैं। जिन कर्मों के बल पर हमें स्वर्ग मिला है, उनका क्षय होने पर हम कहाँ जन्म लेंगे? वे मनुष्य धन्य हैं जिनका जन्म भारत में हुआ है और जिनकी इन्द्रियों की शक्ति नष्ट नहीं हुई है।

विष्णु पुराण में जो कुछ कहा गया है वह महाभारत की प्रतिध्वनि है। जैसे महाभारत में देश की धरती को स्वर्ग के समान बताया गया है, वैसे ही यहाँ उसे स्वर्ग से श्रेष्ठ कहा गया है। कोई ईश्वर, कोई देवता, कोई धर्म, कोई कर्मकाण्ड इस भारत-भूमि से बढ़कर नहीं है। यह भूमि हिमालय और समुद्र के बीच में है और उस पर विभिन्न जातियों और वर्णों के लोग मिलकर रहते हैं।

भारत-भूमि की पवित्रता का यही भाव तुलसीदास के इस छन्द में है :

> भलि भारत भूमि भले कुल जन्म समाज सरीर भलो लहि कै।
> करषा तजि कै परुषा बरषा हिम मारुत धाम सदा सहि कै।
> जो भजै भगवान सयान सोई तुलसी हठ चातक ज्यों गहि कै।
> न तु और सबै बिष बीज बये हर हाटक कामदुहा नहि कै।

यह वही भाव है कि भारत-भूमि में मनुष्य जन्म बड़ी कठिनाई से मिलता है। इस जन्म का फल भक्ति में है, उस भक्ति में जहाँ भगवान के सामने सब मनुष्य बराबर हैं। ऐसे देश में जन्म लेकर जो ईश्वर की भक्ति न करे, वह मानो सोने के हल में कामधेनु जोतकर विष के बीज बोता है।

भारतवर्ष की एकता और पवित्रता का यही स्वर आधुनिक काल में तमिल कवि सुब्रह्मण्य भारती के प्रसिद्ध गीत में सुनाई देता है :—

> भारत समुदायम् वाळ्ग वे !—वाळ्ग वाळ्ग !
> भारत समुदायम् वाळ्ग वे !—जय जय जय !

इसी गीत में भारती आगे कहते हैं : तो हम एक विधान बनाएँगे और सदैव उसकी रक्षा करेंगे जिससे कोई भी व्यक्ति भूखा न रहे; और यदि ऐसा हुआ, तो हम इस जगत् का (अर्थात् व्यवस्था का) नाश कर देंगे।

सुब्रह्मण्य भारती राष्ट्रीय एकता का ही जयघोष नहीं करते, वह महाभारत के कवि की तरह राष्ट्र के सदस्यों के भौतिक जीवन की ओर भी ध्यान देते हैं। भारत जैसे महान् राष्ट्र में कोई व्यक्ति भूखा रहे, यह सोचते हुए उनके स्तुति वाले स्वर में आक्रोश भर जाता है। महाभारत के कवि की तरह उनकी दृष्टि भी वर्ग-शोषण की तीव्र विरोधी है। यूरुप में कोई ऐसा देश नहीं है, न समूचे यूरुप की कोई काव्य-परम्परा ऐसी है जहाँ प्राचीन भाषा से लेकर विभिन्न आधुनिक भाषाओं तक में, अनेक युगों और अनेक प्रदेशों में, इस प्रकार किसी राष्ट्र का स्तवन किया गया हो। अब इस बारे में कोई सन्देह न रह जाना चाहिए कि प्राचीन काल में यहाँ अखिल भारतीय राष्ट्रीय चेतना विद्यमान थी; वह उस युग में थी जिसे मध्यकाल कहते हैं, और वह आधुनिक काल में है। यह भावना उस समय थी जब राष्ट्र के अन्तर्गत गण-समाज और लघु जातियाँ थीं। यह उस समय है जब यह राष्ट्र महाजातियों का समुदाय है, जिनके साथ वे गण-समाज और लघु जातियाँ हैं जो सामाजिक विकास-क्रम में नये जातीय जीवन की ओर अग्रसर हो रही हैं।

राष्ट्र शब्द 'देश' से मिलता-जुलता है। कभी-कभी जातीय क्षेत्र को देश कहा जाता है जैसे बाँगला देश। गाँव से जो आदमी दूसरे प्रदेश में नौकरी करने जाता है, वह 'परदेस' कमाने जाता है यद्यपि यह पर-देश भारत देश के भीतर ही होता है। उसी तरह राष्ट्र शब्द का व्यवहार वैदिक काल से लेकर अब तक होता आया है और उसका अर्थ-विस्तार होता गया है। राष्ट्र और देश में अन्तर यह है कि राष्ट्र में उसकी भूमि पर रहने वाले व्यक्ति भी शामिल हैं, देश से मानव समाज का बोध नहीं होता। देश और समाज, दोनों के संयुक्त अर्थ का बोध राष्ट्र शब्द से होता है। 'समाज' का अस्तित्व गण-व्यवस्था में होता है, सामन्ती व्यवस्था में होता है, पूंजीवादी व्यवस्था में होता है। ये सब समाज भिन्न प्रकार के होते हैं, फिर भी समाज कहलाते हैं क्योंकि बहुत से मनुष्यों का एक साथ रहना, आर्थिक, सांस्कृतिक सम्बन्धों में उनका बँधे होना, समाज का सामान्य लक्षण है। ऐसे ही अनेक गणों, अनेक लघु जातियों, अनेक महाजातियों का राष्ट्र, आन्तरिक रूप से भिन्न होते हुए भी, इन सब इकाइयों के संघबद्ध रहने, सहयोग करने आदि के कारण, राष्ट्र ही कहलाता है। इसलिए किसी को यह शंका न होनी चाहिए कि 'नेशन' का निर्माण तो पूंजीवादी युग में होता है, सामन्ती युग में यह राष्ट्र कहाँ से आ गया। अनावश्यक भ्रम से बचने के लिए 'नेशन' का पर्याय जाति मान लेना चाहिए; राष्ट्र का अर्थ एक सीमा तक लैटिन शब्द—पात्रिआ में ध्वनित है यद्यपि पात्रिआ से मानव समुदाय का बोध राष्ट्र की तरह नहीं होता। फिर भी हिन्दी में जिसे बहुजातीय राष्ट्रीयता कहेंगे, उसके अनुरूप अंग्रेजी में 'मल्टीनैशनल पेट्रिऔटिज्म' का व्यवहार सम्भव है। राष्ट्र की तरह पात्रिआ शब्द का व्यवहार भी उस समय होता था जब पूंजीवाद का जन्म न हुआ

था। पूंजीवादी और समाजवादी व्यवस्थाओं वाले दोनों तरह के समाज पेट्रिऔटिज्म शब्द का व्यवहार करते हैं। तब राष्ट्र शब्द ने ही कौन सा कसूर किया है ? देखना यह चाहिए कि महाभारत में जिस भारतवर्ष का वर्णन किया गया है, उसमें सामाजिक गठन के रूप कौन से हैं, और आज हम जिस भारत की बात करते हैं, उसके अन्तर्गत सामाजिक गठन के कौन से रूप हैं।

कुछ सिद्धान्तकार भ्रमवश यह मान बैठते हैं कि सामाजिक गठन आर्थिक सम्बन्धों का प्रतिबिम्ब हैं। मार्क्सवादी साहित्य में आर्थिक सम्बन्धों पर विशेष बल दिया जाता है और अर्थतंत्र को आधार मानते हुए संस्कृति को उसके ऊपर बनी हुई इमारत कहा जाता है। सामाजिक गठन उस आधार का अंश है या ऊपर बनी हुई इमारत का अंश है ? १८८८ में कम्युनिस्ट घोषणापत्र की भूमिका में इस प्रसिद्ध पुस्तिका की मूल स्थापना—अर्थात् ऐतिहासिक भौतिकवाद की मूल स्थापना—को स्पष्ट करते हुए एंगेल्स ने लिखा था : "प्रत्येक ऐतिहासिक युग में आर्थिक उत्पादन और विनिमय की जिस पद्धति का चलन होता है, और अनिवार्यतः उसका अनुगमन करने वाला जो सामाजिक गठन होता है, वह पद्धति तथा वह गठन वह आधार है जिस पर उस युग का राजनीतिक और बौद्धिक इतिहास निर्मित होता है और जिस आधार के द्वारा ही उस इतिहास की व्याख्या होती है।" गण, जाति आदि सामाजिक गठन के रूप ऊपर की इमारत का अंश नहीं हैं, वे आर्थिक उत्पादन और विनिमय की पद्धति का अनुगमन करते हैं, उनका प्रतिबिम्ब नहीं होते। यदि एंगेल्स उन्हें प्रतिबिम्ब समझते तो उन्हें आधार में शामिल न करते, उन्हें ऊपर की इमारत का ही हिस्सा बताते। मार्क्सवादी साहित्य में कभी-कभी पूंजीवादी सम्बन्धो—घरेलू बाजार के निर्माण—की चर्चा इस तरह की जाती है मानो जाति इस आर्थिक आधार का प्रतिबिम्ब हो। वैज्ञानिक दृष्टि के अनुसार आधार में दो चीजें शामिल हैं, अर्थतंत्र और सामाजिक गठन का रूप। ये दोनों ही संस्कृति का आधार हैं। राष्ट्र वह तंत्र है जिसके भीतर और जिसके आधार पर साहित्य रचा जाता है। साहित्य कहीं कल्पना के आकाश से राष्ट्रीयता लाकर जनमानस पर आरोपित नहीं करता। आर्थिक सम्बन्धों के साथ राष्ट्रीयता वह यथार्थ आधार है जिस पर साहित्य का निर्माण होता है। मान लीजिए, साहित्य में राष्ट्रीयता की भावना व्यक्त नहीं होती। इससे राष्ट्र का वस्तुगत अस्तित्व समाप्त नहीं हो जाता। इसलिए साहित्य में इस बात का अनुसंधान करना चाहिए कि यह वस्तुगत इकाई राष्ट्र किस तरह प्रत्यक्ष रूप में, और किस तरह अप्रत्यक्ष रूप में, भाषा के माध्यम से व्यंजित होती है।

यह सम्भव है कि वर्तमान पूंजीवादी राष्ट्रों का वैभव जब समाप्त हो जायगा और समाजवैज्ञानिक चिन्तन में अधिक स्पष्टता आ जायगी, तब राष्ट्र शब्द का अर्थ समझने और बहुजातीय राष्ट्रीयता के विकास का विश्लेषण करने के लिए ब्रिटेन या स्विट्ज़रलैंड को उदाहरण रूप में प्रस्तुत न किया जायगा, उदाहरण

रूप में सर्वप्रथम भारत को प्रस्तुत किया जायगा, और यहाँ की सुदीर्घ राष्ट्रीयता के इतिहास का विश्लेषण जितना उपयोगी होगा, उतना उन देशों के इतिहास का विश्लेषण न होगा, जहाँ राष्ट्रीयता का जन्म अभी बीसवीं सदी में हुआ है या उससे दो-चार सौ साल पहले हुआ है।

५. संस्कृत साहित्य का जातीय आधार

राष्ट्र सम्बन्धी विवेचन में गणों, लघु जातियों और महाजातियों (अथवा केवल जातियों) की बात कई बार कही गई है। संस्कृत साहित्य किस गण, लघु जाति अथवा जाति का साहित्य है? यदि किसी विशेष गण या जाति का साहित्य नहीं है तो किस तरह के संघों का साहित्य है?

कोई भी भाषा उसे बोलने वाले मानव-समुदाय के बिना अस्तित्व में नहीं आती। कोई भी मानव-समुदाय अपने विशेष सामाजिक गठन के रूप के बिना अस्तित्व में नहीं होता। वैदिक संस्कृत आर्य नाम के किसी ऐसे विराट मानव-समुदाय की भाषा नहीं थी जो गणों या लघु जातियों में संगठित न रहा हो। आर्य शब्द उन तमाम गण-समाजों के लिए प्रयुक्त होता है जो एक-दूसरे से मिलती-जुलती भाषाएँ बोलते थे। ये भाषाएँ एक-दूसरे से मिलती-जुलती थीं किन्तु वे एकरूप नहीं थीं। समस्त गण-समाज एक ही आर्यभाषा बोलते हों, ऐसा नहीं था। यूनान में विभिन्न गण-समाजों की प्राचीन भाषाओं के नमूने सुरक्षित हैं। इसलिए कोई यह नहीं कहता कि इन सभी गण-समाजों में एक ही भाषा बोली जाती थी। भाषाविज्ञानी यह अवश्य मानते हैं कि इन सभी गण-भाषाओं का जन्म एक आदि ग्रीक भाषा से हुआ है। यदि यह स्थापना मान भी ली जाय तो यह भी मानना होगा कि उस आदि ग्रीक भाषा के व्यवहार काल में विभिन्न गण-समाजों का अस्तित्व न था। उस भाषा को बोलने वाला एक ही गण-समाज था।

प्राचीन यूनान की तरह प्राचीन इटली में भी विभिन्न गण-समाजों की अपनी-अपनी भाषाएँ थीं और उनके नमूने सुलभ हैं। वैदिक काल में यहाँ भी अनेक भाषाएँ बोली जाती थीं। जो भाषाएँ भिन्न परिवारों की थीं, उनके अलावा, आर्य भाषा-परिवार में ही, विभिन्न गणों की विभिन्न भाषाएँ विद्यमान थीं।

भारत की जिन पूर्वी भाषाओं का सम्बन्ध मागधी प्राकृत से जोड़ा जाता है, उनकी सामान्य विशेषता है ह्रस्व अकार का अभाव। उसके स्थान पर वे ह्रस्व ओकार अथवा औकार का प्रयोग करती हैं। भाषाविज्ञानी इस बात की व्याख्या नहीं कर पाते कि एक ही भाषा से उत्पन्न होने वाली इतनी भाषाओं में इतने बड़े प्रदेश में, मूल भाषा के अकार का लोप कैसे हो गया। बहुत हुआ तो कह दिया कि यह मंगोल प्रभाव है या कोई अन्य अनार्य प्रभाव है। इस बात की

छानबीन करना वे आवश्यक नहीं समझते कि इस तरह का भेद इंडो-यूरोपियन परिवार की भाषाओं में भारत के बाहर भी है यथा दक्खिनी रूसी ह्रस्व ओकार-वादी है और उत्तरी रूसी अकारवादी है। इसी तरह बँगला में लिंगभेद का अभाव है और मराठी में स्त्री लिंग, पुंलिग के साथ नपुंसक लिंग विद्यमान है। यह भेद भाषाविज्ञानियों को यह सोचने पर बाध्य नहीं करता कि प्राचीन भारतीय आर्य भाषा-परिवार के अन्तर्गत संस्कृत के अतिरिक्त अन्य भाषाएँ भी बोली जाती होंगी। किन्तु डाक्टर सुनीतिकुमार चाटुर्ज्या मानते हैं कि वैदिक भाषा में अनेक बोलियों के मिश्रण के चिह्न दिखाई देते हैं। सोचने की बात है कि जब अनेक बोलियाँ न होंगी, तब उनके मिश्रण के चिह्न कहाँ से प्रकट हो जायँगे। यहाँ आशय आर्य परिवार की बोलियों से है, द्रविड़ या कोल परिवार की बोलियों से नहीं।

संस्कृत, अपने प्राचीन वैदिक रूप में, भरत गण की भाषा है। महाभारत युद्ध भरत गण का आपसी युद्ध है। भरत गण से समूचे देश को भारत नाम प्राप्त हुआ। वैदिक काल में ही भरत गण की शक्ति के कारण उनकी भाषा विभिन्न गण-समाजों के बीच व्यवहार में आने लगी थी। भिन्न भाषाएँ बोलने वाले ये समाज परस्पर विनिमय और सम्पर्क के लिए भरत गण की भाषा काम में लाते थे। यही कारण है कि वैदिक भाषा में अनेक आर्य बोलियों के मिश्रण के चिह्न दिखाई देते हैं। इसी भाषा को पाणिनि ने अपने व्याकरण द्वारा अनुशासित किया था, उसे मानक रूप दिया था, उसे संस्कृत बनाया था। यह संस्कृत गढ़ी हुई भाषा नहीं थी, वैसे ही जैसे परिनिष्ठित अंग्रेजी गढ़ी हुई भाषा नहीं है। उसका एक बोलचाल का आधार है यद्यपि मानक रूप में सर्वत्र उसका एक सा व्यवहार नहीं होता। यूनान में आगे चल कर व्यापक रूप में मानक भाषा का व्यवहार होने लगा, प्राचीन बोलियों का अस्तित्व कुछ शिलालेखों और पुराने काव्यों में ही रह गया। इसी तरह इटली में लैटिन के प्रसार के साथ अन्य प्राचीन गण-भाषाओं का लोप हो गया अथवा अनेक सामाजिक-सांस्कृतिक कार्यों के लिए उनका व्यवहार बन्द हो गया। इसी प्रकार संस्कृत का व्यवहार विभिन्न जनपदों में होने लगा और उसका व्यवहार-क्षेत्र बढ़ते-बढ़ते दक्षिण भारत को समेटकर भारत के बाहर भी जा पहुँचा। इसका यह अर्थ नहीं कि आर्य परिवार की अन्य भाषाएँ पूर्णतः लुप्त हो गयीं।

संस्कृत मूलतः भरत गण की भाषा थी, इसलिए यह स्वाभाविक था कि उसके अध्ययन और प्रसार के मुख्य केन्द्र उत्तर भारत में हों। वैदिक काल के बाद ये सारे केन्द्र उन जनपदों में रहे हैं जो अब हिन्दी भाषी जाति के प्रदेश में शामिल हैं। संस्कृत साहित्य अधिकांशतः हिन्दी भाषी जाति के पूर्वजों का रचा हुआ है। यह बात बहुत लोगों को अच्छी न लगेगी। इनमें दो तरह के लोग होंगे। एक तरह के वे जो संस्कृत भाषा को सारे देश की भाषा मानते हैं; अतः

उनके लिए संस्कृत साहित्य सारे देश का साहित्य है, और हिन्दी भाषी या किसी भी जाति की बात करना संस्कृत-साहित्य की एकता को खण्डित करना है। दूसरी तरह के लोग वे होंगे जो हिन्दी भाषी जाति का अस्तित्व स्वीकार ही नहीं करते, जो यह कहेंगे कि अधिकांश संस्कृत-साहित्य को हिन्दी जाति के पूर्वजों से जोड़कर ये हिन्दी वाले औरों से बड़े बनना चाहते हैं; दूसरे प्रदेशों ने संस्कृत-साहित्य रचने में जो योगदान किया है, उसे ये नकारते हैं।

इस बात पर विचार कीजिए कि होमर के काव्य आधुनिक ग्रीक भाषा में नहीं है। प्राचीनकाल में एथेन्स के नाटककारों, गद्य-लेखकों आदि ने जिस भाषा का व्यवहार किया, उससे होमर की भाषा भिन्न थी। वह आधुनिक ग्रीक से भी भिन्न है। फिर भी ग्रीक साहित्य के इतिहास में सबसे पहले होमर के काव्यों की ही चर्चा होती है और वे ग्रीक संस्कृति का अभिन्न अंग माने जाते हैं। उनके साथ नाटककारों, गद्य-लेखकों की कृतियों का विवेचन होता है। ये कृतियाँ भी ग्रीक संस्कृति का अभिन्न अंग हैं। इसका कारण यह है कि जिन समाजों में इन काव्यों, नाटकों आदि की रचना हुई थी, वे सब आधुनिक ग्रीक जाति में अन्तर्भुक्त हैं।

जिस समय एथेन्स नगर अपने चरम उत्कर्ष पर था, उस समय अनेक प्रदेशों के यूनानी वहाँ आकर बस गये और उनमें से कुछ लोग विख्यात साहित्यकार हुए। उन्होंने एथेन्स राज्य की भाषा स्वीकार की और उनकी रचनाएँ उस नगर के अन्य लेखकों के साथ ही विवेचित होती हैं। इसी प्रकार यदि कान्यकुब्ज क्षेत्र में अन्य प्रदेशों के कवि आकर बस जाते हैं, राजाश्रय पाते हैं, संस्कृत में काव्य-रचना करते हैं तो उनका साहित्य कान्यकुब्ज क्षेत्र के निवासी कवियों की रचनाओं के साथ विवेचित होगा। यदि यह कान्यकुब्ज क्षेत्र हिन्दी भाषी प्रदेश में है, तो भिन्न प्रदेशीय उन कवियों की रचनाएँ हिन्दी जाति के साहित्यिक इतिहास में गिनी जाएँगी।

लैटिन साहित्य मूलतः आधुनिक इटालियन जाति के पूर्वजों का साहित्य है। परम धार्मिक कवि दान्ते ने गैर-ईसाई कवि वर्जिल से गुरु-शिष्य वाला नाता इसी जातीय एकता की भावना से जोड़ा था। वर्जिल का काव्य लैटिन में है, दान्ते का इटालियन में। लैटिन में इटली के बाहर अनेक साहित्यकारों ने रचनाएँ कीं। वे इटली में आकर नहीं बस गये। उनके साहित्य को इटालियन जाति के साहित्य का अंग न माना जायगा यद्यपि भाषा लैटिन है। यदि यूरुप एक राष्ट्र होता तो इटालियन और गैर-इटालियन लेखकों की लैटिन कृतियाँ एक ही राष्ट्रीय साहित्य का अंग होतीं।

यूरुप के विपरीत भारत का विकास एक राष्ट्र के रूप में हुआ। संस्कृत का एक केंद्र सुदूर उत्तर में गंधार में था जहाँ के पाणिनि ने अपना महान् व्याकरण रचा। दूसरा केन्द्र सुदूर दक्षिण केरल में था जहाँ के शंकराचार्य ने अखिल भारतीय स्तर पर वेदान्त दर्शन का प्रचार किया। केवल इन दो नामों से संस्कृत

भाषा में उपलब्ध संस्कृति का अखिल भारतीय स्वरूप प्रकट हो जाता है। इसके साथ ही वाल्मीकि और व्यास उन जनपदों के कवि थे जो अब हिन्दी प्रदेश में हैं। इनके बाद कालिदास और भवभूति जैसे कवि इन्हीं जनपदों में स्थित सांस्कृतिक केन्द्रों से सम्बद्ध थे। वेद, पुराण, रामायण, महाभारत, षड्दर्शन, कालिदास और भवभूति के नाटक और काव्य हिन्दी जाति के सांस्कृतिक इतिहास का अभिन्न अंग हैं। इसी प्रकार पाली और प्राकृतों में रचा हुआ अधिकांश साहित्य इसी प्रदेश के विद्वानों का कृतित्व है। अधिक सीमित मात्रा में रचा जाने वाला अपभ्रंश साहित्य, पूर्णतः नहीं, हिन्दी प्रदेश के कवियों की देन है। इन सबको भारतीय साहित्य के अन्तर्गत माना जाता है और यह उचित है।

जातीयता और राष्ट्रीयता में अन्तर्विरोध नहीं है। जैसे राष्ट्रीयता के बिना अन्तर्राष्ट्रीयता का अस्तित्व सम्भव नहीं है, वैसे ही जातीयता के बिना राष्ट्रीयता का अस्तित्व सम्भव नहीं है, फिर राष्ट्र चाहे एकजातीय हो, चाहे बहुजातीय हो। संस्कृत साहित्य में किस जाति के पूर्वजों का कितना योगदान है, इस प्रश्न पर सबसे पहले अहिन्दी प्रदेशों के विद्वानों ने विचार किया है। बँगला साहित्य का अंग्रेजी में लिखा हुआ एक इतिहास साहित्य अकादमी द्वारा १९६० में प्रकाशित हुआ था। इसके लेखक डा० सकुमार सेन ने बंगाल, संस्कृत काव्य और जयदेव के प्रसंग में लिखा है : "आठवीं शताब्दी में पालवंश की स्थापना के बाद ही बंगाल एक सुनिश्चित प्रादेशिक इकाई बना (जिसमें असम, उड़ीसा के पड़ोसी क्षेत्र, और बिहार का अधिकांश पूर्वी, दक्षिणी और उत्तरी भाग शामिल थे)। तुर्क आक्रमण से थोड़ा पहले, बंगाल पर शासन करने वाले अन्तिम हिन्दू सम्राट्, लक्ष्मण सेन के शासनकाल में, देश ने (अर्थात् बंगाल ने) नव क्लासिकी साहित्य में अन्तिम और सबसे महत्वपूर्ण योगदान किया। मेरा आशय जयदेव कृत गीत-गोविन्द से है। यही वह कविता है, अथवा उसमें समाविष्ट वे चौबीस गीत हैं, जो (कुल बिखरे हुए पद्यों को छोड़कर) बंगाली ही नहीं, अन्य नव इंडोएरियन लिरिक कविता के मुख्य स्रोत होने का दावा कर सकते हैं। जयदेव लक्ष्मण सेन के समकालीन थे, सम्भवतः उनके दरबार के एक सदस्य थे। उनका जन्मस्थान पश्चिमी बंगाल में केन्दुबिल्व था जहाँ उनके सम्मान में वैष्णव भक्त अब तक वार्षिक उत्सव करते हैं।" (पृष्ठ १६-१७)।

जयदेव को बँगला जाति के सांस्कृतिक इतिहास के साथ जोड़ना सही है। गीतगोविन्द के द्वारा बंगाल ने संस्कृत साहित्य में जो योगदान किया, उसका उल्लेख उचित है। उड़ीसा, असम, बिहार आदि को पूर्णतः या अधिकांशतः, एक निश्चित प्रादेशिक इकाई बंगाल में सम्मिलित कर लेना उचित नहीं है।

डा० सुकुमार सेन के दृष्टिकोण के अनुरूप अब ऐसी पुस्तकें प्रकाशित हो चुकी हैं जिनमें संस्कृत साहित्य को किसी प्रदेश विशेष की देन का तिवेनन किया गया हो। कश्मीर प्राचीन दर्शन और संस्कृत साहित्य का प्रसिद्ध केन्द्र रहा है।

इतिहास के विरल ग्रन्थों में राजतरंगिणी है जिसमें कश्मीर प्रदेश के राजाओं का इतिहास है। कश्मीर के बुद्धिजीवी राजतरंगिणी तथा अन्य कश्मीरी संस्कृत साहित्य को अपनी जातीय विरासत मानते हैं तो उनका कार्य उचित ही माना जायगा। नवोदित कश्मीरी जातीय चेतना के प्रसार में उस कश्मीर-केन्द्रित पुराने संस्कृत साहित्य की भूमिका महत्वपूर्ण है। इसी प्रकार यदि केरल के बुद्धिजीवी शंकराचार्य पर जातीय गर्व व्यक्त करते हैं, तो यह उचित है। इसी न्याय से उन प्राचीन जनपदों में, जो अब हिन्दी प्रदेश में हैं, जो संस्कृत साहित्य रचा गया था, वह हिन्दी जाति के सांस्कृतिक इतिहास का अंग माना जायगा।

भारत में सामन्ती व्यवस्था के मुख्य प्रसार केन्द्र कौन से थे, यह प्रश्न महत्वपूर्ण है। आर्थिक दृष्टि से सामन्ती व्यवस्था के अनेक केन्द्र गंगा, यमुना आदि नदियों के तटवर्ती जनपदों में थे। आर्थिक केन्द्रों से भी अधिक धर्म और संस्कृति के केन्द्र मगध, कोसल, भरत आदि गण-समाजों की भूमि में थे। जब वैदिक संस्कृति का प्रसार हुआ, तब उसका मूल क्षेत्र भरत जनपद था, तथा वह पड़ोसी प्रदेश था जिसे ब्रह्मावर्त कहते थे। संसार के प्रथम संघबद्ध धर्म-प्रसार का केन्द्र मगध था। जैन धर्म का प्रवर्तन मगध की भूमि से हुआ। राम और कृष्ण को ईश्वर रूप में प्रतिष्ठित करने वाले जिन कवियों ने एक ओर वैदिक देवताओं तथा यज्ञ-संस्कृति को अपदस्थ किया, दूसरी ओर बौद्ध और जैन धर्मों को बहिष्कृत किया, वे कोसल के थे। यह कोसल उस मध्यदेश का अंग हो गया जो संस्कृत और प्राचीन साहित्य का मुख्य केन्द्र बना। राम और कृष्ण ऐतिहासिक पुरुष हों चाहे न हों, उनका सम्बन्ध कोसल और शूरसेन जनपदों से जोड़ा जाता रहा है, यह निर्विवाद है। इसी कारण अयोध्या, प्रयाग, मथुरा, वृन्दावन हिन्दी प्रदेश के, तथा भारत के, पवित्र तीर्थ स्थान हैं। इनके समानान्तर गौतम बुद्ध से सम्बद्ध जो अन्तर्राष्ट्रीय महत्व का तीर्थ स्थान है, वह गया है। क्रमशः ब्रह्मावर्त से बड़ी इकाई आर्यावर्त और आर्यावर्त से भारतवर्ष का गठन हुआ।

आधुनिक हिन्दी प्रदेश में बसने वाली जाति प्राचीन गणों और सामन्त युगीन लघु जातियों के परस्पर घनिष्ठ सम्पर्क का परिणाम है। इस प्रदेश का इतिहास सारे देश के इतिहास को प्रभावित करता रहा है। यदि मगध के सामन्त एक विशाल साम्राज्य स्थापित करते हैं, तो इसका प्रभाव साम्राज्य के भीतर और बाहर भारत के सभी प्रदेशों पर पड़ता है। यदि यहाँ काव्य और पुराण रचे जाते हैं तो उनका प्रभाव सारे देश पर पड़ता है। यदि यहाँ वेदों को न मानने वाले जैन बौद्ध मतों का गठन होता है, तो उनका प्रसार सारे देश में होता है। अशोक, समुद्रगुप्त, हर्ष और पृथ्वीराज चौहान के युगों के बाद अकबर और औरंगज़ेब के जमाने तक हिन्दी प्रदेश का इतिहास समस्त भारतीय इतिहास को प्रभावित करता है। इस देश को राष्ट्र रूप में सुगठित करने, सांस्कृतिक स्तर पर राष्ट्रीय चेतना का प्रसार करने में उन प्राचीन जनपदों की निर्णायक भूमिका

है जो हिन्दी प्रदेश के अन्तर्गत हैं।

निष्कर्ष यह है कि संस्कृत, और उसके साथ पाली, प्राकृतों आदि को हम राष्ट्रीय साहित्य मानते हैं। भारतीय साहित्य के इतिहास में उसका विवेचन उचित है। साथ ही यह देश एक बहुजातीय राष्ट्र है, इसलिए उस प्राचीन साहित्य के विवेचन में इस बात का उल्लेख भी उचित है कि किस जाति के सांस्कृतिक इतिहास से इस साहित्य का सम्बन्ध कहाँ-कहाँ जोड़ा जायगा।

६. काल विभाजन की समस्या

साहित्य का इतिहास लिखने वाले प्राचीनकाल, मध्यकाल और आधुनिक काल, इन तीन कालों की चर्चा करते हैं। इन तीनों कालों में सामाजिक गठन का रूप क्या था, इसका विवेचन वे नहीं करते। यथा डा० सुकुमार सेन जब यह कहते हैं कि आठवीं शताब्दी में बंगाल एक सुनिश्चित प्रादेशिक इकाई बन गया था, तब यह स्पष्ट नहीं होता कि आठवीं शताब्दी में उस प्रदेश के रहने वाले बंगाली जाति के रूप में गठित हो गये थे या नहीं। भारतीय विद्या भवन बम्बई से प्रकाशित 'द क्लैसिकल एज' में के० आर० श्रीनिवास आयंगार ने तमिल भाषा और साहित्य पर लिखा है। इस लेख से यह स्पष्ट नहीं होता कि छठी या सातवीं शताब्दी में जो तमिल साहित्य रचा गया और 'क्लैसिकल एज' में रचा जाता रहा, वह उस समाज का साहित्य है जो जाति रूप में संगठित हो गया था या अभी लघु जाति अथवा गण-समाज के रूप में था। साहित्य अकादमी से, अंग्रेजी में लिखे हुए और आकाशवाणी से प्रसारित, निबन्धों का एक संग्रह १९७५ में प्रकाशित हुआ था। इसका नाम है 'लिटरेचर्स इन मौडर्न इंडियन लैंग्वेजेज़'। निबन्ध चार खण्डों में विभाजित है। पहला खण्ड भूमिका रूप है और चौथा खण्ड भारतीय साहित्य के भविष्य के बारे में है। दूसरे खण्ड में प्राचीन और मध्यकाल हैं और तीसरे खण्ड में आधुनिक काल है। प्रस्तुत प्रसंग में इन दूसरे-तीसरे खण्डों पर ही ध्यान देना आवश्यक है। दूसरे खण्ड में कहीं भी इस समस्या का विवेचन नहीं किया गया कि जिस प्राचीन या मध्यकाल का उल्लेख है, उस काल में सामाजिक गठन का रूप क्या था। इसी प्रकार आधुनिक काल के निबन्धों में कहीं यह समस्या प्रस्तुत नहीं की गई कि भारत की आधुनिक जातियों का निर्माण कब हुआ।

साहित्य छोड़ दें, समाज का इतिहास लिखने वाले भी प्राचीन, मध्य और आधुनिक कालों का प्रयोग अस्पष्ट रूप में करते हैं। इंग्लैंड और यूरुप के इतिहासकारों ने यूनान और रोम की सभ्यता को प्राचीन सभ्यता कहा। पूंजीवाद के अभ्युदय से जो इतिहास शुरू होता है, उसे आधुनिक अथवा नवजागरण काल कहा। इन दोनों कालों के बीच में जो कुछ बच रहा, वह मध्यकाल हो गया।

यह विभाजन अवैज्ञानिक है। पहले तो जो काल यूनान के लिए उसका

प्राचीन युग है, वह इंग्लैण्ड के लिये प्राचीन युग नहीं हो सकता क्योंकि उस युग में इंग्लैण्ड नाम का अस्तित्व नहीं था। उस प्राचीन युग के करीब एक हजार साल बाद जब जर्मन कबीले ब्रिटेन में आकर बसे, तब इंग्लैण्ड अस्तित्वमान हुआ, तब उसके प्राचीन युग की शुरूआत हुई, किन्तु इंग्लैण्ड के इस प्राचीन युग को इतिहासकार मजे से मध्यकाल की संज्ञा दे देते हैं।

दूसरी बात यह कि स्वयं यूनान का प्राचीन युग दो भिन्न व्यवस्थाओं वाले युगों को मिलाकर एक कर दिया गया है। पहला युग गण-समाजों का है जिसमें होमर के काव्य रचे गये थे। दूसरा युग सामन्ती व्यवस्था का है, जब लघु जातियों का निर्माण हो चुका था। सुकरात, प्लैटो, अरस्तू, सोफोक्लेस आदि विचारक और साहित्यकार कबीलों के सदस्य न थे। एथेन्स नगर यूनान की सामन्ती सभ्यता का प्रमुख केन्द्र था। इसके साथ ही अन्य यूनानी राज्यों की अपेक्षा एथेन्स ने व्यापार में विशेष प्रगति की थी। सामाजिक विकास-क्रम में पुरातन गण-व्यवस्था को ऐसी सामन्ती व्यवस्था से मिला देना, जिसमें व्यापार ने अभूतपूर्व प्रगति की हो, वैज्ञानिक कार्य नहीं हो सकता।

कुछ लोगों को इस बात पर आपत्ति हो सकती है कि एथेन्स की सभ्यता को यहाँ सामन्ती सभ्यता कहा गया है। वे कह सकते हैं यह सभ्यता दास-प्रथा पर आधारित थी; समाज में दो मुख्य वर्ग थे, दास और उनके स्वामी; सामन्ती व्यवस्था में बड़े-बड़े राजा, ज़मींदार, जागीरदार वगैरह होते हैं; ये सब एथेन्स में कहाँ थे?

सामन्ती व्यवस्था छोटे पैमाने की उत्पादन-विनिमय व्यवस्था को कहते हैं जिसका आधार कुटुम्ब-आधारित दस्तकारी होती है। इस व्यवस्था के लिए बड़े-बड़े सामन्तों का होना अनिवार्य नहीं है। भारत के अनेक प्रदेशों में रैयतवारी भूमि व्यवस्था रही है। उसे सामन्ती व्यवस्था के बाहर न समझना चाहिए। सामन्ती व्यवस्था के अन्तर्गत समाज का यथेष्ट विकास हो जाने के बाद ही, मुद्रा-तंत्र का यथेष्ट प्रसार हो जाने के बाद ही, दासों का क्रय-विक्रय सम्भव होता है। एथेन्स में अल्पव्यय द्वारा विपुल श्रम कराने के लिए, बिक्री के लिए बड़े पैमाने पर माल तैयार करने के लिए, दासों का उपयोग किया गया था। एथेन्स का समाज दासों और दासों के स्वामियों के बीच विभाजित था, और वहाँ निर्धन जनों की स्थिति दासों से बहुत अच्छी न थी। इससे मिलती-जुलती समाज-व्यवस्था रोम की थी। यहाँ भी दासों का उपयोग होता था और समाज में दो मुख्य वर्ग धनी भूस्वामियों और निर्धन किसानों के थे।

एथेन्स की तरह रोम भी सामन्ती व्यवस्था का केन्द्र था पर रोमन सभ्यता का विकास उस समय हुआ जब एथेन्स की सभ्यता ह्रास की अवस्था में थी। उसके उत्कर्ष काल में इटली के लोग गण-व्यवस्था वाली सामाजिक मंज़िल से आगे न बढ़ पाये थे। पहले यूनानी समाज की दो मंजिलें, उनके बाद रोमन

समाज की दो मंज़िलें, इन सबको मिलाकर एक ही प्राचीन युग की संज्ञा दे दी जाती है। यदि किसी देश का इतिहास इस तरह लिखना हो कि सामाजिक विकास की मंज़िलों पर ध्यान ही न दिया जाय तो 'प्राचीनकाल' नामकरण सही है। यदि साहित्य का इतिहास इस तरह लिखना हो कि वह सामाजिक विकास के संदर्भ से मुक्त दिखाई दे, तब उक्त नामकरण उचित है। किन्तु यदि देश के इतिहास के लिए, साहित्य के इतिहास के लिए, सामाजिक विकास की मंज़िलें महत्वपूर्ण हैं, तो यह नामकरण और अध्ययन की रीति दोषपूर्ण है। प्राचीन, मध्य और आधुनिक कालों में इतिहास का विभाजन तभी सार्थक हो सकता है जब प्राचीनकाल का सम्बन्ध गण-व्यवस्था से जोड़ा जाय, मध्यकाल का सम्बन्ध सामन्ती व्यवस्था से जोड़ा जाय और आधुनिक काल का सम्बन्ध पूंजीवादी व्यवस्था से जोड़ा जाय। (चाहें तो भविष्यकाल से समाजवादी व्यवस्था का सम्बन्ध जोड़ सकते हैं।) किन्तु इतिहास में काल-विभाजन इस प्रकार सामाजिक विकास की मंज़िलों को ध्यान में रखकर नहीं किया जाता। प्रत्येक काल अथवा व्यवस्था के अनेक चरण होते हैं, वह बात अलग है।

अब प्रश्न यह है कि भारत के इतिहास को, समाज-व्यवस्था के अनुसार कालक्रम के विचार से, किस प्रकार विभाजित किया जाय।

वैदिक काल गण-व्यवस्था वाले प्राचीन काल का अन्तिम चरण है। इस चरण में उत्पादन का यथेष्ट विकास हो गया है। पूरे गण के स्थान पर कुल अर्थात् बड़े कुटुम्ब उत्पादन का आधार हैं। गण-समाजों के बीच यथेष्ट विनिमय का विकास हो चुका है। ऋग्वेद के दसवें मण्डल में वर्ण-व्यवस्था प्रकट हो जाती है। इस तरह वैदिक काल गण-व्यवस्था वाले प्राचीन युग का अवसानकाल है। इससे पहले हजारों साल का गण-व्यवस्था वाला युग बीत चुका है। इस देश की भाषाओं के तुलनात्मक अध्ययन से उस प्राचीन युग की बहुत सी बातें जानी जा सकती हैं किन्तु उस ओर इतिहासकारों और भाषाविज्ञानियों का ध्यान नहीं गया। गण-व्यवस्था का जो अवसान-बिन्दु है, वह उन के लिए प्राचीनता का प्रारम्भ-बिन्दु है।

यहाँ प्रश्न किया जा सकता है कि सिन्धु घाटी की सभ्यता वेदों से पहले की है और वह द्रविड़ सभ्यता है, समाज-व्यवस्था के विचार से वह किस युग में आती है, भारतीय इतिहास पर विचार करते समय सबसे पहले उस पर विचार क्यों न किया जाय। इस सम्बन्ध में यहाँ यह कहना है कि वैदिक सभ्यता का समय कल्पना द्वारा निर्धारित किया गया है, उसकी शुरूआत ईसा पूर्व १२०० से मानने का कोई पुष्ट प्रमाण नहीं है। कुछ वर्ष पहले तक संस्कृत और द्रविड़ भाषाओं के विशेषज्ञ बरो १२०० ईसा पूर्व वाला समय स्वीकार करते थे किन्तु कुछ समय पहले उन्होंने अपनी यह मान्यता बदल दी। १९७३ की 'जर्नल आफ रायल एशियाटिक सोसाइटी' नामक पत्रिका की संख्या २ में उन्होंने 'द प्रोटो एंडो-

एरियन्स' शीर्षक लेख प्रकाशित किया। इसमें उन्होंने यह मत प्रतिपादित किया कि प्राचीन आर्यों का समय ईसा पूर्व २००० तक और पीछे ले जाना चाहिए। २००० ईसा पूर्व वाले काल को वह प्रोटो-एरियन अथवा आदि आर्यकाल कहते हैं। यह सारा ऊहापोह ऐतिहासिक भाषाविज्ञान की दोषपूर्ण पद्धति के आधार पर किया जाता है। इस पद्धति का उल्लेख आगे संक्षेप में किया जायगा।

विवेचन में चाहे सिन्धु घाटी सभ्यता को लिया जाय चाहे वैदिक सभ्यता को, काल-विभाजन के विचार से विशेष अन्तर न पड़ेगा। सिन्धु घाटी के नगर विकसित सामन्ती सभ्यता के केन्द्र हैं, वे व्यापार के केन्द्र हैं और व्यापार के लिए माल छोटे पैमाने की पद्धति से तैयार किया जाता है। सिन्धु घाटी के नगर सामूहिक उत्पादन और वितरण वाले गण-समाजों के नगर नहीं हैं। यदि उस समय भी गण-व्यवस्था रही हो तो वह अपने अन्तिम चरण में रही होगी। सामन्ती व्यवस्था के बिना व्यापार-केन्द्रों के रूप में ऐसे नगरों का निर्माण असम्भव है। सिन्धु घाटी की सभ्यता से भारतीय इतिहास का प्राचीनकाल आरम्भ नहीं होता, मुख्य बात यह है। अब वह सभ्यता द्रविड़ है कि आर्य है या इन दोनों से भिन्न है, प्रस्तुत विवेचन के लिए ये प्रश्न गौण हैं। आर्य-द्रविड़ सम्बन्धी कल्पनाएँ स्वयं दोषपूर्ण हैं; वे भाषाविज्ञान की एक अवैज्ञानिक पद्धति का परिणाम हैं। उसी भ्रान्तिपूर्ण साँचे में हम समाज और साहित्य के इतिहास को जमा देना चाहते हैं। अस्तु; वैदिक सभ्यता और सिन्धु घाटी की सभ्यता का जो भी समय निर्धारित हो, वह गण-व्यवस्था वाले प्राचीन युग का अवसानकाल ही माना जायगा।

यह बात सही है कि सामन्ती सभ्यता का प्रसार कुछ केंद्रों में हुआ तो इससे सारे भारत में वही व्यवस्था प्रचलित नहीं हो गयी। भारत ही क्या यूनान जैसे लघु आकार वाले देश में भी सामाजिक विकास विषम गति से हुआ था। पूंजीवादी युग में ही सामाजिक विकास विषम नहीं होता; विकास की यह विषमता सामन्ती युग की विशेषता भी है। पर युग का विभाजन, विश्व पैमाने पर अथवा किसी देश के संदर्भ में, उस नई व्यवस्था के अनुसार होता है जो अभ्युदयशील हो, विकासमान हो, जिसके प्रसार के साथ-साथ पुरानी उत्पादन-वितरण-व्यवस्था समाप्त होती जाती हो। इस दृष्टि से १९वीं शताब्दी पूंजीवाद का युग थी, भले ही तब अमरीकी आदिवासी गण-व्यवस्था में जीवन बिताते रहे हों। भारत में इस गण-व्यवस्था के अवशेष आदिवासी प्रदेशों में अब भी देखे जा सकते हैं, अन्य प्रदेशों में सामन्ती अवशेष हैं, पर भारत की मुख्य व्यवस्था पूंजीवादी है। काल-विभाजन की इस दृष्टि से भारत में सामन्ती सभ्यता का अभ्युदय और विकास ईसा मसीह के जन्म से कम से कम २००० साल पहले आरम्भ हो जाता है। कोई इसे मध्यकाल कहना चाहे तो कह सकता है। जब गौतम बुद्ध ने पशुबलि का विरोध किया, तब उस विरोध से स्पष्ट हो जाता है कि वर्ण व्यवस्था वाली सामन्ती सभ्यता विद्यमान है। जब गौतम बुद्ध और उनके शिष्यों को मगध और

कोसल के व्यापारियों का समर्थन प्राप्त हुआ, तब भी यह स्पष्ट हो जाता है कि ये व्यापार केंद्र सामन्ती उत्पादन-विनिमय पद्धति के विकास का परिणाम हैं। बौद्ध-कालीन भारत सामन्ती भारत है, उसके निर्माण में मुख्य भूमिका लघु जातियों की है, गण-समाजों की नहीं। गुप्तकाल में ये ह्रास मान गण-समाज प्रायः विघटित हो जाते हैं, वनों-पर्वतों आदि दुर्गम स्थानों में थोड़े से ही गण-समाज बच रहते हैं। इस प्रकार संस्कृत, पाली, प्राकृतों आदि में रचा हुआ साहित्य सामन्ती समाज की देन है। उस सबको मध्यकालीन साहित्य कहा जा सकता है। सबसे कठिन समस्या यह निर्धारित करने की है कि भारत में आधुनिक जातियों का निर्माण कब हुआ। जब भी इन जातियों का निर्माण हुआ हो, तभी से आधुनिक काल की शुरूआत मानना चाहिए। जो लोग भारत में विभिन्न जातियों का अस्तित्व स्वीकार न करते हों, वे भाषाओं का अस्तित्व तो स्वीकार करेंगे ही। उन्हें इस प्रश्न पर विचार करना चाहिए कि किसी भी भाषा के बोलने वालों का समुदाय प्रदेश-विशेष में कब संगठित हुआ। भारत की आधुनिक भाषाओं में तमिल का लिखित साहित्य सबसे पुराना है। प्रश्न यह है कि तोल्काप्पियर ने जिस तमिल भाषा का व्याकरण लिखा, वह किसी गण-समाज की भाषा थी अथवा सामन्ती व्यवस्था वाली लघु जाति की। आधुनिक तमिल जाति का निर्माण कब हुआ? पूँजीवादी सम्बन्धों के प्रसार के साथ तमिल-भाषी समुदाय जाति रूप में कब संगठित हुआ?

७. भारतीय समाज की अपरिवर्तनशीलता

ऐतिहासिक भौतिकवाद के संस्थापक मार्क्स ने अपने कुछ लेखों में यह विचार प्रकट किया था कि अंग्रेज़ों के आने से पहले भारत में कोई सामाजिक क्रान्ति न हुई थी; अंग्रेज़ वस्तुगत रूप से भारतीय समाज में पहली क्रान्ति के उपादान बने। यह क्रान्ति किस व्यवस्था के विरुद्ध हुई? मार्क्स का विचार था कि भारत में जो ग्राम-समाज हैं, वे मानव-समाज का पिछड़ा हुआ रूप प्रस्तुत करते हैं। यहाँ उत्पादन और वितरण सामूहिक था या लगभग सामूहिक था। इन ग्राम-समाजों में उद्योगधंधे और कृषितन्त्र संयुक्त थे। अंग्रेज़ों ने आकर जब जहाँ अपना माल बेचना शुरू किया, तब उद्योगधन्धों और कृषितन्त्र का संयुक्त होना टूटा। मार्क्स ने ग्राम-समाजों की उक्त उत्पादन पद्धति को एशियाई उत्पादन पद्धति भी कहा है। उसे उन्होंने सामन्ती उत्पादन पद्धति से भिन्न माना है।

यदि मार्क्स की यह स्थापना सही मानी जाय तो उसके साथ यह भी मानना होगा कि अंग्रेज़ों ने भारत में आकर सामन्तवाद को जन्म दिया। पर जो विद्वान् मार्क्स की उक्त स्थापना का समर्थन करते हैं, वे यह नहीं कहते कि अंग्रेज़ों ने भारत में सामन्तवाद को जन्म दिया। वे कहते हैं कि अंग्रेजों ने भारत में पूँजीवाद को जन्म दिया। अब यदि उनकी यह बात मान ली जाय तो उसके साथ यह

भी मानना होगा कि अंग्रेज़ों ने सामूहिक उत्पादन-विनिमय वाली गण-व्यवस्था को तोड़ा, फिर एक ही छलांग में सामन्ती मंज़िल पार करके उन्होंने भारतीय समाज को पूंजीवादी युग में स्थापित कर दिया। मार्क्स की स्थापना के इन पक्षों पर किसी विद्वान् ने अब तक विचार नहीं किया।

मार्क्स की किसी भी मान्यता पर विचार करते समय इस बात का सदा ध्यान रखना चाहिए कि वह ऐसे वैज्ञानिक थे जो निरन्तर नये तथ्य एकत्र करते थे और उन पर विचार करते हुए आवश्यकतानुसार अपना मत बदलते थे। 'पूंजी' के द्वितीय खण्ड की भूमिका में उनके साथी एंगेल्स ने उनके निरन्तर विकासमान विचारक्षितिज की बात कही है। उन्होंने बताया है कि मार्क्स 'पूंजी' का दूसरा तीसरा खण्ड क्यों नहीं पूरा कर पाये। पूरी पुस्तक लिख डालना दरकिनार, कभी-कभी वह एक ही अध्याय चार-चार, पाँच-पाँच बार लिखते थे, फिर भी संतोष न होता था, उसे अधूरा छोड़ देते थे। इन अधूरे अध्यायों की अनेक पाण्डु-लिपियाँ वह एंगेल्स के लिए छोड़ गये थे। मार्क्स की चिन्तन-पद्धति, उनकी तीव्र आत्मनिरीक्षण दृष्टि, अपने मतों का साहस पूर्ण संशोधन, यह सब अत्यन्त शिक्षाप्रद कथा एंगेल्स ने 'पूंजी' के द्वितीय खण्ड की भूमिका में विस्तार से कही है। मार्क्स स्वयं अपने निष्कर्षों को आलोचनात्मक दृष्टि से देखते थे; अतः कोई मार्क्सवादी उनके निष्कर्षों में परिवर्तन आवश्यक समझे, तो यह अपराध नहीं है। अपराध वहाँ है जहाँ वैज्ञानिक अनुसंधान के बदले मार्क्सवादी विचारधारा को पूंजीवादी हितों के अनुकूल बनाया जाता है।

अब यह देखिये कि उद्योगधन्धों और कृषितंत्र के संयुक्त होने का मतलब क्या है। क्या इसका यह मतलब है कि एक ही ग्राम में उद्योग और कृषितत्र दोनों होते थे? इस विषय में दुबिधा की गुंजाइश नहीं है। 'पूंजी' के दूसरे खण्ड में मार्क्स ने स्पष्ट कर दिया है कि इन दोनों के संयुक्त होने का अर्थ यह है कि एक ही कुटुम्ब खेती करता है और अवकाश के समय वही कुटुम्ब उद्योगधन्धों का काम करता है, जैसे कोई किसान कुछ समय खेती करे और कुछ समय जूते बनाये। 'पूंजी' के दूसरे खण्ड के तेरहवें अध्याय में मार्क्स ने बताया है कि प्राकृतिक परिवेश जितना ही प्रतिकूल होता है, उतना ही कृषि में लगाया हुआ श्रमकाल सीमित होता है। रूस का उदाहरण देकर कहते हैं कि उस देश के उत्तरी प्रान्तों में साल के भीतर मुश्किल से १३० से लेकर १५० दिन तक खेतों में काम करना मुमकिन होता है। यह कल्पना करना आसान है कि रूस के यूरुप वाले भाग की साढ़े छह करोड़ आबादी में से पाँच करोड़ लोग जाड़े के छह या आठ महीनों में निष्क्रिय रहें—जब खेतों में काम ठप हो जाता है—तो रूस को कितनी क्षति सहनी पड़ेगी। रूस के साढ़े दस हज़ार कारखानों में जो दो लाख किसान काम करते हैं, उनके अलावा स्थानीय कुटुम्ब-उद्योग सर्वत्र गाँवों में विकसित हुए हैं। वहाँ ऐसे गाँव हैं जहाँ किसान पीढ़ी दर पीढ़ी जुलाहों, मोचियों,

लुहारों आदि का काम करते रहे हैं। (पूंजी, खण्ड २, अंग्रेज़ी संस्करण, मौस्को, १९५७, पृष्ठ २४०-४१)।

अन्यत्र स्कौटलैंड के आधुनिक किसानों से यूरुप के पुरातनपन्थी किसानों की तुलना करते हुए मार्क्स कहते हैं कि स्कौटलैंड का किसान अपनी सारी उपज बेच देता है, इसलिए बीज समेत सारी चीजें वह बाजार से फिर खरीदता है। यूरुप का किसान अपनी अधिकांश उपज का उपभोग स्वयं करता है, क्रय-विक्रय कम से कम करता है, जहाँ तक बन पड़ता है, अपने औजार बनाता है, खुद ही अपने कपड़े इत्यादि तैयार करता है। (उप०, पृष्ठ ११५)।

उद्योगधन्धों और कृषितन्त्र के संयुक्त होने का मतलब है एक ही कुटुम्ब बारी-बारी से दोनों काम करता है। दोनों के संयुक्त होने का कारण प्राकृतिक परिवेश है। जहाँ बर्फ गिरती है, ठंढ पड़ती है, शीतकाल आधे साल तक या उससे भी अधिक समय तक रहता है, जहाँ इस लम्बे शीतकाल में किसास खेतों में काम नहीं कर सकते, वहाँ स्वभावत: खाली समय में वे कारीगरों का काम करते हैं और इस काम में मोची से लेकर जुलाहे तक कारीगरों के सभी काम शामिल हैं। इसके विपरीत भारत में गर्मी के दो महीने छोड़ कर किसान सालभर खेतों में काम कर सकते हैं। इस कारण भारत में खेती और उद्योगधन्धों का अलगाव यूरुप से कई हज़ार साल पहले सम्पन्न हो गया था।

'पूंजी' के तीसरे खण्ड के ४७वें अध्याय में मार्क्स प्राकृतिक अर्थतन्त्र के प्रसंग में बतलाते हैं कि कौटुम्बिक उद्योग और दस्तकारी, कृषितन्त्र के अन्तर्गत, दूसरे दर्जे के पेशे हैं। इस तन्त्र का मुख्य आधार खेती है। उसके साथ कौटुम्बिक उद्योग और दस्तकारी उस उत्पादन-पद्धति के लिए अनिवार्य हैं जिस पर प्राकृतिक अर्थतन्त्र आधारित है। इस तरह का तन्त्र यूरुप के प्राचीनकाल और मध्यकाल में था। इस सम्बन्ध का पूर्ण विनाश पूंजीवाद करता है। उस प्रक्रिया का बड़े पैमाने पर, विशेषत: इंग्लैण्ड में, अठारहवीं शताब्दी के तीसरे चरण में, अध्ययन करना चाहिए। मार्क्स ने उन जर्मन विचारकों का हवाला दिया है जो अठारहवीं सदी का अन्त होने के समय भी यह सोचते थे कि खेती और दस्तकारी का अलगाव मूर्खतापूर्ण कार्य है जिससे सामाजिक जीवन बेहद खतरे में पड़ जायगा। (पूंजी, खण्ड ३, अंग्रेज़ी संस्करण, मौस्को १९५९, पृष्ठ ७६७)।

जिस अर्थतन्त्र में एक ही कुटुम्ब किसानों और कारीगरों का काम करता हो, उसे प्राकृतिक अर्थतन्त्र इसलिए कहा गया है कि कृषि और उद्योगधन्धे इस प्रकार प्राकृतिक कारणों से संयुक्त हुए हैं। इन प्राकृतिक कारणों पर मनुष्य ने बहुत विलम्ब से विजय पाई। कृषि और उद्योगधन्धों के संयुक्त रूप वाला अर्थ-तन्त्र मार्क्स के देश जर्मनी में इतने दिनों से चला आ रहा था कि लोग समझने लगे थे कि अर्थतन्त्र का यही एक सनातन और स्वाभाविक रूप है। यही कारण है कि अठारहवीं सदी के अन्त तक भी जर्मनी में ऐसे विचारक मौजूद थे जो यह

समझते थे कि यह पुरातन अर्थतन्त्र टूटा तो समाज-व्यवस्था छिन्न-भिन्न हो जायगी। इसके विपरीत भारत में उद्योगधन्धे और कृषि, सामन्तवाद के अभ्युदयकाल से ही, अलग हो गये थे। इसी अलगाव का परिणाम थी वर्ण-व्यवस्था जिसके अन्तर्गत विभिन्न पेशे थे। प्राकृतिक अर्थतन्त्र वह नहीं है जहाँ एक ही ग्राम-समाज में एक कुटुम्ब के लोग कुम्हार या लुहार का काम करें और दूसरे कुटुम्ब के लोग खेती करें। प्राकृतिक अर्थतन्त्र वह है जहाँ दोनों काम एक ही कुटुम्ब करता है।

भारत में कृषितन्त्र और उद्योगधन्धों के अलग होने से, वर्ण-व्यवस्था के अन्तर्गत विभिन्न पेशों के हिसाब से, अलग-अलग बिरादरियों का बनना सम्भव हुआ। यहाँ छोटे-छोटे गाँवों में भी मोची, लुहार, कुम्हार आदि कारीगर अपने-अपने पेशे के विशेषज्ञ होते हैं। किसान खेती करे और जूता भी बनाये, कपड़ा भी बुने, ऐसा नहीं होता। इससे सिद्ध हुआ कि भारत में आकर अंग्रेज़ खेती और उद्योगधन्धों को अलग न कर सकते थे क्योंकि वे पहले से ही अलग थे। इस तरह उनकी क्रान्तिकारी भूमिका आरम्भ होने से पहले ही समाप्त हो जाती है।

सामाजिक विकास-क्रम में जितना ही पीछे की तरफ चलते हैं, उतना ही प्राकृतिक परिवेश की भूमिका अधिक महत्वपूर्ण दिखाई देती है। यूरुप की अपेक्षा भारत में सामन्ती सभ्यता का विकास पहले हुआ, इसका कारण प्राकृतिक परिवेश की भिन्नता थी। बर्फ गिरने के कारण यहाँ आठ महीने तक किसान का बेकार रहना अनिवार्य न था। उत्तरी यूरुप की अपेक्षा दक्षिणी यूरुप—पहले यूनान, फिर इटली—में सामन्ती सभ्यता का विकास हुआ, इसका कारण वही प्राकृतिक परिवेश की भिन्नता थी। यूनान की अपेक्षा मिस्र में सामन्ती सभ्यता का विकास और भी पहले हुआ, वहाँ पेशों के हिसाब से बिरादरियाँ बनीं, यूनान को मिस्र की सभ्यता ने प्रभावित किया, इसका कारण यह था कि मिस्र का प्राकृतिक परिवेश सामन्ती उत्पादन पद्धति के लिए और भी अनुकूल था।

भारत और यूरुप में दो तरह के सामन्तवाद थे। भारतीय सामन्तवाद अभ्युदयकाल से ही कृषि और उद्योगधन्धों को अलग करके विकसित हुआ था। उधर यूरुप का सामन्तवाद कृषि और उद्योगधन्धों को संयुक्त रखते हुए विकसित हुआ था। भारतीय सामन्तवाद में व्यापार की प्रगति के लिए सुविधाजनक आर्थिक परिस्थितियाँ थीं। यदि कारीगर खेती के कार्य से मुक्त होंगे तो वे अपने प्रत्यक्ष उपभोग के अलावा विनिमय के लिए ज्यादा माल तैयार कर सकेंगे। यही कारण है कि अशोक के समय से लेकर अकबर के समय तक भारत संसार में व्यापार का प्रमुख केन्द्र रहा। इस केन्द्र में उत्तर और दक्षिण भारत दोनों शामिल हैं। इसी प्रकार उत्तरी यूरुप की अपेक्षा यूनान और इटली में व्यापार का विकास बहुत पहले होता है। यूरुप में व्यापार के केन्द्र क्रमशः दक्षिण से उत्तर की ओर बढ़ते हुए स्थापित होते हैं। सबसे पहले प्रसिद्ध नगर वेनिस के सौदागर पूरब के

देशों से व्यापार करके मालामाल हो जाते हैं।

पुर्तगाल, स्पेन, फ्रान्स, हॉलैण्ड आदि देशों के बाद इंग्लैण्ड विश्व व्यापार की प्रतिद्वन्द्विता में कूदता है। पर चाहे दक्षिणी यूरुप हो, चाहे उत्तरी यूरुप, यहाँ के व्यापारियों के सामने सबसे बड़ी समस्या यह थी कि भारत से जो माल खरीदें, उसके बदले उसे क्या बेचें। इस कारण वे अपने देश का सोना-चाँदी विनिमय में भारत को विवश होकर देते थे। गुलामों को बेचने और अमरीकी आदिवासियों का सोना लूटने से उन्होंने जो धन इकट्ठा किया, उसे भारतीय माल के विनिमय में खर्च करते थे। जैसे-जैसे भारत के राजाओं और नवाबों से मिलकर, उन्हें आपस में लड़ाकर वे अपना राज्य विस्तार करने लगे, वैसे-वैसे वे यहाँ के कारीगरों को बाध्य करने लगे कि वे केवल अंग्रेज़ों के लिए माल तैयार करें, और उसे बेचें भी उसी दर पर जो अंग्रेज़ तै करें। इसके बाद जब भारत में उनका राज मज़बूत हो गया, उधर इंग्लैण्ड में मशीनों से उत्पादन होने लगा, तब उन्हें हिन्दुस्तानी कारीगरों से ज़बर्दस्ती माल तैयार कराने की जरूरत न रही। वे अपने देश का बना हुआ माल यहाँ बेचने लगे।

इस तरह भारत से इंग्लैण्ड के व्यापार की तीन मंज़िलें हुईं। पहली मंज़िल में वे भारत का बना हुआ माल खरीदते हैं; बदले में बेचने लायक चीजें उनके पास बहुत कम हैं, इसलिए हिन्दुस्तानी माल की कीमत चुकाने के लिए उन्हें सोना-चाँदी देना पड़ता है। दूसरी मंज़िल वह है जब उन्होंने कुछ प्रदेशों में अपना राज्य-विस्तार किया है; तब वे कारीगरों को मजबूर करते हैं कि केवल अंग्रेज़ों के लिए माल तैयार करें और उन्हीं के तै किये हुए दामों पर बेचें। तीसरी मंज़िल वह है जब वे भारतीय उद्योग धन्धों को तबाह कर देते हैं, यहाँ अपना माल बेचते हैं और खेतिहर भारत कच्चा माल देकर विलायती माल खरीदता है। भारत में आधुनिक जातियों का निर्माण इस तीसरी मंज़िल में नहीं होता; उनका निर्माण पहली मंज़िल में होता है जब कि भारत का व्यापार इंग्लैण्ड की अपेक्षा अधिक विकसित है। सोलहवीं सदी में आधुनिक अंग्रेज़ी जाति का निर्माण होता है। भारत उद्योग धन्धों और व्यापार दोनों में इंग्लैण्ड से आगे है। उस समय तक यहाँ आधुनिक जातियों का निर्माण होना स्वाभाविक है। भारतीय जातियों के निर्माण से व्यापार के इस विकास का बड़ा गहरा सम्बन्ध है।

८. आधुनिक जातियों का अभ्युदय

कोई भी जाति पूँजीवादी सम्बन्धों के प्रसार के साथ जब गठित होती है, तब प्रथमतः यह पूँजीवाद मशीनों से चलने वाले उद्योग धन्धों का पूँजीवाद नहीं होता। उसका आधार बड़े पैमाने का व्यापार होता है। मशीनों के ज़रिये बड़े पैमाने पर माल तैयार करने से पहले उस माल की खपत के लिए बाज़ार चाहिए। छोटे-छोटे बाज़ारों को मिलाकर बड़े बाज़ार बनाने का काम व्यापारी सम्पन्न

करते हैं। इंग्लैण्ड, फ्रान्स, रूस आदि में घरेलू बाज़ारों का निर्माण इसी तरह सोलहवीं और सत्रहवीं सदियों में हुआ था। औद्योगिक क्रान्ति वहाँ अठारहवीं और उन्नीसवीं सदियों में हुई। इसलिए भारत में आधुनिक जातियों का निर्माण कब हुआ, इस समस्या का विवेचन करते समय इस बात की खोज करनी चाहिए कि व्यापार का विकास यहाँ के प्रदेशों में कब इतना हुआ कि उससे घरेलू प्रादेशिक बाज़ार निर्मित हुए हों।

अंग्रेज़ों के आने से पहले भारत में व्यापार की जो स्थिति थी, उस पर बहुत से विदेशी यात्रियों ने लिखा है। अकबर और शाहजहाँ के समय में आगरा भारत का सबसे बड़ा व्यापार केन्द्र था, यह तथ्य निर्विवाद है। व्यापार के लिए बिक्री का माल कारीगर तैयार करते थे। उत्पादन के उपकरण पुराने थे। पर जो माल तैयार किया जाता था, वह बिक्री के लिए होता था, उत्पादक द्वारा अपने उपभोग के लिए नहीं। दस्तकारी वाले उद्योग धन्धों ने इतनी प्रगति कर ली थी कि घरेलू बाज़ार के अलावा यूरुप को माल भेजा जाता था।

आवश्यक माल तैयार करने के लिए विभिन्न जनपदों के कारीगर बड़े-बड़े औद्योगिक केन्द्रों में एकत्र होते हैं। सोलहवीं सदी का आगरा विनिमय केन्द्र ही नहीं, बहुत बड़ा उत्पादन केन्द्र भी था। यही कारण है कि दिल्ली और हरियाणा की बोली आगरे में ब्रजभाषा से प्रभावित होकर अपना आधुनिक रूप प्राप्त कर सकी। जातीय निर्माण की इस प्रक्रिया में विभिन्न जनपद एक दूसरे के नज़दीक आते हैं। ब्रजभाषा, साहित्य की भाषा के रूप में, बड़े पैमाने पर प्रयुक्त होती है। यह साहित्य ब्रज के बाहर अन्य जनपदों में पढ़ा ही नहीं जाता, अन्य जनपदों के कवि ब्रजभाषा में साहित्य रचते भी हैं।

जनपदों के अलगाव के दूर होने का एक परिणाम यह है कि तुलसीदास अवधी और ब्रजभाषा दोनों में काव्य लिखते हैं। अवधी में लिखा हुआ उनका रामचरितमानस अवध से बाहर हिन्दी प्रदेश के जनपदों में सर्वत्र पढ़ा जाता है और नगरों के अलावा ग्रामीण जनता में भी अत्यन्त लोकप्रिय है।

भारतीय अर्थतन्त्र और संस्कृति के विकास में पुराने मध्य देश की जो भूमिका रह चुकी थी, उसी के अनुरूप सोलहवीं सदी के आगे-पीछे ब्रजभाषा की अखिल भारतीय भूमिका दिखाई देती है। इस भाषा में साहित्य रचने वाले वर्तमान हिन्दी प्रदेश से बाहर बहुत से लोग थे। उसमें रचे हुए साहित्य का प्रभाव भारत की अनेक भाषाओं और उनके साहित्य पर पड़ा। ब्रजभाषा एक ओर हिन्दी जाति के विकास में अपनी भूमिका पूरी कर रही है, दूसरी ओर वह राष्ट्रीय स्तर पर भारतीय साहित्य की प्रगति में भी सहायक हो रही है।

इसके साथ ही व्यापार के प्रसार के कारण खड़ी बोली हिन्दी विभिन्न नगरों में लोक व्यवहार की भाषा बनती जा रही है। यह खड़ी बोली मूलतः हरियाणा की बाँगरू बोली है। ब्रजभाषा के प्रभाव से आगरे में उसने अपना आधुनिक रूप

पाया। बाँगरू की अनेक विशेषताएँ जैसे णकार-बहुलता समाप्त हो गई और ब्रजभाषा की अनेक विशेषताएँ, जैसे लीजियो, दीजियो के प्रयोग, उसमें आ गयीं। इस भाषा को पहले हिन्दी या हिन्दुई कहा जाता था। इसी का नाम रेखता भी था। फोर्ट विलियम कालेज की स्थापना के समय से फ़ारसी गर्भित रूप के लिए उर्दू शब्द का चलन हुआ और संस्कृत से शब्द लेने वाले रूप के लिए खड़ी बोली का व्यवहार हुआ। भारत में गिलक्रिस्ट के आगमन से पहले इस बात का प्रमाण नहीं मिलता कि उर्दू शब्द का व्यवहार भाषा के लिए किया गया हो, न खड़ी बोली जैसा नाम किसी भाषा को दिया गया था। हरियाणा की बोली बाँगरू थी; उसे कोई खड़ी बोली कहता हो, इसका प्रमाण नहीं है। खड़ी बोली और उर्दू के रूपों में विभाजित होने से पहले दिल्ली और आगरे की भाषा का नाम हिन्दी था। इसीलिए आगरे के मीर जो दिल्ली में भी रहे थे, किसी के शेर में सुरूरेक़ल्ब सुनकर कहने लगे थे :

क्या जाने लोग कहते हैं किसको सुरूरेक़ल्ब।
आया नहीं है लफ़्ज़ ये हिन्दी ज़बां के बीच।

यह हिन्दी आधुनिक हिन्दी प्रदेश के जनपदों में रहने वालों की जातीय भाषा बनी। दकनी के रूप में यही १५वीं सदी में साहित्य का माध्यम बन गई थी। उत्तर में फ़ारसी के राजभाषा होने के कारण यहाँ वह साहित्य की भाषा विलम्ब से बनी। फिर भी सत्रहवीं और अठारहवीं शताब्दियों में ऐसा साहित्य काफी है जो इस हिन्दी में लिखा गया था। पुरानी पुस्तकों की खोज रिपोर्टों से ज्ञात होता है कि हिन्दी के इस प्रसार का एक प्रमुख केन्द्र आगरा था। जिस बैताल पचीसी को लल्लूजी लाल ने ब्रजभाषा से उलथा करने की बात प्रचारित की थी, वह ब्रजभाषा में लिखी ही न गई थी। ब्रजभाषा में लिखी हुई मूल प्रति न तो किसी ने देखी है, न उसकी एक भी पंक्ति कहीं उद्धृत की गई है। सूरति मिश्र ने बैताल पचीसी खड़ी बोली हिन्दी में लिखी थी। उसकी प्रतिलिपि सन् १७६६ में मुनुवा पण्डित ने की थी। इसका हवाला नागरी प्रचारिणी सभा काशी द्वारा प्रकाशित खोज में उपलब्ध हिन्दी ग्रन्थों के त्रयोदश त्रैवार्षिक विवरण में है।

फोर्ट विलियम कालेज की स्थापना से पहले जातीय भाषा के रूप में हिन्दी का यथेष्ट प्रसार हो चुका था। इस प्रसार का एक प्रमाण ब्रजभाषा की तरह अन्य प्रदेशों में इस हिन्दी का व्यवहार है जैसे नामदेव की रचनाओं में। अंग्रेज़ों ने यहाँ आकर हिन्दुओं की भाषा हिन्दी हो, मुसलमानों की भाषा उर्दू हो, इसके लिए बड़ा प्रयत्न किया। सामान्य जनता की भाषा एक ही थी जिसे हम हिन्दी कहते हैं। हिन्दी प्रदेश में अंग्रेज़ों ने भाषागत विभाजन का जो भगीरथ प्रयत्न किया, उसका कारण यह ज्ञान था कि यदि हिन्दी प्रदेश में वे अपनी विभाजक नीति लागू कर सकेंगे तो राष्ट्रीय पैमाने पर भी उसे लागू करने में वे सफल होंगे। बंगाल में उनका राज पहले कायम हुआ, वहाँ आधा बंगाल मुसलमान था; यहाँ

चौदह फीसदी से भी कम संख्या मुसलमानों की थी। यहाँ वे भाषा में दरार डाल सके; बंगाल में असफल रहे। हिन्दी प्रदेश में पहले भाषा, फिर संस्कृति, और राजनीति में, वे दरार डालने में सफल हुए। धर्म के आधार पर हिन्दी प्रदेश का विभाजन तो न हुआ पर भारत का विभाजन हो गया, और भारत के साथ बंगाल का विभाजन भी हुआ। हिन्दी प्रदेश में क्या होता है, उस पर बहुत कुछ निर्भर है कि सारे देश में क्या होता है। यह स्थिति सोलहवीं सदी में थी, १८५७ में थी, १९४७ में थी, और आज भी है। इसलिए भारतीय इतिहास के सन्दर्भ में हिन्दी भाषी जाति के निर्माण, विकास और उसके साहित्य का विवेचन विशेष महत्वपूर्ण है।

यहाँ यह प्रश्न किया जा सकता है कि किसी जाति की एक ही भाषा होती है; यदि हिन्दी प्रदेश के लोगों की जातीय भाषा खड़ी बोली है, तो ब्रजभाषा को जातीय निर्माण-प्रक्रिया से कैसे जोड़ा जा सकता है? ब्रजभाषा साहित्य को मध्य-कालीन साहित्य क्यों न कहा जाय? इस प्रश्न का उत्तर यह है कि जातीय निर्माण की प्रक्रिया सुदीर्घकाल में सम्पन्न होती है। यह बिल्कुल सम्भव है और अधिकतर होता भी ऐसा है कि इस प्रक्रिया में एक से अधिक उपभाषाएँ योगदान करती हैं। इनमें से कोई एक जातीय भाषा के रूप में जब दृढ़तापूर्वक स्थापित हो जाती है, तब अन्य जनपदीय भाषाएँ उस जातीय भाषा की तुलना में उप-भाषाएँ रह जाती हैं।

फ्रान्स का उदाहरण लें। आधुनिक फ्रान्सीसी भाषा उत्तरी फ्रान्स की बोली है। इसके अभ्युदय और प्रसार से पहले दक्खिनी फ्रान्स के प्रोवांस जनपद की भाषा साहित्य में प्रयुक्त होती थी। महत्त्वपूर्ण बात यह है कि प्रोवांस की भाषा में जो कुछ लिखा जाता था, वह केवल उस जनपद में नहीं, फ्रान्स के अन्य जनपदों में भी पढ़ा, सुना और गाया जाता था। मानना होगा कि प्रोवांसाल भाषा के व्यापक व्यवहार से फ्रान्स के जनपद एक-दूसरे के निकट आये, फ्रान्सीसी जाति के निर्माण में इस भाषा के प्रसार से सहायता मिली। आगे चलकर उत्तरी फ्रांस की भाषा प्रोवांस जनपद में भी जातीय भाषा के रूप में स्वीकृत हुई। हिन्दी प्रदेश में ब्रजभाषा की भूमिका लगभग वही है जो फ्रान्स में प्रोवांसाल की है। खड़ी बोली की स्थिति प्रोवांसाल का स्थान लेने वाली उत्तरी फ्रान्स की बोली से मिलती-जुलती है।

इटली के महाकवि दान्ते फ्लोरेन्स जनपद के निवासी थे। उन्होंने अपना महाकाव्य इसी जनपद की भाषा में लिखा। उनके समय में—चौदहवीं सदी में—इटली के विभिन्न जनपदों में उनकी अपनी बोलियों का चलन था। आधु-निक इटालियन भाषा दान्ते की भाषा से बहुत मिलती-जुलती है किन्तु दोनों एकरूप नहीं हैं। इसमें सन्देह नहीं कि दान्ते के समय में फ्लोरेन्स इटली का एक विशेश जनपद था पर उसकी भाषा के व्यवहार से इटालियन जाति के गठन में

बड़ी सहायता मिली। चौदहवीं सदी के इंग्लैण्ड में इटली की अपेक्षा जनपदीय अलगाव और भी अधिक था। चौसर और लैंगलैण्ड दोनों कवि चौदहवीं सदी के हैं, दोनों की भाषाएँ एक-दूसरे से भिन्न हैं, वे आधुनिक अंग्रेजी से भिन्न हैं। सोलहवीं सदी में भी स्पेन्सर और शेक्सपियर की भाषा में बड़ा अन्तर है। सत्रहवीं और अठारहवीं शताब्दियों में इस बात को लेकर काफी बहस होती रही कि शेक्सपियर को सही अंग्रेज़ी लिखना आता था कि नहीं। जहाँ तक स्पेन्सर का सम्बन्ध है, उनके बारे में बेन जौन्सन की प्रसिद्ध उक्ति है कि उन्होंने प्राचीन कवियों की भाषा का आभास देने के प्रयत्न में कोई वास्तविक भाषा नहीं लिखी अर्थात् उनकी भाषा मानक अंग्रेज़ी से एकदम भिन्न है। भारत में हिन्दी के अलावा अन्य आधुनिक भाषाओं में जो साहित्य उपलब्ध है, वह सोलहवीं-सत्रहवीं सदियों के साहित्य से भाषागत भिन्नता प्रदर्शित करता है। सर्वत्र पुरानी मराठी, आधुनिक मराठी, पुरानी बँगला, आधुनिक बँगला, पुरानी तेलुगु, आधुनिक तेलुगु, इस तरह का भाषा-भेद दिखाई देता है। जिसे पुरानी बँगला या मराठी कहा जाता है, वह बंगाल या महाराष्ट्र के किसी जनपद की भाषा है, उसमें रचा हुआ साहित्य विभिन्न जनपदों के एकीकरण में सहायक हो रहा है, इस भाषा में अन्य जनपदीय भाषाओं के तत्त्व समाहित हैं। आगे चलकर किसी अन्य जनपद की भाषा जातीय भाषा का मुख्य आधार बनती है और पुरानी भाषा का स्थान ले लेती है। इसके बाद भी उस पुरानी भाषा की भूमिका समाप्त नहीं हो जाती।

उदाहरण के लिए बंगाल की वैष्णव कविता आधुनिक बँगला से भिन्न भाषा में है। पर क्या इसमें किसी को सन्देह हो सकता है कि गाँवों की अपढ़ जनता को सांस्कृतिक रूप से एकताबद्ध करने में उसकी जो भूमिका है, वह परवर्ती आधुनिक संस्कृत गर्भित बँगला कविता की नहीं है? इसी प्रकार महाराष्ट्र के सन्त कवियों की रचनाएँ जितना लोकप्रिय हैं, उतना आधुनिक मराठी कविता नहीं है। यदि जातीय निर्माण की प्रक्रिया में केवल व्यापारियों, ज़मींदारों, शहरों के शिक्षित जनों पर ही ध्यान केन्द्रित न रखा जाय, जाति के बहुसंख्यक भाग किसानों के एकीकरण की ओर भी ध्यान दिया जाय, तो यह तथ्य असंदिग्ध प्रतीत होगा कि जातीय निर्माण में तथाकथित पुरानी मराठी, पुरानी बँगला आदि की भूमिका आधुनिक भाषा की अपेक्षा अधिक महत्त्वपूर्ण है। यह भी सत्य है कि न तो अंग्रेज़ी राज में और न उसके बाद अभी तक वह भूमिका समाप्त हुई है। सन्तों, सूफियों और भक्तों का लिखा हुआ साहित्य जनता में अब भी अत्यन्त लोकप्रिय है और विभिन्न जातियों के सांस्कृतिक विकास में उसका योगदान जारी है। आश्चर्य की बात है कि जो साहित्य दूर-दूर के जनपदों को एकता के सूत्र में बाँधता आया है, लाखों किसानों को आन्दोलित करता रहा है, उसे लोग मध्यकालीन कहते हैं। आधुनिकता का आरम्भ जातीय निर्माण प्रक्रिया से मानना

चाहिए । उसका एक लक्षण है किसी एक जनपद की भाषा का दूसरे जनपदों में व्यवहार । जिस भाषा और साहित्य के माध्यम से विभिन्न जनपदों के किसान एकताबद्ध होते हैं, उस भाषा और साहित्य को जातीय निर्माण की प्रक्रिया से सम्बद्ध करके देखना चाहिए । हिन्दी प्रदेश में सूरदास और तुलसीदास जैसे कवियों की भूमिका इसी परिप्रेक्ष्य में समझी जा सकती है ।

अतः जिसे लोग मध्यकाल कहते हैं, उसे आधुनिक काल का प्रथम चरण मानना चाहिए । किसी जातीय प्रदेश में जब मशीनों से चलने वाले आधुनिक उद्योग धन्धों का विकास होता है, तब उसके भीतरी आर्थिक सम्बन्ध और मज़बूत होते हैं । संगठित रूप से शिक्षा के प्रसार और नगरों में बुद्धिजीवी मध्य वर्ग के अभ्युदय और प्रसार से जातीय भाषा और साहित्य में अनेक परिवर्तन होते हैं। इन्हें हम जातीय विकास की दूसरी मंज़िल कह सकते हैं । वर्गभेद, आर्थिक संकट, जनसाधारण की निरक्षरता, जाति और उसकी संस्कृति को भीतर से कमज़ोर करती है । समाजवादी व्यवस्था के अन्तर्गत जब वर्ग उत्पीड़न मिट जाता है, तब जाति के आर्थिक सम्बन्ध और भी पुष्ट होते हैं । साक्षरता और शिक्षा के प्रसार से उसकी संस्कृति और भी व्यापक बनती है । इसे हम जातीय विकास की तीसरी मंज़िल कह सकते हैं । इन तीनों मंज़िलों को एक ही प्रक्रिया से सम्बद्ध मानकर उन्हें आधुनिक काल के अन्तर्गत रखना उचित होगा ।

भारत के विभिन्न प्रदेशों में जातीय विकास की प्रक्रिया न तो एक ही समय आरम्भ हुई और न एक ही समय सम्पन्न हुई । प्रत्येक जाति के -ऐतिहासिक विकास का क्रमबद्ध विश्लेषण और काल-निर्धारण यहाँ अनावश्यक है । इतना कहना पर्याप्त है कि भारत की जिन भाषाओं में संस्कृत, प्राकृत, अपभ्रंश के समानान्तर अथवा उनके बाद जो साहित्य रचा गया है, वह अधिकतर उक्त जातीय निर्माण प्रक्रिया से सम्बद्ध है ।

६. मुसलमानों की भाषा और संस्कृति

यहाँ एक और समस्या विचारणीय है । नवीं शताब्दी से भारत पर जो मुसलमानों के आक्रमण हुए, उससे यहाँ की भाषाओं और साहित्य में किस तरह के परिवर्तन हुए । अभी तक जो राष्ट्र और जाति की बात कही गई है, हो सकता है वह हिन्दुओं के लिए सही हो । पर मुसलमानों का कोई राष्ट्र नहीं, कोई जाति नहीं । सारी दुनिया के मुसलमान भाई-भाई हैं । भारत में आकर बहुत से मुसलमान बस गये, उनसे भी ज्यादा लोगों ने धर्म परिवर्तन किया और वे मुसलमान बने । इन लोगों ने जो साहित्य रचा, उसका मूल्यांकन राष्ट्र या जाति के साँचे के अनुसार कैसे हो सकता है ? इतिहास की पुस्तकों में हमने इस्लामी संस्कृति की बात पढ़ी है । यह भी सुना है कि इस्लामी संस्कृति ने भारत की संस्कृति को अथवा हिन्दू संस्कृति को प्रभावित किया । दोनों के मेल से एक गंगा-जमुनी संस्कृति

तैयार हुई। संस्कृत के अलावा हिन्दुओं और मुसलमानों के मेलजोल से एक मुश्तर्का भाषा का भी जन्म हुआ जो किसी प्रदेश या जाति की भाषा नहीं है। वह भाषा उर्दू या हिन्दुस्तानी है। यदि राष्ट्रीय साहित्य किसी भाषा में लिखा जा सकता है तो उर्दू में, यदि कोई राष्ट्रभाषा हो सकती है तो वह उर्दू है, और यदि कोई राष्ट्रीय संस्कृति हो सकती है तो यह वही गंगा-जमुनी संस्कृति है जिसका उर्दू की तरह किसी प्रदेश या जाति से अभिन्न सम्बन्ध नहीं है।

इसमें कोई सन्देह नहीं कि इस तरह की धारणाएँ इस देश के बुद्धिजीवियों में व्यापक रूप से प्रचलित रही हैं और उनमें से अनेक धारणाएँ अब भी प्रचलित हैं। भाषा, साहित्य, संस्कृति और सामाजिक इतिहास को धर्म के अनुसार विभाजित करने अथवा संयुक्त करने के प्रयास अवैज्ञानिक और अत्यन्त हानिकर हैं। इससे हिन्दुओं और मुसलमानों दोनों का नुकसान होता है। लाभ होता है साम्राज्यवादियों और निहित स्वार्थ वाले व्यक्तियों को। इस सम्बन्ध में कुछ मोटी-मोटी बातें दोहरा देना काफी है।

जातीयता की सबसे बड़ी पहचान भाषा है। दुनिया के मुसलमान एक भाषा नहीं बोलते, किसी एक परिवार की भाषाएँ भी नहीं बोलते, वे अनेक भाषाएँ बोलते हैं, अनेक परिवारों की भाषाएँ बोलते हैं। अरबी सामी परिवार की भाषा है। वह भाषा यहूदियों की पुरानी हीब्रू भाषा से उतना ही मिलती-जुलती है जितना हिन्दी से बँगला, और फ़ारसी से उतना ही भिन्न है जितना हिन्दी से तेलुगु। फ़ारसी इंडो-यूरोपियन परिवार की भाषा है और अरबी की अपेक्षा वह संस्कृत के अधिक निकट है। तुर्की भाषा इन दोनों से भिन्न परिवार की है और उसकी अनेक विशेषताएँ भारत की कोल-द्रविड़ भाषाओं में मिल जायँगी, अरबी-फ़ारसी में न मिलेंगी। इंडोनेशिया के मुसलमान जो भाषा बोलते हैं, वह आस्ट्रो-एशियाटिक परिवार की भाषा कहलाती है। वह भारत की संथाली, मुंडारी आदि भाषाओं से बहुत मिलती-जुलती है। संसार में फैले हुए मुसलमानों के छोटे-छोटे समुदाय छोड़ दें तो ऊपर बताये हुए भाषा-परिवारों के अन्तर्गत संसार के अधिकांश मुसलमान आ जाते हैं। जैसे यूरुप के अधिकांश लोग ईसाई हैं और भिन्न भाषाएँ बोलते हैं, वैसे ही मुसलमान एक धर्म मानते हुए भी भिन्न भाषाएँ बोलते हैं।

इसलिए सबसे पहले यह अच्छी तरह समझ लेना चाहिए कि भारत पर सारी दुनिया के मुसलमानों ने हमला नहीं किया। केवल दो-तीन जातियों ने आक्रमण किया और उनकी भाषाएँ अलग-अलग थीं। सबसे पहले अरबों ने आक्रमण किया किन्तु वे सिन्ध से आगे नहीं बढ़ पाये। दिल्ली के सिंहासन पर अरबों का अधिकार नहीं हुआ। मुसलमानों की धर्म-पुस्तक अरबी भाषा में है। सारी दुनिया के मुसलमानों की यदि कोई एक धार्मिक भाषा कही जा सकती है तो वह अरबी है। पर भारत में न तो दिल्ली में, और न किसी अन्य प्रदेश में,

अरबी को राजभाषा का दर्जा मिला।

भारत पर जिन मुसलमानों ने सबसे ज्यादा आक्रमण किये, जो आक्रमणकारियों में सबसे अधिक क्रूर और बर्बर थे, जिन्होंने भारत में मुगल साम्राज्य स्थापित किया, वे तुर्क जाति के थे। बाबर की मातृभाषा तुर्की थी, उसने आत्मकथा तुर्की भाषा में लिखी। तुर्की भाषा का प्रभाव भारतीय भाषाओं पर उतना ही है जितना पुर्तगाली भाषा का है। उसके साहित्य का प्रभाव शून्य के बराबर है।

तीसरे नम्बर पर पठान हैं। इनकी जातीय भाषा पश्तो है और वह फ़ारसी की तरह इंडो-यूरोपियन परिवार की भाषा है। पश्तो भारत की राजभाषा कभी नहीं रही। वह अपने ही प्रदेश में फ़ारसी द्वारा आक्रान्त रही है।

भारत पर जिन मुसलमान शाही खानदानों ने राज्य किया, उनमें से किसी की भी मातृभाषा फ़ारसी नहीं थी। हिन्दुओं और मुसलमानों में यह भ्रम बड़े व्यापक रूप से फैला हुआ है—और प्रयत्नपूर्वक फैलाया गया है—कि भारत पर हमला करने वाले मुसलमान फ़ारसी बोलते थे। इस प्रकार सब मुसलमान एक ही जमात में समेट लिए जाते हैं और उनकी एक ही भाषा फ़ारसी मान ली जाती है।

भारत में फ़ारसी राजभाषा बनाई गई, वैसे ही जैसे अंग्रेज़ों के चले जाने के बाद भी स्वाधीन भारत का राजकाज अंग्रेज़ी भाषा में होता है। न तो अंग्रेज़ी दुनिया भर के ईसाइयों की भाषा है, न फ़ारसी दुनिया भर के मुसलमानों की भाषा थी। वह ईरानी जाति की भाषा थी। ईरान नाम का उसका अपना जातीय प्रदेश था। इसी प्रकार अरबी अरब प्रदेश में रहने वालों की भाषा थी, पश्तो अफ़गानिस्तान के पठानों की भाषा थी। भारत पर हमला करने वाले मुसलमान जातियों से परे नहीं थे; वे विभिन्न जातियों के थे और विभिन्न भाषाएँ बोलते थे।

अब दूसरा प्रश्न यह है कि जब ये भारत में आकर बस गये तब इनकी जातीयता का क्या हुआ, इनकी जातीय भाषाओं की स्थिति क्या थी, उनका व्यवहार होता रहा या भारतीय भाषाओं में घुलमिल जाने से यहाँ नई भाषाओं का जन्म हुआ। इन प्रश्नों का उत्तर देने के लिए यह देखना चाहिए कि भारत के बाहर जहाँ अरब और तुर्क पहुँचे, वहाँ क्या हुआ।

अफ्रीका के अनेक देशों में अब अरब रहते हैं। इनमें प्राचीन सभ्यता का केन्द्र मिस्र भी है। जिन लोगों ने उस देश की इस सभ्यता का निर्माण किया था, वे अरबों के पूर्वज नहीं थे। अरबों ने वहाँ जाकर मिस्र के जातीय विकास की परम्परा विच्छिन्न करके वहाँ अपना प्रभुत्व कायम किया। मिस्र का अरबीकरण हुआ। वहाँ की राष्ट्रभाषा अब अरबी है। अरबी भाषा प्राचीन मिस्र की भाषा का आधुनिक रूप नहीं है। अफ्रीका के जो देश अपेक्षाकृत पिछड़े हुए थे, वहाँ अरब पहुँचे तो वहाँ भी उन्होंने अरब उपनिवेश स्थापित किये, वहाँ अब

अरबी भाषा ही बोली जाती है जैसे लीबिया या मोरक्को में। अरबों ने यूरुप में भी प्रवेश किया। स्पेन पर काफ़ी दिनों तक उनका आधिपत्य रहा। वहाँ की भाषा और संस्कृति को उन्होंने प्रभावित किया। किन्तु आखिर में वहाँ से निकाले गये। दो तरह के देशों पर उनका आधिपत्थ कायम हुआ। पहली तरह के देशों का अरबीकरण सम्पन्न करने में वे सफल हुए। वहाँ की जातीयता नष्ट हो गई, उसकी जगह अरबी भाषा, अरबी जातीयता स्थापित हुई। दूसरी तरह के देश अपनी स्वाधीनता के लिए लड़े, अरबों से प्रभावित होने पर भी वे अपनी जातीयता और भाषा की रक्षा कर सके। दोनों ही तरह के देशों में अरबों से सम्पर्क होने के कारण किसी नई भाषा का जन्म नहीं हुआ।

भारत में अरबों ने सिन्ध पर अधिकार किया किन्तु उसका अरबीकरण न कर पाये। भारत के किसी अन्य प्रदेश को वे अपना उपनिवेश बना पाये हों, यह भी नहीं हुआ। सिन्धी भाषा ने अरबी लिपि ग्रहण की, बहुसंख्यक जनता मुसलमान हो गई, कुछ अरबी शब्दों की आमद हुई, फिर भी सिन्धी भाषा अपना जातीय स्वरूप सुरक्षित बनाये रही। अरबी भाषा के सम्पर्क में आने के कारण सिन्ध में या अन्यत्र किसी नई भाषा का जन्म नहीं हुआ। अरब आधिपत्य सिन्धी जातीयता का नाश नहीं कर पाया।

जहाँ आधुनिक तुर्की राज्य हैं, वहाँ पहले इंडो-यूरोपियन परिवार की भाषाएँ बोलने वाले लोग रहते थे। इनमें हित्ती भाषा संस्कृत से बहुत मिलती थी। उसके अलावा यहाँ अन्य भाषाएँ बोली जाती थीं जो ग्रीक भाषा से मिलती-जुलती थीं। यहाँ अरबों ने अपना आधिपत्य कायम करने का बड़ा प्रयत्न किया किन्तु असफल रहे। उनके बाद तुर्कों ने इस प्रदेश को जीता, वहाँ की सभ्यता का नाश किया और समूचे प्रदेश को एक नया तुर्क राष्ट्र बना डाला। वहाँ से आगे बढ़ते हुए उन्होंने बल्गारिया और यूनान पर अधिकार किया। अन्त में वहाँ से निकाले गये। एशिया और अफ्रीका के बहुत से अरब देशों पर—इनमें मिस्र भी था—तुर्कों ने अपना राज्य काम किया। इस्लाम को मानने वाले सब भाई-भाई हैं, इस सिद्धान्त से तुर्कों को अरबों पर अपना आधिपत्य जमाने में कोई दिक्कत न हुई। किन्तु ये अरब प्रदेश उन्हें खाली करने पड़े। तुर्कों और अरबों के मिलने से या तुर्कों और बल्गारों-यूनानियों के मेल से किसी नई भाषा का जन्म नहीं हुआ। या तो पुरानी भाषा और जातीयता का नाश हुआ और उसकी जगह तुर्की भाषा और जातीयता प्रतिष्ठित हुई जैसे नये तुर्की राष्ट्र में, अथवा अरबी, ग्रीक, बल्गार भाषाएँ, और उन्हें बोलने वालों की जातीयता, कायम रहीं।

भारत पर तुर्कों ने बार-बार आक्रमण किया, यहाँ उन्होंने अपना राज्य भी कायम किया किन्तु भारत का कोई प्रदेश तुर्क प्रदेश न बना। पूरे प्रदेश की बात छोड़ दें, भारत में कहीं कोई छोटा सा उपनिवेश, शहर या मोहल्ला भी आबाद न हुआ जहाँ तुर्की भाषा बोली जाती रही हो। जातीयता का नाश करने और

दूसरों की भाषा की जगह अपनी भाषा स्थापित करने में तुर्कों को सबसे बड़ी असफलता भारत में प्राप्त हुई। तुर्क किस तरह के जातीयता-ध्वंसक थे, इस बारे में स्तालिन का एक उल्लेख स्मरणीय है। १९२९ में कुछ रूसी साम्यवादियों को उत्तर देते हुए उन्होंने 'जातीय समस्या और लेनिनवाद' शीर्षक निबन्ध लिखा था। इसमें उन्होंने तुर्क विध्वंसकों के बारे में कहा था कि दूसरों की भाषाओं को निर्मूल करने वालों में तुर्क सबसे अधिक क्रूर थे; उन्होंने शताब्दियों तक बालकन प्रदेश की जातियों के टुकड़े-टुकड़े किये पर वे उनका नाश न कर पाये और अन्त में उन्हें हथियार डालने पड़े।

यह सब 'मध्यकाल' में हो रहा था जिस काल में आधुनिक जातियों का अस्तित्व नहीं होता। बालकन प्रदेश में उस समय कबीले न रहते थे। वहाँ सामन्ती व्यवस्था वाली लघु जातियाँ रहती थीं। इन लघु जातियों के संघर्ष का इतिहास वहाँ की आधुनिक जातियों के इतिहास से दृढ़तापूर्वक जुड़ा हुआ है। इतिहास की उसी अविच्छिन्न परम्परा को याद करते हुए स्तालिन ने उपर्युक्त बात कही थी। यदि बालकन प्रदेश के लोग अपनी जातीयता की रक्षा कर सके तो इसमें कौन से आश्चर्य की बात है कि भारत के लोग भी तुर्क आधिपत्य के विरोध में अपनी जातीयता और भाषा की रक्षा कर सके?

जो तुर्क भारत में आकर बस गये, वे कुछ समय बाद अपनी भाषा और जातीयता त्याग कर यहाँ की जातियों में घुलमिल गये और यहीं की भाषाएँ बोलने लगे। जब जातीयता के सबसे कठोर विध्वंसक तुर्कों का यह हाल था तब पश्तो बोलने वाले पठान यहाँ अपनी भाषा का आधिपत्य कायम करते, इसकी कोई सम्भावना न थी।

भारत के उन प्रदेशों पर दृष्टिपात कीजिए, जहाँ की आधी अथवा आधी से अधिक जनता मुसलमान है। ये मुसलमान चाहे अरबों, तुर्कों, पठानों अथवा अन्य जातियों के वंशज हों, चाहे इनमें से अधिकांश बौद्ध या हिन्दू रहे हों और उनका धर्म परिवर्तन हुआ हो, हर प्रदेश में उनकी जातीयता वही है जो शेष जनता की है। पंजाब और बंगाल की लगभग आधी जनता मुसलमान है, सिन्ध और कश्मीर की तीन चौथाई से अधिक जनता मुसलमान है। इन प्रदेशों में बंगाली, पंजाबी, सिन्धी और कश्मीरी जातियों का विकास हुआ, उनकी अपनी-अपनी भाषाएँ सुरक्षित रहीं। हिन्दुस्तान में रहने वाले सारे मुसलमानों की एक भाषा न तो कभी थी और न आज है। इससे सिद्ध हुआ कि एक ही धर्म मानने से लोग एक ही जाति के नहीं हो जाते, न उनकी जातीय भाषाएँ नष्ट हो जाती हैं। भारत में आने वाले मुसलमान आक्रमणकारी तुर्क, अरब, पठान आदि भिन्न जातियों के थे, अपनी-अपनी भाषाएँ बोलते थे, भारत के किसी भी प्रदेश की भाषा या जातीयता वे नष्ट नहीं कर पाये, उनका भिन्न अस्तित्व यहाँ की जातियों में विलुप्त हो गया। अतः भारतीय जनता और उसके साहित्य का इतिहास समूचे

राष्ट्र और यहाँ की विभिन्न जातियों, उनकी भाषाओं को ध्यान में रखकर लिखा जायगा, मुसलमानों के आने से इतिहास के प्रति इस दृष्टिकोण को बदलना जरूरी नहीं है।

बंगाल, पंजाब, कश्मीर और सिन्ध में कहीं भी इस सिद्धान्त का प्रचार नहीं किया गया कि हिन्दुओं और मुसलमानों के मेल से एक नई भाषा, एक नई संस्कृति का जन्म हुआ। इसका प्रचार हिन्दी प्रदेश में किया गया जहाँ तीन चौथाई से ज्यादा जनता हिन्दू थी। आगे चलकर गैर हिन्दी प्रदेशों के मुसलमानों को यह समझाया गया कि उन सब की भाषा उर्दू है। इतिहास का एक महत्वपूर्ण तथ्य यह है कि भारत में अंग्रेज़ी राज कायम होने से पहले बंगाल, पंजाब, सिन्ध और कश्मीर में साहित्य-रचना काफी बड़े पैमाने पर हो रही थी। इस साहित्य का माध्यम बँगला, पंजाबी, सिन्धी और कश्मीरी भाषाएँ थीं। साहित्य रचने-वाले अधिकतर मुसलमान थे। अंग्रेज़ी राज कायम होने के बाद कश्मीरी, पंजाबी और सिन्धी में साहित्य-रचना बहुत कम हो गई। बंगाल में साहित्य-रचना जोरों से हुई किन्तु इसमें भाग लेने वाले मुसलमानों की संख्या नगण्य थी। इससे एक निष्कर्ष यह निकलता है कि मुसलमानों के राजत्वकाल में कश्मीरी, सिन्धी आदि जातियों का सांस्कृतिक विकास अवरुद्ध नहीं हुआ। वह अवरुद्ध हुआ अंग्रेज़ों के ज़माने में। सभी मुसलमानों की एक भाषा है, मुसलमानों में किसी तरह की जातीयता नहीं है, यह सिद्धान्त अंग्रेज़ी राज में प्रचारित किया गया। इस राज से सबसे ज्यादा नुकसान मुसलमानों को हुआ। उनका सांस्कृतिक विकास अरबी, फ़ारसी या तुर्की के द्वारा न हो सकता था। उनका विकास बँगला, कश्मीरी, सिन्धी और पंजाबी के द्वारा ही हो सकता था जिन्हें उनके पूर्वज बोलते थे और जिसमें मुसलमान कवि साहित्य रचते थे। बोलचाल से इन भाषाओं को निकालना अंग्रेज़ों के वश में नहीं था किन्तु उर्दू की तुलना में इन्हें बहुत नीचा दर्जा अवश्य दिया गया। इस प्रकार जातीयता का विकास जितना अंग्रेज़ों ने रोका, उतना तुर्कों या अरबों ने नहीं।

जिन देशों में इस्लाम धर्म का प्रसार हुआ, उनमें अरब और ईरान की सभ्यता अधिक विकसित थी। ईरान पर अरबों का आधिपत्य कायम होने से फ़ारसी में अरबी के सैकड़ों नये शब्द आ गये और फ़ारसी की वाक्य रचना भी अरबी से प्रभावित हुई। आधुनिक ईरान अपनी जातीयता पहचानकर फ़ारसी से विदेशी अरबी तत्व निकाल रहा है। तुर्की भाषा पर अरबी और फ़ारसी का गहरा असर पड़ा। अरबों को जीत लेने पर भी तुर्क अरबी भाषा से प्रभावित हुए। बीसवीं सदी में कमाल पाशा ने तुर्की भाषा से विदेशी तत्त्व निकालने का आन्दोलन चलाया। भारत के विभाजित और स्वाधीन होने पर सम्प्रदायवादियों ने बड़ा प्रयत्न किया कि बंगाल में उर्दू भाषा का चलन हो जाय। उर्दू का चलन न हो तो पूर्वी बंगाल के मुसलमान कम से कम पाकिस्तान की राजभाषा के रूप में उर्दू

को स्वीकार कर लें। किन्तु बंगाली मुसलमानों ने, बंगाली जाति के विभाजित होने पर भी, अपनी भाषा की रक्षा की। जातीयता की समस्या से टकराकर पाकिस्तान टूट गया। अब पंजाब और सिन्ध के मुसलमान अपनी जातीयता और भाषा का महत्त्व पहचान रहे हैं। खेद की बात है कि पाकिस्तानी बंगाल में उर्दू राजभाषा न बनाई जा सकी किन्तु भारत के अभिन्न अंग कश्मीर में वहाँ की भाषा को अपदस्थ करके उर्दू राजभाषा ही नहीं, शिक्षा का माध्यम भी बनी हुई है।

जातीय भाषाओं और उनके साहित्य का विकास साम्प्रदायिकता का नाश करने में सबसे अधिक सहायक होता है। साम्प्रदायिकता को निर्मूल करके ही राष्ट्रीय एकता सुदृढ़ की जा सकती है। भारतीय जनता को कश्मीरी भाषा और कश्मीरी साहित्य के विकास से विशेष दिलचस्पी होनी चाहिए। इस विकास से कश्मीर और शेष भारत की एकता सुदृढ़ होगी।

हिन्दी प्रदेश में शताब्दियों तक फ़ारसी राजभाषा बनी रही। इसका स्वाभाविक परिणाम यह था कि यहाँ के उच्च वर्गों ने अपनी भाषा में फ़ारसी के शब्द मिलाना शुरू किया। अकबर से पहले यहाँ फ़ारसी एकमात्र अनिवार्य राजभाषा नहीं थी। उसे अनिवार्य राजभाषा बनाया टोडरमल ने। ईरान की दरबारी कविता का प्रभाव यहाँ की भाषाओं पर अठारहवीं सदी में पड़ना शुरू होता है। उस समय अनेक लेखकों की भाषा, फ़ारसी से प्रभावित होने पर भी, हिन्दी या हिन्दुई से अलग भाषा न मानी जाती थी। उन्नीसवीं सदी के आरम्भ में हिन्दी-उर्दू का अलगाव शुरू होता है और बीसवीं सदी के पूर्वार्द्ध में निरन्तर बढ़ता जाता है। बंगाल, पंजाब, कश्मीर और सिन्ध के मुसलमानों को अंग्रेज़ों ने वहाँ की जातीय संस्कृति से विलग करने की पूरी कोशिश की। हिन्दी प्रदेश में उन्होंने जातीय संस्कृति और जातीय भाषा को दो हिस्सों में बाँट दिया।

हिन्दी प्रदेश की विशेष स्थिति को ध्यान में रखकर जो लोग मुश्तर्का ज़बान की समस्या का विवेचन करते हैं, वे अखिल भारतीय स्तर पर यहाँ की जातियों का विकास, इस विकास में तुर्क-अरब-पठान जातीयता का लोप, धर्म के नाम पर अंग्रेज़ों द्वारा सिन्धी, कश्मीरी आदि जातियों का विकास रोकने का प्रयत्न आदि बातें भूल जाते हैं। फ़ारसी-अरबी-प्रभावित हिन्दी का नाम उर्दू है। हम इस समस्या का विवेचन हिन्दी जाति के विकास संदर्भ में ही ठीक-ठीक कर सकते हैं।

जैसे एक धर्म होने से भाषाओं का अस्तित्व समाप्त नहीं हो जाता, वैसे ही एक धर्म के कारण विभिन्न जातीय संस्कृतियों का भी अस्तित्व समाप्त नहीं हो जाता। अरब, ईरानी और तुर्क जातियों की अपनी-अपनी संस्कृति है। इन सभी में इस्लामी संस्कृति जैसी किसी एक संस्कृति का चलन नहीं है। इसलिए भारत के संदर्भ में इस्लामी संस्कृति या हिन्दू-मुस्लिम संस्कृतियों के मेल से बनी हुई किसी गंगा-जमुनी संस्कृति की बात करना अवैज्ञानिक कार्य है। भारत की

जातियो पर अरब, ईरान या तुर्की की जातीय संस्कृति के प्रभाव का अध्ययन करना बिल्कुल अलग बात है।

१०. भारतीय भाषा-परिवारों की भिन्नता

अब हम इस समस्या पर विचार करेंगे कि भारत में चार भिन्न भाषा-परिवार विद्यमान हैं। ये सब शब्द-भंडार और व्याकरण की दृष्टि से एक दूसरे से अलग हैं। इन परिवारों की भाषाएँ बोलने वाले एक ही राष्ट्र में कैसे शामिल किये जा सकते हैं?

पहले तो यह देखना चाहिए कि राष्ट्र के निर्माण और विकास से भाषा-परिवारों की भिन्नता का कुछ भी सम्बन्ध नहीं है। यह निर्माण और विकास इस बात पर निर्भर है कि भिन्न भाषाएँ बोलने वाली जातियों के आपसी सम्बन्ध कैसे हैं, उनकी ऐतिहासिक परम्पराओं में कितनी समानता है, उनके आपसी आर्थिक और सांस्कृतिक सम्बन्ध कैसे हैं, इत्यादि। सोवियत संघ में इंडो-यूरोपियन, फिनोउग्रियन और तुर्क परिवारों के अलावा जार्जिया और कौकेशस प्रदेशों में, एस्कीमो, चुकची आदि जातियों के उत्तरी क्षेत्रों में अनेक परिवारों की भाषाएँ बोली जाती हैं। वास्तव में भारत की अपेक्षा वहाँ भाषा-परिवारों की विविधता कहीं अधिक है। यह भी याद दिलाना उचित होगा कि संयुक्त राज्य अमरीका में रेड इंडियन आदिवासियों की भाषाएँ एक ही परिवार की नहीं हैं, और अंग्रेज़ी भाषा उन सबसे भिन्न परिवार की है। स्पेन और फ्रान्स में जो बास्क भाषा बोली जाती है, वह फ्रान्सीसी और स्पेनी भाषाओं से भिन्न परिवार की है! और ताइवान द्वीप की भाषा भारत की मुंडा भाषाओं से अधिक मिलती-जुलती है, चीनी भाषा से उसका कोई सम्बन्ध नहीं है। अनेक आधुनिक राष्ट्र और राज्य न केवल बहुजातीय हैं वरन् उनमें निवास करने वाली जातियाँ एक से अधिक परिवारों की भाषाएँ बोलती हैं। इसलिए भारत में अनेक भाषाओं का बोला जाना अथवा उनका अनेक परिवारों से सम्बद्ध होना कोई अनोखा व्यापार नहीं है।

दूसरी बात यह है कि भारतीय भाषा-परिवार, संसार के किसी भी देश, राज्य या राष्ट्र की भाषाओं की अपेक्षा, अधिक दीर्घकाल से साथ-साथ रहते आये हैं। अनेक भाषाविज्ञानी भारत को भाषागत इकाई (लिंग्विस्टिक एरिया) मानते हैं। भाषागत इकाई का अर्थ यह है कि एक ही भूखण्ड में बहुत दिनों तक साथ रहने के कारण भिन्न भाषा-परिवारों ने ऐसी सामान्य विशेषताएँ विकसित की हैं जो भारत के बाहर इन परिवारों से सम्बद्ध अन्य भाषाओं में नहीं मिलतीं। यथा भारत का आर्यभाषा परिवार इंडो-यूरोपियन परिवार की शाखा माना जाता है। उसमें और द्रविड़ भाषा परिवार में ऐसी सामान्य विशेषताएँ उत्पन्न हुई हैं जो यूरुप की 'आर्य' भाषाओं मे नहीं मिलतीं। यही नहीं, यह भाषागत

इकाई ऐसी स्पष्ट पहचानी जाती है कि भारत के बाहर, तथा दक्षिण-पूर्वी एशिया में, जहाँ वे सामान्य विशेषताएँ लक्षित होती हैं, वहाँ उन प्रदेशों को भी कुछ भाषाविज्ञानी बृहत्तर भारत के अन्तर्गत शामिल करते हैं। इससे कम से कम इतना तो सिद्ध होता है कि भारतीय भाषा-परिवारों में परस्पर आदान-प्रदान शताब्दियों तक होता रहा है, और इन शताब्दियों में परस्पर संपृक्त परिवारों में से कोई भाषापरिवार नष्ट नहीं हो गया।

भाषागत इकाई वाले सिद्धान्तकार यह मानकर चलते हैं कि इन भाषा-परिवारों का निर्माण पहले भारत से बाहर हो गया था, एक दूसरे के सम्पर्क में आये बिना उनकी अपनी-अपनी विशेषताएँ विकसित हो चुकी थीं; भारत में प्रवेश के बाद परस्पर सम्पर्क के कारण उनमें कुछ नई सामान्य विशेषताएँ उत्पन्न हुईं। इस धारणा का आधार यह कल्पना है कि कोई भी भाषा-परिवार किसी आदि भाषा में शाखाएँ फूटने से बनता है और यह आदि भाषा किसी ऐसे प्रदेश में निर्मित होती है जहाँ किसी भी अन्य आदि भाषा या उसकी शाखाओं से उसका सम्पर्क नहीं होता। किन्तु भाषा-परिवारों के तुलनात्मक अध्ययन से इस कल्पना की पुष्टि नहीं होती।

तीसरी बात यह है कि भारतीय भाषा-परिवारों में कुछ सामान्य विशेषताएँ ऐसी हैं जैसी यूरुप के एक ही भाषा-परिवार में नहीं है। भाषा-परिवार तो बड़ी चीज है, किसी एक परिवार की एक ही शाखा की भाषाओं में भी वैसी समानता नहीं है जैसी यहाँ विभिन्न भाषा-परिवारों में है। स्वभावतः एक ही भारतीय भाषा-परिवार अथवा उसकी एक शाखा की भाषाएँ परस्पर और भी अधिक सम्बद्ध हैं। भारत की राष्ट्रीयता का विवेचन करते हुए इन बातों का उल्लेख इसलिए आवश्यक है कि यहाँ की जातियों के परस्पर सम्पर्क की बहुत सी बातें इतिहास और पुरातत्व से नहीं जानी जा सकतीं, वे केवल भाषा-परिवारों के तुलनात्मक अध्ययन से जानी जा सकती हैं।

वर्तमान भारत में चार भाषा-परिवार हैं : आर्य, द्रविड़, नाग और कोल। इनमें आर्य और द्रविड़ परस्पर सुदृढ़तम रूप से सम्बद्ध हैं, और इनकी यह सम्बद्धता भारत के समस्त भाषाई मानचित्र को प्रभावित करती है।

सबसे पहले वाक्यतंत्र की एक विशेषता उल्लेखनीय है। भारत के सभी भाषा-परिवारों में वाक्य रचना इस प्रकार होती है कि क्रिया वाक्य के अन्त में आती है और कर्म क्रिया से पहले आता है। उदाहरण के लिए तमिल का एक वाक्य लें। इवनै ऑरू पॅरिय नागसर्पम् कडिक्क इरुन्ददु (ऑ से आशय है ह्रस्व ओकार, अॅ से आशय है ह्रस्व एकार)। इसका अर्थ हुआ, इसको एक बड़ा साँप काटने को था। हिन्दी का वाक्य, विन्यास की दृष्टि से, तमिल वाक्य से मिलता-जुलता है। कर्म क्रिया से पहले आया है। (यह वाक्य आन्द्रोनोव के तमिल व्याकरण में दिया हुआ है।) भारत के उत्तर पूर्वी प्रदेशों में नाग परिवार की

इदु भाषा बोली जाती है। इसका एक वाक्य देखें : एच इमु-मे बिरि अजिजि। इसका अर्थ है, यह आदमी बीड़ी जलाता है। (यह वाक्य शिलंग से प्रकाशित 'ए फ्रेज बुक इन इदु' में दिया हुआ है)। यहाँ कर्म बीड़ी क्रिया से पहले आया है, क्रिया वाक्य के अन्त में है। मुंडा परिवार की बोंडा भाषा में : डॉकरी सेली बाट् अलॉ (स्त्री ने सालन बाँट दिया), कर्म पहले क्रिया बाद में। (यह वाक्य सुधिभूषण भट्टाचार्य की पुस्तक 'ए बोंडा डिक्शनरी' से लिया गया है)।

आर्य और द्रविड़ परिवारों में वाक्य रचना का यह ढंग किसमें पहले विकसित हुआ, यह कहना कठिन है। प्राचीनतम उदाहरणों में यही रूप मिलता है। नाग भाषा-परिवार में, सम्भव है, वाक्य-रचना दूसरे ढंग की रही हो। नाग भाषा परिवार को चीनी-तिब्बती परिवार कहा जाता है। चीनी-तिब्बती परिवार की दो शाखाएं बताई जाती हैं, एक तिब्बती-बर्मी, दूसरी चीनी। इन दोनों में यथेष्ट भेद है। पौल के० बेनेडिक्ट ने चीनी-तिब्बती परिवार पर एक पुस्तक लिखी है—'साइनो-टिबेटन, ए कौन्सपेक्टस' (प्रिन्सटन, १९७२)। इसमें उन्होंने बताया है कि चीनी और तिब्बती-बर्मी भाषा-समुदायों का सम्बन्ध दूर का है। हमारे लिए यहाँ दिलचस्प बात यह है कि चीनी समुदाय की भाषाओं में कर्म क्रिया के बाद आता है, पर तिब्बती-बर्मी भाषाओं में, 'निरपवाद रूप से' कर्म क्रिया से पहले आता है (पृष्ठ ४)। यदि यह माना जाय कि तिब्बती-बर्मी भाषाएँ मूलतः चीनी तिब्बती परिवार की शाखा के अन्तर्गत हैं, तो भी यह स्वीकार करना होगा कि आर्य-द्रविड़ धुरी के प्रभाव से उनकी वाक्य-रचना बदल गई है। यदि ऐसा है तो बृहत्तर भारत में तिब्बती-बर्मी भाषाएँ भारतीय भाषाओं से अधिक मिलती हैं, चीनी भाषा से कम।

जहाँ तक मुंडा भाषाओं का सम्बन्ध है, उनके विशेषज्ञ पिनो (Pinnow) का कहना है कि इस परिवार में पहले यह स्थिति थी कि कर्म क्रिया के बाद आता था। उन्होंने अपने निबन्ध 'पर्सनल प्रोनाउन्स इन औस्ट्रोएशियाटिक' (लिंगुआ, संख्या १४; १९६५) में लिखा है : "कर्ता-कर्म-विधेय—यह क्रम अब मुंडा भाषा-समुदाय में सामान्य हो गया है, निस्सन्देह यह क्रम द्रविड़ और भारतीय आर्य पद्धतियों के प्रभाव से प्रविष्ट हुआ था।" यदि इस बात को सही माना जाय तो साथ में यह भी मानना होगा कि प्रभाव केवल आर्य परिवार का नहीं है, द्रविड़ परिवार का भी है। आर्य-द्रविड़ धुरी कोल (अथवा मुंडा) परिवार को प्रभावित करती है।

भाषाविद् नौर्मन ऐच् ज़ाइड् ने कोल भाषा परिवार पर एक पुस्तक सम्पादित की है—'स्टडीज़ इन कौम्पैरेटिव आस्ट्रो एशियाटिक लिंग्विस्टिक्स' (मूटों, १९६६)। इसमें उक्त स्थापना की आवृत्ति की गई है। "मुंडा समुदाय में सर्वनाम से भिन्न जो कर्म हो, उसे क्रिया से पहले रखना, और खड़िया भाषा में सर्वनाम वाले कर्म को भी क्रिया से पहले रखना, भारतीय आर्य तथा/अथवा द्रविड़ प्रभावों के कारण

हैं।" (पृष्ठ १८०)। आर्य और द्रविड़ दोनों परिवारों में एक सामान्य विशेषता है। कोल भाषाओं पर इन दोनों का अथवा किसी एक का प्रभाव हो सकता है।

इस समानता से यूरुप की भाषाओं में जो असमानता है, उसकी तुलना करना चाहिए। जर्मन और अंग्रेज़ी दोनों भाषाएँ एक ही शाखा की है। अंग्रेज़ी में कर्म क्रिया के बाद आता है। ज़र्मन में, किन्हीं स्थितियों में, वह क्रिया से पहले भी आता है। डास मैंडखेन ज़ाग्टे, जी हैट्टे डास बुख गेलेज़ेन। इस जर्मन वाक्य का अर्थ हुआ : लड़की ने कहा कि उसने किताब पढ़ ली है। अंग्रेज़ी में यह वाक्य इस प्रकार होगा: द गर्ल सेड शी हैड रेड द बुक। अंग्रेज़ी में जो बुक है, वही जर्मन में बुख़ है। अंग्रेज़ी वाक्य में बुक क्रिया के बाद है, जर्मन वाक्य में बुख़ क्रिया से पहले है। इस तरह की मिसालें यूरुप की अन्य भाषाओं से भी दी जा सकती है। सिद्ध हुआ कि विन्यास-तन्त्र की दृष्टि से यूरुप की एक ही भाषा की शाखाओं में उतनी समानता नहीं है जितनी भारत के चार परिवारों की भाषाओं में है।

एक विशेषता रूपतन्त्र की देखें (चाहें तो इसे विन्यासतन्त्र में शामिल कर सकते हैं)। भारतीय भाषाओं में कारक चिह्न अथवा सम्बन्ध-सूचक शब्द या शब्दांश संज्ञा के बाद आते हैं। अंग्रेज़ी में 'प्रिपोज़ीशन' होते हैं, भारतीय भाषाओं में 'पोस्टपोज़ीशन' होते हैं। ज़ाइड द्वारा सम्पादित उपर्युक्त पुस्तक में बताया गया है कि पहले कोल भाषा परिवार में कारक चिह्नों के बाद संज्ञा का स्थान होता था किन्तु अब उस परिवार की अधिकांश भाषाओं में पोस्टपोज़ीशनों का चलन है (उप० पृष्ठ १८०)। बेनेडिक्ट अपनी ऊपर उल्लिखित पुस्तक में यही बात तिब्बती-बर्मी भाषाओं के लिए कहते हैं (पृष्ठ ६५)। आर्य और द्रविड़ भाषाओं में पोस्टपोज़ीशन का चलन है ही। इस प्रकार सभी भारतीय भाषा-परिवार इस नियम का पालन करते हैं कि कारक-चिह्न अथवा सम्बन्धसूचक शब्द या शब्दांश संज्ञा के बाद आयेगा।

भारत में जो भाषाएं संश्लेषणात्मक हैं या थीं और जो भाषाएँ विश्लेषणात्मक अथवा अर्ध विश्लेषणात्मक हैं, उन सभी में एक सामान्य प्रवृत्ति है। वह यह है कि विभक्ति चिह्न, स्वतन्त्र कारक चिह्न अथवा सम्बन्ध-सूचक चिह्न सर्वत्र संज्ञा के बाद आता है। यह स्थिति चार भिन्न परिवारों की भाषाओं में है। किन्तु यूरुप में एक ही इंडो-यूरोपियन परिवार की भाषाएँ दो तरह के नियमों का पालन करती हैं। जो भाषाएँ संश्लेषणात्मक हैं या थीं, जिनमें संज्ञा के साथ विभक्ति चिह्न संयुक्त होता है, उनमें संस्कृत की तरह विभक्ति चिह्न संज्ञा के बाद आता है। किन्तु यही भाषाएँ—प्राचीन ग्रीक और लैटिन भी—प्रिपोज़ीशनों का व्यवहार करती हैं। प्रिपोज़ीशनों वाली नई पद्धति इतनी प्रबल है कि वह पुरानी पोस्टपोज़ीशनों वाली पद्धति को लगभग व्यर्थ कर देती है। लगभग, पूरी तरह नहीं, क्योंकि विभक्ति-चिह्न कायम रहते हैं और कभी-कभी अपना काम भी करते हैं। जो भाषाएँ विश्लेषणात्मक हैं अथवा अर्द्ध-विश्लेषणात्मक हैं, उनमें

प्रिपोज़ीशनों वाली पद्धति का ही चलन है। इस दिशा में भारतीय भाषा परिवारों ने आश्चर्यजनक सामंजस्य कायम किया है; उधर यूरुप के एक ही भाषा-परिवार में काफ़ी वैषम्य दिखाई देता है।

भारतीय भाषाओं में एक सामान्य प्रवृत्ति के दर्शन होते हैं, वह है दो क्रियाओं को मिलाकर उनका प्रयोग करना जिससे मूल क्रिया के अर्थ में भेद उत्पन्न होता है। हिन्दी में उठ बैठा, चला गया, गिर पड़ा जैसे प्रयोगों से हम परिचित हैं। इस तरह के प्रयोग अन्य आर्य भाषाओं में तो होते ही हैं, द्रविड़ भाषाओं में भी ऐसे प्रयोगों की भरमार है, यथा तमिल में 'ओडिप्पोय्विट्टाय्' में तीन क्रियाएँ शामिल है। हिन्दी में इसका अर्थ 'भाग चले' किया जा सकता है। जैसे हिन्दी में वह गया और वह चला गया में थोड़ा सा भेद है; दूसरे प्रयोग में क्रिया की सघनता अथवा पूर्णता व्यक्त होती है, वैसे ही तमिल में पोनान् और पोय्विट्टान् में अन्तर है। पोनान् का अर्थ है वह गया और पोय्विट्टान् का अर्थ होगा, वह चला गया। इस तरह के प्रयोग नाग भाषाओं की विशेषता हैं। ग्रियर्सन ने अपने 'भाषा-सर्वेक्षण' ग्रन्थ के तीसरे खण्ड के दूसरे भाग में असम प्रदेश के नाग जनों की भाषाओं से इस तरह के संयुक्त क्रियापदों के अनेक उदाहरण दिये हैं। यथा फई माने आना, लङ् माने लेना। इनसे क्रियापद बना लङ्फई जिसका अर्थ होगा ले आ; मन् माने पाना, हुई माने जाना; मन्हुई का अर्थ होगा पा जा। इस तरह की संयुक्त क्रियाओं का चलन कोल भाषाओं में है। यथा खड़िया भाषा में बोतोङ् माने डरना, गोट् माने जाना; बोतोङ् गोट् का अर्थ होगा डर जाना; गोज् माने मरना; गोज्गोट् का अर्थ होगा मर जाना। ये उदाहरण बिलिगिरि की पुस्तक 'खरिया' (पूना १९६५) में दिये हुए हैं। भाषा में क्रियापदों की भूमिका अत्यन्त महत्वपूर्ण होती है। जो भाषाएँ वाक्य के अन्त में क्रिया रखती हैं, उनका सारा चिन्तन मानो कर्ता से आरम्भ करके क्रिया की ओर बढ़ता जाता है; क्रिया वह आखिरी मंज़िल है जो वाक्य के आरम्भ से ही दिखाई देने लगती है और उस आखिरी मंज़िल के मिल जाने पर वाक्य समाप्त हो जाता है। वाक्य के ऐसे महत्वपूर्ण अंश में चार भिन्न परिवारों के बीच संयुक्त क्रियापदों की रचना संसार की भाषाओं में अनूठी है। यह बहुत लम्बे सम्पर्क और पारस्परिक आदान-प्रदान से ही सम्भव हुई होगी।

जहाँ व्याकरणगत ऐसी मूलभूत समानताएँ हैं, वहाँ शब्द-भंडार में समानता होना स्वाभाविक ही है। क्रियापदों की तरह सर्वनाम भाषा की अचल सम्पत्ति हैं (अचल केवल सापेक्ष अर्थ में)। उदाहरण के लिए उर्दू और हिन्दी के शब्द-भंडार में बहुत अन्तर है किन्तु दोनों के क्रियापद एक जैसे हैं। इन सैकड़ों क्रियापदों में चार-छह क्रियापद फ़ारसी मूल के हैं। जैसे बख्शना। पर हिन्दी और उर्दू के सर्वनाम बिलकुल एक से हैं; इनमें फ़ारसी मूल का सर्वनाम एक भी नहीं है। अंग्रेज़ी में लैटिन और फ्रान्सीसी भाषाओं से आयात किये हुए सैकड़ों शब्द

हैं किन्तु अंग्रेजी का एक भी सर्वनाम लैटिन या फ्रान्सीसी मूल का नहीं है। अब भारतीय भाषा-परिवारों के सर्वनामों पर दृष्टिपात करें।

उत्तम पुरुष एकवचन मैं के लिये तमिल शब्द है नान्। नाग समुदाय में सेम भाषा में इसका पर्याय है ङि। कोल भाषा-परिवार की सोर भाषा में इसी सर्वनाम के लिए ञेन् है (इसका संकुचित रूप इञ, इङ् भी प्रयुक्त होता है)। यहाँ के भाषा-परिवारों की अनुनासिक ध्वनियों में जिस तरह की प्रतिरूपता है, उस पर ध्यान देने से यह बात सहज ही समझ में आ जाती है कि न, ङ्, ञ वाले रूप एक ही मूल के हैं। संस्कृत में 'हमारे' के लिए अस्माकम् रूप है, इसका विकल्प है नः। इस नः का सम्बन्ध अस्मद् से नहीं है, द्रविड़-नाग-कोल-भाषाओं के उक्त सर्वनाम से है। लैटिन, फ्रान्सीसी, रूसी आदि भाषाओं में इस नकार वाले उत्तम पुरुष सर्वनाम की भरमार है। संस्कृत की तरह वहाँ भी इसका चलन बहुवचन में है। एकवचन और बहुवचन दोनों में इसका प्रयोग—अथवा उसके प्रतिरूपों का प्रयोग—द्रविड़ नाग-कोल-परिवारों की विशेषता है। आर्य परिवार को छोड़कर अन्य भारतीय भाषा-परिवारों के घनिष्ठ सम्पर्क की बात अनेक भाषाविज्ञानी स्वीकार करते हैं। नौर्वे के भाषाविद् कोनाउ का विचार था कि तिब्बत-बर्मी भाषा-समुदाय में एक प्रच्छन्न स्तर मुंडा भाषाओं का है और इसके लिए वे सर्वनामों की समानता को प्रमाण मानते थे। बेनेडिक्ट ने इस मत का उल्लेख अपनी पुस्तक में (पृष्ठ ७ पर) किया है यद्यपि वह स्वयं इसे स्वीकार नहीं करते। ग्रियर्सन ने 'भाषा-सर्वेक्षण' वाले ग्रन्थ के चौथे खण्ड में यह मत व्यक्त किया है कि मुंडा भाषा-तत्त्व तिब्बत-बर्मी भाषाओं में पाये जाते हैं (पृष्ठ ९)। के० डी० व्रीज ने कुइपर को समर्पित ग्रन्थ 'प्रतिदानम्' में एक लेख लिखा था—'नव्य भारतीय आर्य भाषाओं में मुंडा सर्वनाम'। इस लेख में उन्होंने मुख्यतः मैथिल और अंशतः भोजपुरी और मगही में मुंडा सर्वनामों के व्यवहार पर विचार किया है। यहाँ कोनाउ के इस मत पर भी ध्यान देना आवश्यक है कि मुंडा समुदाय को जिस आस्ट्रो-एशियाटिक परिवार की शाखा माना जाता है, उसमें मुंडा सर्वनामों के प्रतिरूप आसानी से नहीं मिलते। इसका अर्थ है, द्रविड़ और नाग भाषाओं में तो ऐसे प्रतिरूप आसानी से मिल जाते हैं पर आस्ट्रो-एशियाटिक परिवार की भाषाओं में भारत से बाहर, मुंडा सर्वनामों के प्रतिरूप नहीं मिलते।

इन सारे उल्लेखों से इस बात की पुष्टि होती है कि अनेक भाषाविज्ञानी कम से कम तीन भाषा-परिवारों—नाग, द्रविड़, कोल—के सर्वनामों की समानता स्वीकार करते हैं, कुछ पूर्णतः, और कुछ अंशतः दो-चार शर्तों के साथ। द्रविड़ भाषाओं के विशेषज्ञ काल्डवेल सम्भवतः एक मात्र विद्वान् हैं जो द्रविड़ सर्वनामों से इंडो-यूरोपियन भाषा के सर्वनामों की समानता देखते हैं। वह द्रविड़ भाषाओं को शक परिवार की शाखा के अन्तर्गत मानते थे। किन्तु उन्होंने तिब्बत-बर्मी सर्वनामों से कोल भाषाओं के सर्वनामों की समानता का उल्लेख किया है,

इन दोनों से द्रविड़ सर्वनामों की समानता देखी है और इंडो-यूरोपियन सर्वनामों के बारे में लिखा है कि शक परिवार के सर्वनामों से उनकी इतनी अधिक समानता है कि यह सम्भव है कि दोनों का मूल उद्गम एक हो। इस मत से इस धारणा की पुष्टि होती है कि भारत के चारों भाषा-परिवारों के सर्वनामों में बहुत बड़ी समानता है।

अब कुछ बातें ध्वनितंत्र के बारे में करना उचित है। भारत के विभिन्न भाषा-परिवारों के ध्वनितंत्रों में यथेष्ट भिन्नता है। फिर भी किसी एक भाषा-परिवार में ध्वनितंत्र की जैसी समानता है, वैसी यूरुप की भाषाओं में नहीं है। रूसी और उक्रैनी भाषाएँ स्लाव शाखा के अन्तर्गत हैं। दोनों भाषाओं को बोलने वाले लोग एक दूसरे के पड़ोसी हैं और शताब्दियों से एक साथ रहते आये हैं। रूसी में एक सामान्य नाम फ़िलिप है। यह नाम यूरुप की दूसरी भाषाओं में भी प्रचलित है। इसके आरम्भ में संघर्षी ध्वनि फ़् है। अब उक्रैनी लोगों के लिए यह ध्वनि अजनबी है। जिसे इस ध्वनि का उच्चारण करना विशेष रूप से सिखाया गया हो, उसकी बात अलग है। साधारण उक्रैनी लोग फ़ का उच्चारण नहीं कर पाते। उससे मिलती-जुलती संघर्षी ध्वनि उनके यहाँ ख़् है। इसलिए वे फ़िलिप का उच्चारण ख़्विलिप करते हैं (ख़् में व् इसलिए जोड़ देते हैं कि उसके द्वारा फ़् के ओष्ठ्य रूपर का अनुकरण करते हैं)। अब भारतीय भाषाओं में यह कल्पनातीत है कि किसी एक परिवार की भाषा में ख़् तो हो किन्तु फ़् न हो। जहाँ हैं वहाँ दोनों हैं। इसी तरह अंग्रेज़ी में ज़् की ध्वनि है किन्तु जर्मन में इसका अभाव है। दोनों एक ही शाखा की भाषाएँ हैं। इटालियन में च ध्वनि है किन्तु फ्रान्सीसी में नहीं है। दोनों ही लैटिन शाखा की भाषाएँ हैं। इस तरह के भेद किसी एक परिवार या शाखा की भारतीय भाषाओं में प्राय: नहीं हैं।

भारतीय भाषा-परिवारों के ध्वनितंत्रों में सबसे महत्वपूर्ण भेद सघोष महाप्राण स्पर्श ध्वनियों को लेकर है। ये ध्वनियाँ केवल आर्य भाषा-परिवार में हैं। द्रविड़, नाग, कोल, इनमें किसी परिवार में ये ध्वनियाँ नहीं हैं। ऐतिहासिक भाषा-विज्ञानी कहते हैं कि जिस आदि इंडो-यूरोपियन भाषा से लैटिन, ग्रीक, संस्कृत आदि भाषाओं का विकास हुआ, उसमें ये ध्वनियाँ विद्यमान थीं। ऐसा मानने का कारण यह है कि संस्कृत के जिन शब्दों में ये ध्वनियाँ हैं, उनके प्रतिरूप यूरुप की भाषाओं में हैं। ये प्रतिरूप किस तरह के ध्वनि-परिवर्तन से बनते हैं, उसके नियम निर्धारित किये गये हैं जैसे संस्कृत भ्राता या भ्रातर्; उसका ग्रीक प्रतिरूप फ्रातेर्, यहाँ मूल भ् ध्वनि का स्थान अघोष महाप्राण ध्वनि फ् ने लिया है। भाषाविज्ञानियों का विचार है कि सघोष महाप्राण स्पर्श ध्वनियाँ केवल भारत में बच रहीं, भारत के बाहर वे नष्ट हो गयीं।

यह बात काफ़ी रहस्यमय मालूम होती है। उसकी रहस्यमयता का सम्बन्ध भारत पर आर्यों के आक्रमण और उनकी विजय की कल्पना से सम्बन्धित है—

और इस कल्पना का गहरा सम्बन्ध भारतीय भाषा-परिवारों के परस्पर सम्पर्क से है, उस सम्पर्क के रूप से है, अन्ततोगत्वा भारत की राष्ट्रीयता से है—इसलिए उस पर विचार करना आवश्यक है। आर्य परिवार से भिन्न जो तीन भाषा-परिवार यहाँ हैं, उनकी यह सामान्य विशेषता है कि उन सभी में सघोष महाप्राण स्पर्श ध्वनियों का अभाव है। आर्यों ने जब भारत पर आक्रमण करके यहाँ प्रवेश किया होगा, तब इन तीन परिवारों की भाषाएँ बोलने वालों से उनका सम्पर्क हुआ होगा। सामान्य धारणा यह है कि उत्तर भारत में द्रविड़ भाषाएँ बोलने वाले लोग रहते थे। आर्यों ने उन्हें पराजित किया, उनकी भूमि पर अधिकार किया और उन्हें अपना दास बनाया। इस कारण मूल भारत-ईरानी शाखा में अनेक परिवर्तन हुए। द्रविड़ भाषाओं के व्याकरण ने इस मूल भाषा के व्याकरण को प्रभावित किया, द्रविड़ भाषाओं के बहुत से शब्द भारतीय आर्य भाषा में आ गये। इस भाषा का ध्वनितंत्र भी काफी प्रभावित हुआ। टवर्ग वाली मूर्धन्य ध्वनियाँ आर्य भाषा में नहीं थीं। द्रविड़ प्रभाव से उनका व्यवहार संस्कृत में होने लगा। यह सब हुआ किन्तु द्रविड़ प्रभाव से जो बात अछूती रही, वह थी सघोष महाप्राण ध्वनियों—घ् ध् भ्—के व्यवहार की बात। इन ध्वनियों के लिए द्रविड़ भाषाई परिवेश से अधिक विरोधी परिवेश की कल्पना नहीं की जा सकती। ऐसे परिवेश में जहाँ अधिकांश जनता अल्पप्राण स्पर्श ध्वनियों के उच्चारण की आदी हो, वहाँ ये महाप्राण स्पर्श ध्वनियाँ सुरक्षित रहें, और यूरप में जहाँ ऐसे किसी परिवेश का पता नहीं है, वे लुप्त हो जायें, यह निस्सन्देह आश्चर्य की बात है।

यदि आर्यों ने द्रविड़ों के अलावा कोलों को पराजित किया, उन्हें अपना दास बनाया या नाग जनों के साथ वैसा ही व्यवहार किया, तो यह आश्चर्य और भी बढ़ जाता है। तीन-तीन परिवारों के विरोधी भाषाई परिवेश में, कम से कम वैदिक काल से लेकर अब तक, आर्य भाषा परिवार में सघोष महाप्राण ध्वनियों का व्यवहार निरन्तर होता आया है। लैटिन और ग्रीक काफी प्राचीन भाषाएँ हैं। इनमें ये ध्वनियाँ नहीं हैं। इनके अलावा वर्तमान तुर्की देश में पहले हित्ती भाषा का व्यवहार होता था। इतिहासकार और भाषाविज्ञानी इसे वैदिक भाषा से भी प्राचीन बतलाते हैं। उसमें ये ध्वनियाँ नहीं हैं। भारत के उत्तर में एक तुखारी नाम की भाषा का व्यवहार होता था। इसके दस्तावेज बहुत पुराने नहीं हैं किन्तु भाषाविज्ञानियों का कहना है कि यह भाषा वैसे ही प्राचीन है जैसे हित्ती। इसमें भी इन ध्वनियों का अभाव है। प्राचीन ईरानी भाषा भारतीय भाषा के साथ पहले एक ही शाखा के अन्तर्गत थी। उसमें भी ये ध्वनियाँ नहीं हैं। कुछ लोग प्राचीन ईरानी भाषा में आदि आर्य भाषा की ऐसी विशेषताएँ देखते हैं जो वैदिक भाषा में लुप्त हो गई हैं। और सब प्राचीन विशेषताएँ ईरान की पुरानी भाषा में बनी रहीं, केवल सघोष महाप्राण ध्वनियाँ नष्ट हो गईं, इस पर कौन

विश्वास करेगा ?

इस सारी स्थिति को देखने से हम एक ही परिणाम पर पहुँचते हैं। वह यह है कि घ् ध् भ् ये सघोष महाप्राण ध्वनियाँ भारतीय आर्य परिवार की अपनी ध्वनियाँ हैं। हज़ारों साल तक विरोधी भाषाई परिवेश में उनका नाश न हुआ, इसलिए कि उनके बोलने वालों की एक अटूट परम्परा बनी रही। उधर हज़ारों साल तक साथ रहने पर भी द्रविड़-नाग-कोल-परिवारों की भाषाओं में इन ध्वनियों का चलन न हुआ। इसका कारण यह है कि किसी भी भाषा-समुदाय के शब्द-भंडार में परिवर्तन आसानी से होता है, वाक्य तन्त्र और व्याकरण के अन्य स्तरों पर परिवर्तन कुछ और कठिनाई से होता है किन्तु ध्वनि तन्त्र में परिवर्तन सबसे ज्यादा कठिन होता है। किसी भी भाषा-परिवार के सबसे स्थायी तत्त्व उस के ध्वनि तन्त्र में देखने चाहिये। भारत के चार भाषा-परिवारों में वाक्य-रचना की बहुत बड़ी समानता है, शब्द-भंडार में सर्वनामों तक की समानता है किन्तु ध्वनितन्त्र में मौलिक भेद है।

दूसरा निष्कर्ष बहुत साफ है। यूरुप की भाषाओं में कभी ये सघोष महाप्राण ध्वनियाँ थीं ही नहीं। जब थीं नहीं तब उनके लुप्त होने का प्रश्न नहीं उठता।

तीसरा निष्कर्ष यह निकला कि भारत पर चाहे जितने आक्रमण हुए हों और बाहर से चाहे जितने जन-समुदाय भारत में आकर बस गये हों, इनमें ऐसा कोई समुदाय नहीं था जो सघोष महाप्राण स्पर्श ध्वनियों का व्यवहार करने वाला रहा हो। दूसरे शब्दों में आर्यों द्वारा भारत-विजय की कहानी विशुद्ध मनगढ़न्त है। अतः जिस आर्य-द्रविड़ संघर्ष की कल्पना के आधार पर भारतीय राष्ट्रीयता का खंडन किया जाता है, वह स्वयं निराधार है।

११. निष्कर्ष

निष्कर्ष यह निकला कि राष्ट्र के अस्तित्व के लिए एक ही भाषा का व्यवहार आवश्यक नहीं है। संसार के अधिकांश राष्ट्र बहुजातीय हैं, उनमें अनेक भाषाओं का व्यवहार होता है। पूँजीवाद के अभ्युदयकाल में एक जाति के पूँजीपतियों द्वारा दूसरी जातियों के दमन के कारण यह आभास होने लगा था कि एकजातीय और एक भाषा वाले राष्ट्र का निर्माण पूँजीवादी विकास का सामान्य नियम है। किन्तु फ्रान्सीसी राज्यक्रांति के समय फ्रान्स में, साम्राज्यवाद के विघटनकाल में ब्रिटेन में, दूसरे महायुद्ध के बाद जर्मनी में स्पष्ट हो गया कि वे सब एकजातीय राष्ट्र नहीं थे। स्विट्ज़रलैंड, कनाडा, संयुक्त राज्य अमरीका, सोवियत संघ, चीन आदि देश भारत की तरह बहुजातीय राष्ट्र अथवा राज्य हैं।

राज्य और राष्ट्र में भेद करना इसलिए आवश्यक है कि जहाँ ज़ोर-ज़बर्दस्ती से किसी एक जाति के सामन्तों या पूँजीपतियों अथवा दोनों ने अन्य जातियों को

अपना दास बना लिया हो, वहाँ सामान्य राष्ट्रीयता का भाव विद्यमान न होगा। वहाँ राष्ट्रीयता के नाम पर एक जाति का उत्पीड़क वर्ग शेष जातियों पर राज्य करता होगा। ऐसे देश को राज्य कहना ही उचित है। किन्तु भारत या स्विट्-ज़रलैण्ड जैसे देश में अनेक जातियाँ दीर्घकाल से साथ रहती आई हैं। उनमें सामान्य राष्ट्रीयता का भाव है। उनका देश राजनीतिक रूप से एक राज्य हो चाहे न हो, उसे राष्ट्र कहना उचित होगा। किसी जाति का राजनीतिक विभाजन होने से जैसे उसकी जातीयता का नाश नहीं हो जाता—कोरिया, वियतनाम, जर्मनी, बंगाल, पंजाब सभी विभाजित हैं या रहे हैं, फिर भी राजनीतिक विभाजन से एक की जगह दो जातियाँ नहीं बन गईं—वैसे ही भारत जैसे देश का राजनीतिक विभाजन होने से उसकी राष्ट्रीयता समाप्त नहीं हो जाती। भारत और पाकिस्तान किसी उपमहाद्वीप (सब कौन्टीनेन्ट) के दो भाग नहीं हैं, वे एक ही राष्ट्र के दो अंग हैं।

लैटिन में पात्रिआ शब्द का व्यवहार तब होता था जब इटली में गण-समाज थे, इसका व्यवहार तब होता रहा जब वहाँ सामन्ती व्यवस्था के अन्तर्गत लघु जातियाँ बनीं। इस शब्द का आधुनिक इटालियन भाषा में व्यवहार होता है जब उन पुरानी लघु जातियों से मिलकर इटालियन जाति बनी। शब्द एक ही है, विभिन्न समाज-व्यवस्थाओं में उसका अर्थ-प्रसार होता रहा। उसी प्रकार राष्ट्र शब्द का व्यवहार यहाँ वैदिक काल में होता था, फिर उत्तर वैदिक काल और वर्तमान युग में उसका व्यवहार होता रहा। विभिन्न युगों में, विभिन्न व्यवस्थाओं में, उसका अर्थ-प्रसार होता गया। जहाँ तक भारत राष्ट्र की भौगोलिक सीमाओं का सम्बन्ध है, महाभारत में ये सीमाएँ लगभग वहीं हैं जो बीसवीं सदी में हमारे सामने हैं। इन सीमाओं के भीतर जिस तरह के समाज रहते आये हैं, उनमें परिवर्तन हुआ है। राष्ट्र और पात्रिआ में अन्तर यह है कि पात्रिआ केवल उस भूमि का अर्थ देता है जहाँ एक या अनेक मानव-समुदाय रहते हैं। राष्ट्र और 'नेशन' में यह अन्तर है कि नेशन शब्द किसी भूखण्ड विशेष में रहने वाले मानव-समुदाय का अर्थ देता है। यदि 'नेशन' और पात्रिआ इन दोनों शब्दों का अर्थ मिला दिया जाय तो वह अंशतः राष्ट्र के अर्थ के निकट पहुँचेगा, पूर्णतः नहीं, क्योंकि 'नेशन' केवल एक ही भाषा बोलने वाला समुदाय होता है किन्तु राष्ट्र में एक ही भूखण्ड के निवासी अनेक भाषाएँ बोलने वाले मानव-समुदाय हो सकते हैं।

राष्ट्र, पात्रिआ, नेशन आदि शब्दों पर विचार करना इसलिए आवश्यक है कि इनका व्यवहार हमारे चिन्तन को प्रभावित करता है, वह व्यवहार स्वयं एक प्रकार के चिन्तन का परिणाम है। ऐतिहासिक सत्य क्या है, उस पर ध्यान देकर शब्दों का व्यवहार करने से चिन्तन वैज्ञानिक होगा और हम शब्दों के बन्दी न बने रहेंगे।

इस देश की राष्ट्रीयता कम से कम महाभारत के रचनाकाल से लेकर अब तक निरन्तर विकसित और पुष्ट होती रही है। इस राष्ट्रीयता के विकास में यहाँ के कवियों की भूमिका महत्वपूर्ण है। उन्होंने इस राष्ट्रीयता की सृष्टि नहीं की, उसका वस्तुगत अस्तित्व पहचान कर उन्होंने उसे अपने काव्य में प्रतिबिम्बित किया। इन कवियों की भारत-सम्बन्धी धारणा शोषक वर्गों के उत्पीड़न की विरोधी है। इस शोषण-विरोधी परम्परा के एक छोर पर महाभारत के कवि हैं, दूसरे छोर पर सुब्रह्मण्य भारती हैं। इस राष्ट्रीयता का उपयोग शोषक वर्ग अपने हित में कर सकते हैं किन्तु उस पर उनका एकाधिकार नहीं है। राजनीतिक रूप से निरन्तर विभाजित इस देश की जनता ने इस राष्ट्रीयता का निर्माण किया है और उसका कायम रहना शोषक वर्गों की अपेक्षा उसके हित में अधिक है।

इस भारत राष्ट्र में आर्य, द्रविड़, नाग और कोल परिवारों की भाषाएँ हज़ारों साल से बोली जाती रही हैं। इनमें आर्य परिवार की संस्कृत भाषा में साहित्य रचा गया। द्रविड़ परिवार की तमिल भाषा में अन्य परिवारों की अपेक्षा, और आर्य परिवार की ही संस्कृत से भिन्न अन्य भाषाओं की अपेक्षा, पहले साहित्य रचा गया। आर्य भाषा परिवार में ऐसी अनेक भाषाएँ हैं जिनमें साहित्य का विकास अभी कम हुआ है, जो अपने ही प्रदेश में राजकाज और शिक्षा के लिए प्रयुक्त नहीं होतीं। द्रविड़ परिवार में ऐसी भाषाओं की संख्या और भी अधिक है जिनके बोलने वाले सामाजिक विकास-क्रम में पिछड़े हुए हैं। उनकी भाषाएँ उनके सांस्कृतिक विकास का उपयुक्त माध्यम अभी नहीं बन पाईं। नाग परिवार की भाषाएँ बोलने वालों के सामाजिक जीवन में तेज़ी से परिवर्तन हो रहे हैं और यह आशा की जा सकती है कि साहित्य के क्षेत्र में इनकी उपलब्धियों की चर्चा कुछ दिनों में अखिल भारतीय स्तर पर होने लगेगी। कोल परिवार की भाषाएँ बोलने वाले कुछ समुदाय अधिक संगठित हैं और उनमें जातीय एकता की भावना पुष्ट हो रही है किन्तु अधिकांश कोल भाषा-भाषी बहुत ही गरीब और पिछड़े हुए हैं और अन्य जातियों के ज़मींदार, साहूकार और पूंजीपति उनका क्रूर शोषण करते हैं।

सामाजिक प्रगति में विभिन्न समाजों की स्थिति एक सी नहीं है। विषम सामाजिक स्थितियों वाला यह भारत वर्तमान व्यवस्था को बदलकर समाजवादी व्यवस्था की ओर बढ़ने के लिए प्रयत्नशील है। वर्तमान व्यवस्था राष्ट्रीय प्रयत्न से, आगे बढ़ी हुई और पिछड़ी हुई जातियों के सम्मिलित प्रयत्न से, इन जातियों के श्रमिक निर्धन जनों के सहयोग से ही बदली जा सकती है, तथा नई समाजवादी व्यवस्था कायम की जा सकती है और उसकी रक्षा की जा सकती है। इस देश में जितना ही जातियों के बीच वैषम्य रहेगा, उनकी आर्थिक और सांस्कृतिक स्थितियों में भेद रहेगा, उतना ही राष्ट्रीयता कमज़ोर होगी। जितना ही यह वैषम्य दूर होगा, पिछड़ी हुई जातियों को आगे बढ़ने का अवसर मिलेगा, आगे

बढ़ी हुई और पिछड़ी हुई, दोनों प्रकार की जातियों में वर्ग-उत्पीड़न कम होगा, समाप्त होगा, उतना ही राष्ट्रीय एकता पुष्ट होगी । इस समय भारत राष्ट्र का स्वरूप यह है कि समाजवादी व्यवस्था की ओर बढ़ने के लिए जनता का संघर्ष राष्ट्रीय एकता की सुरक्षा के लिए संघर्ष से मिलकर एक हो गया है । भारत राष्ट्र समाजवादी भारत होकर ही प्रगति कर सकता है ।

इस भारत में किसी भी काल, किसी भी भाषा में जो भी साहित्य रचा गया है, उसका विवेचन भारतीय साहित्य के अंतर्गत होना चाहिए । किसी भी भाषा के साहित्य का विवेचन अखिल भारतीय परिप्रेक्ष्य में ही करना उचित है । यह इसलिए नहीं कि हमें भारत पर कोई अहसान करना है वरन् इसलिए कि इस परिप्रेक्ष्य के बिना हम किसी एक भाषा के साहित्य का विवेचन कर ही नहीं सकते । जैसे आर्य या द्रविड़ भाषाओं का विकास दोनों परिवारों को अलग रखने से समझ में नहीं आ सकता, वैसे ही किसी एक भाषा का साहित्य दूसरी भाषाओं के साहित्य को जाने बिना समझ में नहीं आ सकता अर्थात् वैज्ञानिक दृष्टि से उसका इतिहास नहीं लिखा जा सकता । जो आर्य परिवार की भाषाएँ हैं, उनमें रचा हुआ साहित्य तो सम्बद्ध इकाई है ही, जो द्रविड़ भाषाएँ हैं, उनमें रचा हुआ साहित्य भी आर्य भाषाओं में निर्मित साहित्य से सुदृढ़ रूप में सम्बद्ध है ।

संस्कृत साहित्य का सामाजिक आधार संकुचित हो सकता है किन्तु यह समस्या उन लोगों के लिए है जो समझते हैं कि जो कुछ संस्कृत में लिखा गया है, वही भारतीय साहित्य है, वही एकमात्र भारतीय संस्कृति है । जो लेखक देश की सभी भाषाओं के साहित्य को भारतीय साहित्य मानते हैं, उनके लिए यह समस्या नहीं है । फिर संस्कृत साहित्य यदि संकुचित सामन्त वर्ग का साहित्य है, तो भारत में ऐसी कौन सी भाषा है जिसके साहित्य पर सामन्त वर्ग का प्रभाव नहीं पड़ा ? वास्तव में संस्कृत साहित्य में दो विरोधी धाराएँ हैं । एक रीतिवादी दरबारी काव्य परम्परा है, दूसरी रामायण और महाभारत जैसे महाकाव्यों की परम्परा है । तमिल, तेलुगु, मराठी, बँगला, हिन्दी आदि भाषाओं के साहित्य पर इन दो महाकाव्यों का अमिट प्रभाव है । इन काव्यों के बिना न तो भारतीय संस्कृति की कल्पना की जा सकती है, न तमिल, तेलुगु आदि भाषाओं के साहित्य का इतिहास लिखा जा सकता है । भारत के लिए नहीं तो अपने प्रदेश के लिए इन महाकाव्यों का महत्व स्वीकार करना ही होगा । यहाँ इस बात का स्मरण करा देना असंगत न होगा कि संस्कृत में आस्तिक और नास्तिक दोनों तरह के मतों का प्रतिपादन है और संस्कृत में केवल हिन्दुओं ने नहीं, बौद्धों और जैनों ने भी अपने मत प्रकाशित किये हैं, साहित्य रचना की है । यदि पाली और प्राकृतों का साहित्य केवल बौद्धों और जैनों का लिखा हुआ हो तो इस कारण वह साहित्य की परिधि से निकाल न दिया जायगा । अरबी का साहित्य मुसलमानों का

लिखा हुआ है, अंग्रेज़ी साहित्य ईसाइयों का लिखा हुआ है, इससे उसका साहित्यत्व नष्ट नहीं हो जाता। प्राकृतें लोक भाषाएँ हैं, तो ठीक, नहीं हैं तो भी इतिहास लेखक को कोई परेशानी न होगी। भारतीय साहित्य ने जिन ऊँचे-नीचे मार्गों से आगे बढ़ते हुए आधुनिक रूप प्राप्त किया है, उनका विश्लेषण करना इतिहासकार का काम है। एक बार यह मान लेने पर कि भारत एक राष्ट्र है, यह भी मानना होगा कि इस राष्ट्र में जो कुछ लिखा जाता है, वह भारतीय है। वह अच्छा है या बुरा, यह प्रश्न गौण है।

आधुनिक भाषाओं के अभ्युदय से राष्ट्रीय एकता छिन्न-भिन्न हो गई, यह तर्क उन लोगों का है जो समझते हैं कि राष्ट्रीयता से जनसाधारण को कुछ भी लेना-देना नहीं है। राष्ट्रीय एकता और भारतीय संस्कृति को व्यापक आधार तभी प्राप्त हो सकता है जब अपनी भाषाओं के माध्यम से विभिन्न जातियों के लोग इस एकता की पुष्टि करें और समूचे राष्ट्र की संस्कृति को समृद्ध करें। अनेक भाषाओं और अनेक जातियों का अस्तित्व राष्ट्रीयता का विरोधी नहीं है, वैसे ही जैसे अनेक राष्ट्रों का अस्तित्व मानवता का विरोधी नहीं है। देखना यह चाहिए कि इन अनेक भाषाओं में लिखा क्या गया है, इनमें आपस में सम्पर्क कैसा है, साहित्य की वे कौन सी धाराएँ हैं जो प्रदेशों की सीमाएँ लाँघकर अखिल भारतीय स्तर पर प्रवाहित होती हैं।

अंग्रेज़ी भाषा के माध्यम से राष्ट्रीय एकता उन लोगों के लिए पुष्ट हुई होगी जिनका अपना सामाजिक आधार अत्यन्त संकुचित है। राष्ट्रीय स्वाधीनता आन्दोलन के एक बहुत बड़े नेता महात्मा गांधी थे और इस बात को सभी लोग जानते हैं कि कांग्रेस के भीतर और बाहर वह अंग्रेज़ी के व्यवहार के घोर विरोधी थे। शिक्षा से लेकर राजकाज तक सभी स्तरों पर वह प्रादेशिक भाषाओं के व्यवहार के पक्षपाती थे, इनके बीच सम्पर्क के लिए तथा अखिल भारतीय कार्यवाही के लिए वह हिन्दी के समर्थक थे। अंग्रेज़ी के माध्यम से शासनतंत्र चलानेवाला वर्ग भारतीय जनतंत्र के सामाजिक आधार को निरन्तर संकुचित करता जा रहा है। भारत में अनेक प्रकार के सामन्ती और साम्राज्यवादी अवशेष अभी मौजूद हैं। उनमें एक अंग्रेज़ी भी है। अंग्रेज़ी में लिखा हुआ साहित्य विभिन्न प्रदेशों में पढ़ा जाता है, भारत के बाहर भी पढ़ा जाता है, इसलिए उसी को भारतीय साहित्य मानना चाहिए, यह तर्क वैसा ही है जैसे कोई यह कहे कि अंग्रेज़ी विश्व-भाषा है, इसलिए विश्व साहित्य में केवल अंग्रेज़ी साहित्य को स्थान मिलना चाहिये। अंग्रेज़ी भाषा में यहाँ जो साहित्य लिखा जाता है, उसे आप राष्ट्रीय मानिये, अन्तर्राष्ट्रीय मानिये, पर ब्रिटिश साम्राज्य में अब सूरज डूबता है; यह भारतीय अंग्रेज़ी साहित्य उसी डूबते हुए सूरज की आभा है, यह भी मान लीजिए।

हिन्दी राष्ट्रभाषा हो, चाहे न हो, वह भारत की एक भाषा अवश्य है।

यदि भारतीय साहित्य के अंतर्गत इस देश की विभिन्न भाषाओं में रचा हुआ साहित्य विवेचित होगा तो उसमें हिन्दी साहित्य का विवेचन शामिल किया जायगा। मान लीजिए, हिन्दी राष्ट्रभाषा बना दी गई है, केन्द्रीय राजकाज और अन्य अखिल भारतीय कार्यों में उसका व्यवहार होने लगा है, अंग्रेज़ी के व्यवहार पर रोक लगा दी गई है, तो क्या इससे भारतीय साहित्य वही साहित्य कहलायेगा जो हिन्दी में लिखा गया होगा? अन्य भाषाओं में रचे हुए साहित्य को अभारतीय कहकर क्या उसकी उपेक्षा की जायगी? यदि कोई ऐसा करना चाहे तो उसका यह प्रयत्न राष्ट्रीय एकता का नाश करने वाला कहा जायगा। राष्ट्रीय एकता का अर्थ अनेक भाषाओं का सह-अस्तित्व, उनका परस्पर सहयोग है, उनका विनाश या दमन नहीं है।

इस तरह की तमाम भ्रान्तियाँ इस कारण पैदा होती हैं कि ब्रिटेन को एक भाषा वाला राज्य मानकर लोगों ने उसे राष्ट्र संज्ञा का आदर्श उदाहरण मान लिया है। वे समझते हैं, भारतीय साहित्य किसी एक ही भाषा का साहित्य हो सकता है, फिर वह भाषा चाहे संस्कृत हो, अंग्रेज़ी हो, चाहे हिन्दी हो। किन्तु यदि राष्ट्र बहुजातीय होते हैं, उनमें अनेक भाषाओं का व्यवहार होता है, तो यह अत्यन्त स्वाभाविक है कि भारतीय साहित्य के अन्तर्गत अनेक भाषओं में रचे हुए साहित्य का विवेचन किया जाय। किसी एक भाषा में रचे हुए साहित्य को ही भारतीय समझना अस्वाभाविक होगा।

इसी प्रकार लोग राष्ट्रीयता की उत्पत्ति अंग्रेज़ी राज में देखते हैं। यह राष्ट्रीयता चाहे स्वयं अंग्रेज़ों ने भारतीय जनता को भेंट की हो, चाहे भारतीय जनता ने उन्हें निकालने के लिए स्वयं अर्जित की हो, वह नकारात्मक तभी हो सकती है जब संसार में साम्राज्यवाद का विघटन भी केवल नकारात्मक प्रक्रिया हो। साम्राज्यवादियों को यह बिल्कुल पसन्द नहीं कि उनकी विश्व-व्यवस्था टूट जाय। इसलिए वे सर्वत्र यह घोषणा करते हुए घूमते हैं कि जहाँ हम न होंगे वहाँ केवल शून्य होगा या इस शून्य में हमारी जगह नया साम्राज्यवादी रूस आ जायगा, इसलिए अपनी सुरक्षा के लिए हमीं को बने रहने दो। आधुनिक स्वाधीनता आन्दोलन साम्राज्य-विरोधी हैं अर्थात् जिस सामाजिक प्रक्रिया में साम्राज्यवादियों ने दख़ल दिया था, उस दख़लन्दाज़ी को ख़त्म करके अब उसे सहज रूप से आगे बढ़ने दिया जायगा। साम्राज्यवादियों का तर्क है, हमने दख़लन्दाज़ी नहीं की, हमने तो तुम्हारे यहाँ आधुनिक जीवन की नई प्रक्रियाओं को जन्म दिया है, पर तुम इतने कृतघ्न हो कि इस सेवा कार्य के लिए हमें धन्यवाद न देकर हमें अपने घर से निकाल रहे हो।

साम्राज्यवादियों का यह तर्क स्वीकार कर लेने पर ही यह कहा जा सकेगा कि साम्राज्य-विरोधी एकता नकारात्मक प्रपंच है, किन्तु यदि पराधीन रहने की अपेक्षा स्वाधीन रहना उचित है, तो बाहरी दख़लन्दाज़ी के बिना अपने सामा-

जिक विकास की प्रक्रिया को आगे बढ़ाना भी उचित है। सामाजिक विकास-प्रक्रिया को आगे बढ़ाने का यह काम सकारात्मक है, जो चीज़ नकारात्मक है, वह इस प्रक्रिया में दूसरों की दख़लन्दाज़ी है। साम्राज्यवादी पराधीनता से मुक्ति पाने के बाद यह अत्यन्त आवश्यक है कि भारत जैसा देश यह देखे कि दख़लन्दाज़ी कहाँ हुई थी, उससे पहले विकास प्रक्रिया क्या थी, इस विकास प्रक्रिया को आगे बढ़ाने के लिए ब्रिटिशपूर्व भारत से हमें कौन से तत्त्व प्राप्त हो सकते हैं। इन तत्त्वों को समेटकर, मानव संस्कृति की उपलब्धियों से लाभ उठाते हुए, अपना विकास करना एक सकारात्मक कार्य है, ऐतिहासिक रूप से आवश्यक और सामाजिक रूप से उपयोगी है। सारांश यह है कि राष्ट्रीय एकता यदि अंग्रेज़ी राज को खत्म करने के लिए आवश्यक थी तो वह समाजवादी भारत के निर्माण के लिए और भी आवश्यक है। भारतीय साहित्य के इतिहास का विवेचन कितना आवश्यक और महत्वपूर्ण है, यह इसी सामाजिक संदर्भ में पहचाना जा सकता है।

हिन्दुओं और मुसलमानों के भेद के बाद साम्राज्यवादियों के हाथ में विभाजक नीति का सबसे बड़ा उपादान आर्य-द्रविड़ भेद है। मान लीजिए, आर्यों ने द्रविड़ों को खदेड़ दिया और दक्षिण भारत में विजेता आर्यों के दलाल पुरोहितों ने हिन्दू धर्म का प्रसार किया, तो इसके बाद करना क्या चाहिए? दक्षिण भारत के दलाल पुरोहितों को उत्तर भारत में खदेड़ देना चाहिए? और उत्तर भारत के आर्यों को भारत से बाहर खदेड़कर उनके अज्ञात आदि देश भेज देना चाहिए? और उनके स्थान पर द्रविड़ों के परम प्रेमी अंग्रेज़ों अथवा अमरीकियों को बुलाकर स्थापित करना चाहिए? यदि ऐसा प्रयत्न किया जाय तो क्या इससे भारत की श्रमिक जनता को लाभ होगा? क्या इस देश के सभी मेहनत करने वाले गरीब आदमियों की भलाई इसमें नहीं है कि वे सब मिलकर साम्राज्यवादी और सामन्ती अवशेषों को समाप्त करें और उस पूंजीवादी व्यवस्था को बदलें जिससे आर्य और द्रविड़ दोनों तरह के पूंजीपति लाभ उठाते हैं?

आर्य और द्रविड़ भाषाएँ बोलने वालों का आपसी सम्बन्ध कैसा रहा है, इसका विस्तृत विवेचन मैंने अन्यत्र किया है। यहाँ इस बात का उल्लेख करना उचित होगा कि भारत में सबसे पहले, और सबसे प्रभावशाली ढंग से, शूद्रों ने साहित्य-रचना का कार्य तमिलनाडु में किया। इस साहित्यिक अभियान से पहले वहाँ जैन और बौद्ध मतों का प्रभाव था। जो लोग तमिल जनता की सारी विपत्तियों के लिए हिन्दू धर्म को दोषी ठहराते हैं, वे बौद्ध और जैन मतों के प्रसार पर भी ध्यान दें। उस समय वर्ग शोषण समाप्त न हो गया था। उत्तर और दक्षिण में जो सामन्ती व्यवस्था फैली, उसका वाहन संस्कृत थी। यूरुप में सामन्ती व्यवस्था के प्रसार के साथ ईसाई धर्म फैला, उसका वाहन लैटिन भाषा थी। इस कारण जर्मनी या फ्रान्स के लोगों ने मिलकर लैटिन के केन्द्र इटली पर

आक्रमण नहीं कर दिया। वास्तव में द्रविड़वाद अब उतना ही खतरनाक हो गया है जितना आर्यवाद, और इन दोनों का आधार है नस्लवाद जिससे साम्राज्यवादियों ने हमेशा लाभ उठाया है।

भारतीय भाषाओं के विकास के बारे में अज्ञान क्षम्य है किन्तु इन भाषाओं में रचे हुए साहित्य की अखिल भारतीयता के बारे में अज्ञान अक्षम्य है। यह कौन नहीं जानता कि भक्ति आन्दोलन के स्रोत दक्षिण भारत में थे, यह आन्दोलन दक्षिण भारत से फैलता हुआ उत्तर भारत में आया और इसके उद्भव और प्रसार में द्विज और शूद्र दोनों वर्णों के लोगों का हाथ था? यह सारा इतिहास भुलाकर यदि कोई तमिल भाषी अपने ही साहित्य को आर्य और द्रविड़, ब्राह्मण और शूद्र में विभाजित कर दे, तो इससे औरों की हानि बाद में होगी, सबसे पहले वह तमिल साहित्य के इतिहास को ही चौपट करेगा, सबसे पहले वह तमिल जाति की संस्कृति का नाश करेगा। देखना यह चाहिए कि तमिल साहित्य में सामन्त विरोधी तत्त्व कौन से हैं, न कि यह कि इस साहित्य का लिखने वाला द्विज है या शूद्र। देखना यह चाहिए कि तमिल भाषा के इस सामन्त विरोधी साहित्य ने दूसरी भाषाओं को कहाँ तक प्रभावित किया है, उन भाषाओं के सामन्त विरोधी साहित्य ने तमिल साहित्य को कहाँ तक प्रभावित किया है। इसके बदले यदि कोई साहित्य में आर्य और द्रविड़ तत्त्व ढूँढ़ता फिरे तो क्या यह सामन्तवाद की सेवा न होगी? भारतीय साहित्य की प्रगतिशील धारा आर्य और द्रविड़ दो भागों में नहीं बाँटी जा सकती। उसकी प्रगतिशीलता का एक प्रमाण ही यह है कि वह इस प्रकार विभाजित नहीं हो सकती। उसके निर्माता साम्राज्यवाद के दलाल नहीं थे, वे साम्राज्यवादियों के नस्लवादी सिद्धान्त के उपासक नहीं थे। उनकी उदार मानवतावादी वाणी विश्व कल्याण के लिए है, इस देश की समस्त जनता के कल्याण के लिए है।

सांस्कृतिक तत्त्वों का विनिमय भाषा तत्त्वों के विनिमय से कुछ अधिक ही होता है। और यह बिल्कुल सम्भव है कि विनिमय की जिस दशा से हम बीसवीं सदी में परिचित हैं, वह सोलहवीं सदी में वैसी न रही हो, यानी यह सम्भव है कि अंग्रेजी राज्य में आर्य-द्रविड़ भाषाओं के साहित्य में जैसा सम्पर्क रहा, उससे बहुत अधिक सम्पर्क अंग्रेजी राज से पहले रहा हो, भले ही उस समय सूचना और प्रसारण के साधन आज की अपेक्षा नितान्त अविकसित रहे हों।

किसी एक भाषा के साहित्य का अध्ययन अखिल भारतीय परिप्रेक्ष्य में हो, इसके लिए सर्वप्रथम आवश्यक है कि यह अखिल भारतीय परिप्रेक्ष्य स्थापित किया जाय। पर उसकी स्थापना तभी हो सकती है जब विभिन्न भाषाओं के साहित्य का अच्छी तरह ज्ञान प्राप्त कर लिया जाय। भारत की सभी भाषाओं के साहित्य का इतिहास अभी अनेक समस्याओं में उलझा हुआ है। किसी को समस्याओं का ज्ञान न हो और वह प्राप्त इतिहासों से संतुष्ट हो, वह बात अलग

है। प्रत्येक भाषा के साहित्य में निरन्तर अनुसंधान हो रहा है, नई सामग्री सामने आ रही है, इतिहास की टूटी हुई कड़ियाँ जोड़ी जा रही हैं। यह प्रक्रिया अभी काफी दिन तक चलेगी। इसलिए भारतीय साहित्य का इतिहास लिखना दुष्कर है।

किन्तु इस कारण इतिहास लिखने का काम छोड़ न देना चाहिए। यदि अधूरे ज्ञान के बल पर—दूसरों की भाषाओं के साहित्य का ही अधूरा ज्ञान नहीं, अपनी भाषा के भी अधूरे ज्ञान के बल पर—कोई भारतीय साहित्य के इतिहास की मुख्य समस्याओं का विवेचन करे, तो इस कार्य की सीमित उपयोगिता स्वीकार करनी चाहिए। यदि समस्याओं का विवेचन संतोषजनक न हो, विवेचन के लिए पर्याप्त सामग्री का उपयोग न किया गया हो, यदि सभी समस्याओं पर ध्यान केन्द्रित न किया गया हो, पर कुछ समस्याएँ ऐसी प्रस्तुत की गई हों जो इतिहास-लेखन के लिए आधारभूत हों, तो भी यह कार्य अंशतः उपादेय होगा।

२. साहित्य में देशी भाषाओं की प्रतिष्ठा

१. समस्याएँ

भारतीय भाषाओं में साहित्य रचना की प्रकिया एक साथ आरम्भ नहीं होती। इसका कारण क्या है? जिन भाषाओं में विलम्ब से साहित्य रचा गया, क्या यह माना जाय कि उनका जन्म विलम्ब से हुआ था? जहाँ तक द्रविड़ भाषाओं का सम्बन्ध है, उनमें इस समस्या का एक रूप है; आर्य भाषाओं के सन्दर्भ में इसी समस्या का रूप दूसरा है। द्रविड़ भाषाओं में सबसे पहले तमिल में, कम से कम चौथी सदी ईसा पूर्व से, साहित्य-रचना होने लगती है। मलयालम में यह क्रम लगभग २००० साल बाद आरम्भ होता है। कुछ लोग मानते हैं कि पहले मलयालम का स्वतन्त्र अस्तित्व ही न था। १४वीं सदी में मलयालम में साहित्य रचा जाने लगा। उससे कुछ पहले इस भाषा का जन्म मान लीजिए। कन्नड़ में साहित्य रचना नवीं सदी से होने लगती है। कन्नड़ तमिल की बोली है, कोई नहीं कहता, पर इस विलम्बित साहित्य रचना का कारण क्या है? क्या कन्नड़ का जन्म भी विलम्ब से हुआ?

तमिल साहित्य के प्रारम्भिक काल में तमिलनाडु भारत से कटी हुई अलग इकाई था या शेष भारत से उसका सम्पर्क भी था? उत्तर भारत में जो साहित्य संस्कृत में रचा जा रहा था, क्या उससे तमिल साहित्यकार परिचित थे? जिस समय तमिल भाषा साहित्य में प्रतिष्ठित हो चुकी थी, उस समय अन्य द्रविड़ भाषाओं का अस्तित्व था या नहीं? इसी के साथ इस प्रश्न पर विचार करना चाहिए: तमिल के समानान्तर उत्तर भारत में लोक भाषाओं का अस्तित्व था या नहीं? इस प्रश्न के साथ ही और बहुत सी समस्याएँ सामने आ जाती हैं। संस्कृत बोलचाल की भाषा थी या नहीं? यदि बोलचाल की भाषा नहीं थी तो कब से नहीं थी? क्या प्राकृतें वास्तविक लोक भाषाएँ थीं? क्या अपभ्रंश भाषा प्राकृतों का सहज विकास है? जिन भाषाओं को देशी कहा गया है, वे प्राकृत-अपभ्रंश से भिन्न हैं या उन्हीं का दूसरा नाम देशी भाषा है? क्या आधुनिक

आर्य भाषाओं का जन्म अपभ्रंश से हुआ है? अपभ्रंश में किन देशी भाषाओं के तत्त्व मिलते हैं? जिस समय अपभ्रंश काल समाप्त होता है, उस समय भारत पर तुर्क आक्रमण होते हैं, भारत में तुर्क राज्य स्थापित होता है। अपभ्रंश से भिन्न देशी भाषाओं में साहित्य रचा जाने लगता है। क्या तुर्कों को युग प्रवर्तक माना जाय, साहित्य में देशी भाषाओं की प्रतिष्ठा का श्रेय उन्हें दिया जाय? संस्कृत-प्राकृत-अपभ्रंश-देशी भाषा, इस विकास प्रक्रिया से भिन्न क्या आधुनिक आर्य भाषाएँ एक-दूसरे के विकास में सहायक हुई हैं? क्या इन भाषाओं को बोलने वाली जातियाँ किसी के साहित्यिक विकास में बाधक भी हुई हैं?

क्या पुरानी हिन्दी, पुरानी गुजराती, पुरानी बँगला जैसी कोई भाषाएँ थीं? इनका अपभ्रंश से क्या सम्बन्ध था? जहाँ किसी साहित्य-सामग्री को एक से अधिक जातियाँ अपनी सम्पत्ति कहती हैं, वहाँ निर्णय कैसे हो? जिस समय आधुनिक भाषाओं में साहित्य रचा जाने लगता है, उसे भारतीय साहित्य का आधुनिक काल माना जाय या मध्यकाल? साहित्य के इतिहास में काल विभाजन का आधार क्या हो?

इस श्रृंखला में और प्रश्न जोड़े जा सकते हैं। यहाँ इतने ही काफी हैं। जो भी भारतीय साहित्य का इतिहास लिखेगा, उसे इन प्रश्नों पर विचार करना आवश्यक प्रतीत होगा।

२. सामन्ती व्यवस्था का प्रसार और धर्मवाहक भाषाएँ

भारत के सामाजिक इतिहास की सबसे महत्त्वपूर्ण समस्या यह है कि प्राचीन गण-समाजों के बीच सामन्ती व्यवस्था का अभ्युदय कहाँ हुआ और शेष भारत में इसका प्रसार कब और किस प्रकार हुआ। यह भारतीय भाषाओं के इतिहास, भारतीय साहित्य के इतिहास की भी महत्वपूर्ण समस्या है।

ऋग्वेद की सभ्यता किस समय की है, सिन्धु घाटी की सभ्यता उससे पहले की है या बाद की है, ये प्रश्न विवादास्पद हो सकते हैं। जो तथ्य निर्विवाद है, वह यह कि ये दोनों सभ्यताएँ आदिम गण-समाजों की सभ्यता नहीं है। सिन्धु घाटी की सभ्यता के मुख्य केन्द्र नगर हैं और ये नगर व्यापार और विनिमय के केन्द्र हैं। ऋग्वेद में जिस समाज का चित्रण है, वह गण-व्यवस्था के विघटनकाल और सामन्ती व्यवस्था के अभ्युदयकाल का समाज है। (इस समस्या का कुछ विस्तार से विवेचन मैं अपनी पुस्तक 'भाषा और समाज' में कर चुका हूँ।) सिन्धु घाटी की सभ्यता और वैदिक सभ्यता दोनों के केन्द्र उत्तर भारत में हैं, यह तथ्य भी उल्लेखनीय है।

गण-व्यवस्था के युग में यहाँ कौन-सी भाषाएँ बोली जाती थीं और उनमें किस तरह का साहित्य रचा गया, इसकी कोई भी सामग्री प्राप्त नहीं है। सिन्धु घाटी की लिपि जब पढ़ ली जायगी, तब भी इस समस्या का समाधान न होगा क्योंकि

यह भाषा किसी गण-समाज की भाषा न होगी। तमिल भाषा का जो प्राचीनतम साहित्य मिलता है, वह सामन्ती व्यवस्था का साहित्य है, प्राक्सामन्ती व्यवस्था का नहीं। गण-व्यवस्था से सम्बद्ध प्राचीनतम साहित्य ऋग्वेद में ही प्राप्त है। जिस समय वैदिक मंत्रों की रचना हुई, उस समय विभिन्न आर्य गण-समाजों के बीच परस्पर सम्पर्क और विनिमय काफ़ी बढ़ चुका था। वैदिक भाषा मुख्यतः भरत गण की भाषा है पर वह वैदिक काल में गण-समाजों के बीच सम्पर्क भाषा बन चुकी है और उसमें अनेक समकालीन गण-भाषाओं के तत्व समाहित हो चुके हैं। सामन्ती व्यवस्था के प्रसार का प्रथम और प्रमुख माध्यम यह वैदिक भाषा है। आगे चलकर इसी के आधार पर लौकिक संस्कृत का विकास होता है।

वैदिक काल में जिन गण-भाषाओं का व्यवहार होता था, उनमें रचित साहित्य, अभिलेखों आदि के रूप में कोई सामग्री प्राप्त नहीं है। गण-व्यवस्था का विघटन होने के बाद, नये श्रम-विभाजन के आधार पर, चार वर्णों वाली सामन्ती व्यवस्था कायम होती है। इस व्यवस्था के अन्तर्गत पुराने गण-समाजों के स्थान पर नये जनपद कायम होते हैं। बौद्ध धर्म, जैन धर्म और पौराणिक धर्म, इन तीनों का प्रसार इन्हीं जनपदों के युग में होता है। इन जनपदों की अपनी-अपनी भाषाएँ हैं किन्तु तीनों धर्मों की वाहक कोई जनपदीय भाषा नहीं है। इनकी वाहक हैं संस्कृत, पाली तथा प्राकृत। इन धर्मों के संस्थापकों ने जनपदीय भाषाओं में जो भी उपदेश दिये हों, उनके प्रमाणस्वरूप अब कोई सामग्री प्राप्त नहीं है। जैसे-जैसे सामन्ती व्यवस्था का ह्रास होता है, वैसे-वैसे धर्मवाहक भाषाओं और जनपदीय भाषाओं का अन्तर्विरोध बढ़ता है। सामन्ती व्यवस्था के अभ्युदयकाल में जो धर्मवाहक भाषा सामाजिक विकास का साधन है, वह इस व्यवस्था के ह्रासकाल में सामाजिक विकास की अवरोधक बन जाती है।

धर्म का अभ्युदय, उसका संघबद्ध रूप सामन्ती व्यवस्था की स्थापना और पोषण के लिए ऐतिहासिक रूप से अनिवार्य होता है। वैदिक-पौराणिक धर्म, बौद्ध धर्म, और जैन धर्म, इन तीनों के केन्द्र उत्तर भारत में थे। समस्त भारत में सामन्ती व्यवस्था के प्रसार के साथ इन तीनों धर्मों का प्रसार भी जुड़ा हुआ है। तमिलनाडु के साहित्य का कोई ऐसा युग नहीं है जब वह प्रदेश इन धर्मों के प्रभाव से पूर्णतः मुक्त रहा हो। भारतीय समाजों के सामन्तीकरण की जो प्रक्रिया उत्तर भारत में घटित होती है, वही तमिलनाडु समेत दक्षिण भारत में घटित होती है। इस प्रक्रिया का प्रधान माध्यम संस्कृत थी, इसलिए यह बात सहज बोधगम्य है कि तमिल साहित्य का कोई ऐसा युग नहीं है जब उसके रचयिताओं का सम्पर्क संस्कृत अथवा पाली और प्राकृत से न रहा हो। सामन्ती व्यवस्था और उक्त धर्मों का प्रसार एक अखिल भारतीय प्रक्रिया है। भारत का जो भी प्रदेश सामन्ती व्यवस्था में प्रवेश करता है, वह इस प्रक्रिया से अभिन्न रूप में संयुक्त हो जाता है। सामन्ती भारत के इस अखिल भारतीय मानचित्र को ध्यान में रखकर

ही हम विभिन्न प्रदेशों में रचे हुए साहित्य का विवेचन कर सकते हैं।

३. प्राकृत और लोक भाषाएँ

संस्कृत के समानान्तर प्राकृत का व्यवहार लगभग उसी समय से आरम्भ होता है जिस समय से वैदिक युग के बाद संस्कृत का प्रसार होता है। अशोक के शिलालेखों, अश्वघोष, भास, कालिदास के नाटकों, और भरत के नाट्यशास्त्र में प्राकृतों का प्रयोग हुआ है या उनका उल्लेख है। पाली भाषा को भी एक प्रकार की प्राकृत मानकर प्राकृत शब्द के अन्तर्गत उसका विवेचन भी शामिल कर लेना चाहिए। प्राकृतें जनपदों की जीवन्त भाषाएँ नहीं थीं। इनका शब्द-भण्डार, व्याकरण-व्यवस्था मूलतः संस्कृत की थी। मुख्य भेद ध्वनि-तंत्र को लेकर था। पाणिनि के समय में संस्कृत शिष्टजनों की भाषा थी। इसका अर्थ यह है कि अन्तरजनपदीय व्यवहार के लिए शिष्ट जन इसका उपयोग करते थे। जनपदीय स्तर पर भी उसका व्यवहार होता था पर वह किसी भी जनपद में, शिष्टजनों से भिन्न जनसाधारण की भाषा नहीं थी। संस्कृत के बारे में यह तथ्य बहुत से लोग स्वीकार करते हैं किन्तु प्राकृतों के बारे में बहुत बड़ी भ्रान्ति है। इन्हें कुछ जनपदीय नाम दे दिये गये थे, इससे इस भ्रान्ति का पोषण होता है कि ये वास्तव में जनसाधारण की भाषाएं थीं। भारत में जहाँ भी जैन धर्म फैला, वहाँ प्राकृत का व्यवहार हुआ। संस्कृत के ही समान प्राकृत के केन्द्र उत्तर भारत में ही नहीं, दक्षिण भारत में भी स्थापित हुए। जहाँ भी बौद्ध धर्म का प्रसार हुआ, वहाँ पाली के केन्द्र स्थापित हुए। बौद्ध धर्म के लिए, पाली से भिन्न, प्राकृत तथा संस्कृत का प्रयोग भी हुआ, विशेषतः मध्य एशिया में। इस बात से इन्कार नहीं किया जा सकता कि पाली और प्राकृत का घनिष्ठ सम्बन्ध बौद्ध और जैन धर्मों से था। पाली में ऐसा साहित्य नगण्य है जिसका उद्देश्य धर्मोपदेश न हो। प्राकृत में बहुत-सा श्रृङ्गार-साहित्य रचा गया पर बहुधा इसका उद्देश्य भी धर्मोपदेश होता है।

साहित्य में जनपदीय भाषाओं को प्रतिष्ठित करने की प्रक्रिया अत्यन्त जटिल थी। उसे अत्यन्त सरल करके यह रूप दिया गया कि "संस्कृत सुशिक्षितों की भाषा थी जब कि जनसामान्य की भाषा होने से प्राकृत को बाल, वृद्ध, स्त्रियाँ और अनपढ़ सभी समझ सकते थे।" (डा० जगदीशचन्द्र जैन, प्राकृत साहित्य का इतिहास, भूमिका, पृष्ठ २)। ऐसा होता तो बहुत अच्छा था। प्राकृत भाषाएँ जनसामान्य द्वारा वैदिक काल से बोली जा रही थीं, आचार्य पाणिनि ने साहित्य की भाषा को छन्दस् कहा, लोक भाषा को भाषा कहा, "इससे भी प्राकृत की प्राचीनता और लोकप्रियता सिद्ध होती है", इन्हीं प्राकृत भाषाओं में बुद्ध और महावीर ने साधारण जनता के हितार्थ अपना प्रवचन सुनाया था, बुद्ध और महावीर के युग से लेकर अठारहवीं शताब्दी तक प्राकृतों में स्तुति, स्तोत्र, आख्यान,

चरित, काव्य, नाटक, सट्टक, व्याकरण, कोश, अर्थशास्त्र, संगीतशास्त्र, सामुद्रिक शास्त्र आदि-आदि शास्त्रों की रचना होती रही, प्रेम और शृङ्गार से पूर्ण काव्यों की रचना हुई (उप०, पृष्ठ २-३)। ऐसा प्रतीत होता है कि १८वीं सदी के बाद प्राकृतों के अपदस्थ होने से राष्ट्रीय एकता विघटित हो गई, इसके साथ ही भारतीय जनतंत्र का भी नाश हो गया।

रामकृष्ण मिशन के सांस्कृतिक प्रतिष्ठान से भारत के सांस्कृतिक रिक्थ पर एक विशाल ग्रन्थ प्रकाशित हुआ था। इसमें डा० हीरालाल जैन ने जैन धर्म के इतिहास, सिद्धान्तों आदि का विवरण देते हुए अपने निबन्ध में लिखा है : "देश के भाषाई विकास में जैन लोगों की भूमिका बहुत महत्वपूर्ण रही है। संस्कृत सदा से धार्मिक रचनाओं और ब्राह्मणों के मत प्रचार का माध्यम रही है और पाली बौद्धों के इसी कोटि के कार्यों का माध्यम रही है। किन्तु जैनों ने विभिन्न देश काल की प्रचलित भाषाओं का उपयोग अपने धार्मिक प्रचार तथा ज्ञान की सुरक्षा के लिए किया। इस प्रकार उन्होंने प्राकृत भाषाओं के विकास पर सर्वाधिक प्रभाव डाला। उन्होंने कुछ प्रादेशिक भाषाओं को पहले-पहल साहित्यिक रूप भी दिया।" (द कलचरल हेरीटेज ऑफ इण्डिया, खण्ड १, पृष्ठ ४०२)। इस उद्धरण में पहला और अन्तिम वाक्य सही है। भाषाई विकास में अन्य मतावलम्बियों के समान जैनों की भूमिका भी महत्वपूर्ण रही है। संस्कृत, पाली, प्राकृत को ब्राह्मण, बौद्ध, जैन धर्मगुरु अपनी विशेष भाषा समझते रहे पर जातीय भाषाओं में, पुराने समय की देशी भाषाओं में, साहित्य का विकास धर्म-निरपेक्ष स्तर पर हुआ है। तमिल, कन्नड़, हिन्दी, बँगला, मराठी, भारत की किसी भी जातीय भाषा को धर्म विशेष, मत विशेष से बाँधा नहीं जा सकता। अंग्रेज़ी राज कायम होने के बाद उर्दू का सम्बन्ध इस्लाम से जोड़ा गया पर यह भी अंग्रेज़ी राज की प्रतिष्ठा के बाद ही हुआ। दरअसल संस्कृत में अश्वघोष जैसे बौद्ध कवियों ने काव्य-रचना की और ईसवी सन् की पहली शताब्दी से लेकर अठारहवीं शताब्दी तक जिस प्रेम और शृंगार साहित्य की रचना हुई, वह साहित्य, डा० जगदीशचन्द्र जैन के अनुसार, "प्राय: अजैन विद्वानों द्वारा लिखा गया।" (प्राकृत साहित्य का इतिहास, भूमिका, पृष्ठ ३)।

जो लोग संस्कृति को थोड़े से व्यक्तियों के हाथ में गुप्त ज्ञान का पिटारा बनाकर रखते थे, उनका स्वार्थ इसी में था कि वे संस्कृति के क्षेत्र में लोक भाषाओं का व्यवहार न होने दें। यूरुप के नवजागरण युग में लैटिन को हटाकर उसके स्थान पर नवीन जातीय भाषाओं का व्यवहार करने के लिए दीर्घ काल तक संघर्ष चला। उसी तरह संस्कृत और प्राकृत के विरुद्ध भारत में यह संघर्ष दीर्घ काल तक चला। इस संघर्ष के बिना आधुनिक भारतीय साहित्य की कल्पना नहीं की जा सकती। यूरुप का साहित्य फ्रेंच, जर्मन, अंग्रेज़ी आदि भाषाओं में लिखा हुआ साहित्य है। भारतीय साहित्य भारत की जातीय भाषाओं में लिखा हुआ

साहित्य है। संस्कृत और प्राकृत में रचा हुआ साहित्य भारतीय साहित्य के बाहर नहीं है, वैसे ही जैसे लैटिन में लिखा हुआ—पुराना ही नहीं, सत्रहवीं सदी तक का—साहित्य यूरुप के साहित्य से बाहर नहीं है। किन्तु आधुनिक साहित्य की शुरूआत यूरुप की जातीय भाषाओं में रचे हुए साहित्य से होती है। यही स्थिति भारत में है। यूरुप में जिसे वल्गर लैटिन कहते थे, उसकी स्थिति प्राकृत से मिलती-जुलती है, लैटिन की स्थिति संस्कृत से मिलती है। यूरुप के सामन्त, पुरोहित तथा उनसे सम्बद्ध बुद्धिजीवी लैटिन के पक्ष में जातीय भाषाओं के अभ्युदय को भरसक रोकते रहे। वैसी ही स्थिति भारत में थी। संस्कृत बोलचाल की भाषा न रह गई थी, इसे तो हर आदमी जानता है। किन्तु प्राकृत का व्यवहार भी सामन्तों और पुरोहितों के हठ के कारण होता चला जा रहा था, यह तथ्य लोगों की आँखों से ओझल है।

डा० हीरालाल जैन ने अपने उल्लिखित निबन्ध में जैन धर्म के प्रसार का विवरण देते हुए बताया है कि भद्रबाहु के नेतृत्व में जैन धर्म प्रचारकों का एक दल दक्षिण गया और "जैन धर्म को सम्राट् का संरक्षण भी मिला। कहा गया है कि महान् मौर्य सम्राट् चन्द्रगुप्त स्वयं भद्रबाहु के दक्षिण-अभियान में उनके शिष्य होकर सम्मिलित हुए थे।...द्वितीय शताब्दी ईसापूर्व में कलिंग के राजा खारवेल ने जैन धर्म स्वीकार किया और स्वयं जैन मूर्तियाँ स्थापित करके उस धर्म का संवर्धन किया।...पाँचवीं से बारहवीं शताब्दी तक गंग, कदम्ब, चालुक्य और राष्ट्रकूट जैसे दक्षिण के राजवंशों ने जैन धर्म को अपना संरक्षण प्रदान किया। मान्यखेट के कुछ राष्ट्रकूट राजाओं ने आठवीं से दसवीं शताब्दी तक जैन धर्म के प्रति विशेष आकर्षण व्यक्त किया और जैन कला तथा साहित्य के विकास को बड़ी प्रेरणा दी। उनके संरक्षण में अत्यन्त विख्यात अनेक जैन कवि हुए...अपभ्रंश के प्रसिद्ध कवि पुष्पदन्त को कृष्ण तृतीय के मंत्रियों और उनके उत्तराधिकारी का संरक्षण प्राप्त हुआ। ११०० ईसवी के लगभग जैन धर्म को गुजरात में प्रमुखता प्राप्त हुई। वहाँ के चालुक्य राजा सिद्धराज और उसके पुत्र कुमारपाल ने खुलकर जैन धर्म स्वीकार किया और जैनों की साहित्यिक तथा मन्दिर-निर्माण कार्रवाई को प्रोत्साहन दिया। अनेक विषयों पर, धार्मिक तथा सांसारिक विषयों पर विभिन्न ग्रन्थों के रचयिता कुमारपाल इन्हीं के दरबार में थे।" (द कल्चरल हेरीटेज आफ इण्डिया, खंड १, पृष्ठ ४०१)।

ग्यारहवीं-बारहवीं शताब्दी के समय को प्राकृत साहित्य की उन्नति का विशेष युग मानते हुए डा० जगदीशचन्द्र जैन ने लिखा है: "इस समय गुजरात में चालुक्य, मालवा में परमार तथा राजस्थान में गुहिलोत और चाहमाण राजाओं का राज्य था और इन राजाओं का जैन धर्म के प्रति विशेष अनुराग था। फल यह हुआ कि गुजरात में अणहिल्लपुर, पाटण, खम्भात और भड़ौंच, राजस्थान में भिन्नमाल, जाबालिपुर और चित्तौड़ तथा मालवा में उज्जैन, ग्वालियर और धारा आदि

नगर जैन श्रमणों की प्रवृत्तियों के केन्द्र बन गये।" (प्राकृत साहित्य का इतिहास, भूमिका, पृष्ठ २-३)।

यह सामन्त वर्ग भीतर से कितना जर्जर हो गया था, यह तुर्क आक्रमण के समय बहुत जल्दी स्पष्ट हो गया। वह अपनी प्रजा से बिल्कुल कटा हुआ था, उसका सैन्यदल किसानों को दबाकर रख सकता था पर हाथी या घोड़े पर जहाँ राजा न दिखाई दिया, वह भाग खड़ा होता था।

मत विशेष के साथ प्राकृतों का सम्बन्ध इतना गहरा था कि मत विशेष की शाखाएँ प्राकृत की विशेष शाखाओं से सम्बद्ध हो गईं। डा० रामसिंह तोमर ने बताया है : "दिगम्बर और श्वेताम्बर दोनों जैन सम्प्रदायों द्वारा प्राकृत में साहित्य लिखा गया है। दिगम्बर सम्प्रदाय के आचार्यों ने शौरसेनी प्राकृत में लिखा है और श्वेताम्बरों ने महाराष्ट्री में।" (प्राकृत और अपभ्रंश साहित्य, पृष्ठ ५)। प्राकृतों के साथ जो प्रादेशिक नाम जुड़े हैं, वे बहुत भरोसे के नहीं हैं, इन नामों से प्राकृतों का प्रादेशिक भाषाएँ होना सिद्ध नहीं होता। सेतुबन्ध काव्य के लेखक कश्मीर के प्रवरसेन कहे जाते हैं। कश्मीर में वह महाराष्ट्री प्राकृत लिखते हैं। कन्नौज के दरबारी कवि वाक्पति राज गउडवहो काव्य लिखते हैं, इसकी भाषा भी महाराष्ट्री प्राकृत है। गुणाढ्य गोदावरी तट पर प्रतिष्ठान (पैठाण) नगर में बृहत् कथा 'सरित्सागर' पैशाची प्राकृत में रचते हैं। हेमचन्द्र कृत 'कुमारपाल-चरित' में संस्कृत, प्राकृत अपभ्रंश सब कुछ है। डा० जगदीशचन्द्र जैन ने प्राकृत ग्रन्थों के विवरण में लिखा है कि एक ही ग्रन्थ में अनेक प्राकृतों का प्रयोग हुआ है। 'कुमारपालचरित' के समान 'कुवलयमाला' में संस्कृत और अपभ्रंश भी हैं, और महाराष्ट्री प्राकृत के साथ पैशाची प्राकृत भी है। भले ही इसके लेखक ने दूर-दूर तक भ्रमण किया हो और अनेक देशी भाषाओं की जानकारी प्राप्त की हो, यह बात संस्कृत-प्राकृत-अपभ्रंश में रचना करने से सिद्ध नहीं होती। इसमें पांडित्य प्रदर्शन अवश्य है। 'कुमारपालचरित' के बारे में डा० जगदीशचन्द्र जैन ने लिखा है कि इसके अन्तिम दो सर्गों की रचना शौरसेनी, मागधी, पैशाची, चूलिका पैशाची और अपभ्रंश भाषा में है। यह बोलियों का वह मिश्रण नहीं है जो जातीय भाषा के निर्माण काल में देखा जाता है। यह केवल पांडित्य प्रदर्शन है, वास्तविक लोक-भाषाओं से जिसका कोई सम्बन्ध नहीं है।

४. संस्कृत प्राकृत भाषातंत्र तथा देशी भाषाएँ

संस्कृत-प्राकृत के भाषातंत्र से जनपदीय भाषाओं का अन्तर्विरोध अखिल भारतीय है। संस्कृत के साथ-साथ दक्षिण भारत में १८वीं सदी तक प्राकृत काव्यों की रचना होती रही।

तेलुगु और प्राकृत के सम्बन्धों पर के० सीतारामैया ने लिखा है : "इस प्रदेश के शासक कार्य में प्राकृत का उपयोग करते थे। राजकीय आदेशपत्र,

ताम्रपत्र, शिलालेख आदि में प्राकृत का प्रयोग होता था। यहाँ के नरेशों ने प्राकृत में लिखे गये साहित्य को प्रोत्साहित किया। आन्ध्र राजाओं के काल में 'सतसई' (सप्तशती) नामक पद्य संकलन प्राकृत में लिखे गये।" (तेलुगु साहित्य का इतिहास, सम्पादक के० लक्ष्मीरंजनम्, हैदराबाद, १९६७, पृष्ठ २३)।

आन्ध्रप्रदेश में प्राकृत के विशेष प्रभाव का कारण बताते हुए उन्होंने आगे लिखा है: "ईसा से पहले इस प्रदेश में बौद्ध धर्म का बहुत प्रचार था। सामन्त वर्ग ही नहीं, बहुसंख्यक जनता भी बौद्ध धर्म को मानती थी। बौद्धों के सभी ग्रन्थ प्राकृत में थे। उनके विहारों में भी प्राकृत का उपयोग होता था। प्रवचन तथा दैनिक कार्यों में भी बौद्ध स्थविर यहाँ की प्रादेशिक भाषाओं की अपेक्षा प्राकृत का ही उपयोग करते थे। बौद्धों के इस प्रभाव के कारण तेलुगु का अधिक विकास न हो सका। दूसरा कारण यह भी हो सकता है कि ब्राह्मण वैदिक धर्म के प्रचार के लिए संस्कृत का प्रयोग करते थे; (इससे तेलुगु भाषा) पनप न सकी।" (उप० पृष्ठ २२-२४)।

इससे यह निष्कर्ष नहीं निकलता कि जब तक बौद्ध धर्म या हिन्दू धर्म का नाश न हो जाय तब तक तेलुगु जैसी भाषा साहित्य का माध्यम नहीं बन सकती। पर यह निष्कर्ष अवश्य निकलता है कि जहाँ का सामन्त वर्ग अधिक शक्तिशाली तथा रूढ़िवादी था, वहाँ जातीय भाषा के माध्यम से जातीय साहित्य के विकास में अवश्य बाधा पड़ी।

मलयालम साहित्य का इतिहास (साहित्य अकादमी, नई, दिल्ली, १९६८) के लेखक परमेश्वरन नायर ने बताया है कि केरल में ऐसे संस्कृत नाटकों का अभिनय होता था जिनमें विदूषक, लोगों को हँसाने के लिए, मलयालम भाषा का व्यवहार करता था। काव्य में मणिप्रवालम् नाम से जिस शैली का चलन हुआ, उसमें मलयालम की स्थिति उक्त कूडियाट्टम अभिनय शैली से अच्छी थी। मणिप्रवालम् शैली में संस्कृत पद रचना के साथ मलयालम भाषा का व्यवहार भी होता था। इस शैली में, अन्य भाषाओं में भी, रचनाएँ हुईं किन्तु इसका व्यवहार सबसे अधिक केरल में हुआ और इसका कारण यह था कि एस प्रदेश में संस्कृत का प्रभाव अपेक्षाकृत अधिक था। संस्कृत के साथ केरल में प्राकृत का व्यवहार भी होता था। पंडितों ने जैसे व्याकरण पढ़कर संस्कृत सीखी थी, वैसे ही व्याकरण पढ़कर उन्होंने प्राकृत सीखी।

इस तरह का अन्तर्विरोध उत्तर भारत में था। डा० सुकुमार सेन ने बँगला साहित्य के इतिहास में लिखा है कि रामायण की कथा, मुसलमानों समेत बंगाल के जनसाधारण में, बहुत लोकप्रिय थी; यह रामकथा बँगला भाषा या लौकिक रूपान्तर में नहीं मिलती। उच्चवर्ग "उसे संस्कृत में (और प्राकृत में भी) सुनना ज्यादा पसन्द करते थे।" (हिस्ट्री आफ बेंगाली लिटरेचर, साहित्य अकादमी १९६०; पृष्ठ ६६)।

इस विवरण से स्पष्ट है कि संस्कृत-प्राकृत तंत्र से, अखिल भारतीय स्तर पर, जनपदीय भाषाएँ टकरा रही थीं। इस तंत्र के दबाव से मुक्त हुए बिना देशी भाषाओं में साहित्य-रचना का कार्य सम्पन्न न हो सकता था। ये जनपदीय भाषाएँ कितनी पुरानी थीं ? इनके अस्तित्व का उल्लेख कब से मिलता है ?

जिस समय साहित्य में संस्कृत और प्राकृत का व्यवहार होता था, उस समय इन दोनों से भिन्न देशी भाषाओं के अस्तित्व की सूचना भी पुराने साहित्य में निरन्तर मिलती है। वासुदेवशरण अग्रवाल ने स्वसम्पादित 'कीर्तिलता' की भूमिका में शिष्ट भाषा और लोकभाषा के भेद का विवेचन करते हुए लिखा है : "जैन साहित्य में तो कुछ बड़ी भाषाओं का और कई सौ खुल्लक भाषाओं का उल्लेख आता है। भारत जैसे बहुभाषी देश में यह स्थिति वेद के समय से ही थी और आज तक चली आई है।" (कीर्तिलता, सम्पादक, वासुदेवशरण अग्रवाल, चिरगाँव, झाँसी, १९६२; पृष्ठ ६३-६४)। ये खुल्लक भाषाएँ जनपदीय भाषाएँ थीं। वे प्राकृतों से भिन्न देशी भाषाएँ थीं।

डा० जगदीशचन्द्र जैन ने 'प्राकृत साहित्य का इतिहास' में बताया है कि 'कुवलयमाला' में अठारह देशी भाषाओं का उल्लेख है। उसके लेखक ने इन भाषाओं के कुछ शब्द भी दिए हैं। गोदावरी के आस-पास रहने वाले लोग अड्डे बोलते थे, मगधवासी एगेले का प्रयोग करते थे। गंगा यमुना के बीच अन्तर्वेद के निवासी कित्तो किम्मो बोलते थे। इसी प्रकार कीर देश के निवासी सरिपारि, ढक्क देशवासी एहं तेहं, सिन्धु प्रदेश के लोग चउडय, मरु प्रदेशवासी अप्पाँ तुप्पाँ, गुर्जर देशवासी णउरेभल्लउं, लाट वासी अम्हं काउं तुम्हं, मालवे के लोग भाउय भइणी तुम्हे, कर्णाटक वासी अडि पाडि मरे, कोसलवासी जल तलले, महाराष्ट्र के लोग दिण्णल्ले गहियल्ले, आन्ध्रजन अटि पुटि रटिं का प्रयोग करते थे। (पृष्ठ ४२९)।

'कुवलयमाला' के लेखक को धन्यवाद देना चाहिए कि उन्होंने देशी भाषाओं के अस्तित्व का विवरण दिया। इस विवरण में आर्य और द्रविड़ दोनों समुदायों की भाषाएँ हैं। भाषाओं का इतिहास लिखने के लिए यह विवरण अवश्य अपर्याप्त है किन्तु उनके अस्तित्व की सूचना देने के लिए वह पर्याप्त है। इन भाषाओं के दो-चार शब्द जो उनके कानों में पड़े और जैसे वे उन्हें सुनाई पड़े और याद रहे, वैसे ही रूप में उन्होंने अपनी पुस्तक में उन्हें लिख दिया। महत्वपूर्ण बात यह है कि ये भाषाएँ प्राकृतों से भिन्न हैं और अपभ्रंश नहीं हैं।

देशभाषा की चर्चा सबसे पहले किसने की, देशभाषाएँ कितनी पुरानी हैं, इन प्रश्नों का विवेचन यह जानने के लिए आवश्यक है कि संस्कृत-प्राकृत के दबाव के कारण आर्य परिवार की जीवन्त भाषाओं को साहित्य का माध्यम बनाने का काम कितनी शताब्दियों तक रुका रहा। इस संदर्भ में डा० रामसिंह तोमर ने देशी भाषाओं को प्राकृतों से ही नहीं, अपभ्रंश से भी अलगाते हुए लिखा है :

"भरत ने सर्वप्रथम कदाचित् 'देशभाषा' शब्द का प्रयोग किया है। विभिन्न देशों (प्रान्तों) की बोलियों को उन्होंने देशभाषा कहा है। तरंगवती के संक्षिप्तकर्ता ने बताया है कि देशी वचनों की बहुलता के कारण कृति को सब लोग नहीं समझ सकते थे, देशी वचनों से तात्पर्य अप्रचलित शब्दों से प्रतीत होता है [,] अपभ्रंश से नहीं। कामसूत्र में ६४ कलाओं में से 'देश भाषा विज्ञान' को एक कला माना है, इसी प्रकार कौटिलीय अर्थशास्त्र में भी 'भाषान्तरज्ञ' का उल्लेख मिलता है। दोनों का ही तात्पर्य देश विशेष की बोली से है, अपभ्रंश से नहीं हो सकता। 'विक्रमांकदेवचरित' में 'जन्मभाषा' तथा 'कुवलयमाला कथा' (८३५ वि० सं०) में परिगणित अठारह देशी भाषाओं के उल्लेख भी इसी प्रकार हैं। 'कथासरित्सागर', 'वृहत्कथामंजरी', 'कविकण्ठाभरण' आदि में भी देश भाषा तथा देश भाषा काव्य के उल्लेख मिलते हैं। इस प्रकार अत्यन्त प्राचीन समय से प्रदेश विशेष की बोलियों के लिए देशभाषा शब्द का प्रयोग मिलता है, देश भाषा से उनका तात्पर्य अपभ्रंश कदापि नहीं था। इन उल्लेखों के अतिरिक्त अपभ्रंश के कवियों ने अपभ्रंश को देशभाषा (=लोक में व्यवहृत भाषा) कहा है, लेकिन उससे उनका तात्पर्य किसी प्रान्त विशेष की भाषा से नहीं है। मध्य युग में जिस प्रकार कवि अपनी भाषा को 'भाषा' कहते थे (यथा, कबीर—संसकिरत है कूप-जल भाषा बहता नीर। तुलसी—भाखा भणिति मोर मति भोरी। केशव—भाषा बोलि न जानहीं जिनके कुल के दास।—रामचंद्रिका) उसी प्रकार उन अपभ्रंश कवियों ने अपनी भाषा को देशी भाषा कहा है। क्षेमेन्द्र ने देशोपदेश में कुछ देशी शब्दों के प्रयोग किये हैं और वे अपभ्रंश के शब्द नही हैं, विशेष प्रदेशों में प्रयुक्त होने वाले अप्रचलित शब्द हैं। हेमचन्द्र ने भी देशी शब्द का लक्षण विशेष अर्थ में प्रचलित, संस्कृत शब्द से न सिद्ध होने वाला, दिया है, जो अपभ्रंश शब्दों—संस्कृत के साधु शब्द रूपों के विकृत रूपों—तद्भवों—के लिए प्रयुक्त नहीं हो सकता। इस संक्षिप्त विवेचन से स्वाभाविक निष्कर्ष यह निकलता है कि देशी भाषाएँ अपभ्रंश से भिन्न प्रान्तीय बोलियाँ थीं और प्राचीन साहित्य में—नाट्य-शास्त्र, कामसूत्र, कौटिलीय अर्थशास्त्र इत्यादि—इसी अर्थ में इस शब्द का प्रयोग हुआ है। अपभ्रंश तथा हिन्दी के प्राचीन कवियों ने 'देशभाषा' शब्द का प्रयोग अपभ्रंश या अपनी कविता की भाषा के लिए किया है।" (प्राकृत और अपभ्रंश साहित्य तथा उनका हिन्दी साहित्य पर प्रभाव, पृष्ठ ६३-६५)।

अपभ्रंश का उल्लेख छठी शताब्दी से मिलता है। भामह ने इसका उल्लेख किया था। देशभाषा का उल्लेख इससे बहुत पुराना है, उतना पुराना है जितना भरत का नाट्यशास्त्र। जिस समय शिलालेखों पर संस्कृत और प्राकृत का व्यवहार होता था, उस समय देशी भाषाएँ विद्यमान थीं। ये देशी भाषाएँ प्राकृतों से भिन्न थीं। प्राकृत काव्यों के रचनाकारों ने अपनी भाषा को देशभाषा नहीं कहा क्योंकि वे जानते थे कि देशभाषाओं से प्राकृत उतनी ही दूर है जितनी दूर संस्कृत;

दरअसल संस्कृत की अपेक्षा प्राकृत देशी भाषाओं से कुछ अधिक ही दूर थी क्योंकि संस्कृत के सैकड़ों सरल शब्द – वन, धरती, पर्वत, जल, भूमि आदि—ज्यों के त्यों लोकभाषाओं में प्रयुक्त होते थे किन्तु प्राकृतों में ऐसे अस्वाभाविक रूप थे कि संस्कृत में बदले बिना उन्हें पहचानना मुश्किल था।

जिस समय प्राकृतों का व्यवहार हो रहा था, उस समय देशी भाषाओं का अस्तित्व था, इसका एक प्रमाण मध्य एशिया में प्राप्त खरोष्ठी लिपि वाले दस्तावेज़ हैं। इन्हें सर औरेल स्टाइन ने प्राप्त किया था और ये तीसरी शताब्दी में लिखे गये थे। बरो ने इन दस्तावेज़ों की भाषा का अध्ययन करते हुए एक पुस्तक लिखी थी : द लैंग्वेज आफ द खरोष्ठी डौक्यूमेन्ट्स फ्रौम चाइनीज़ तुर्किस्तान (केम्ब्रिज, १९३७)। इस भाषा को उन्होंने क्रोरइन नाम दिया है। सरलता के लिए इसे हम यहाँ खरोष्ठी प्राकृत कहेंगे। बरो के अनुसार इस प्राकृत का मूल प्रदेश उत्तर-पश्चिमी भारत, सम्भवतः पेशावर का क्षेत्र, था। यह अन्य प्राकृतों से इस बात में भिन्न है कि इसका रूपतंत्र अन्य प्राकृतों से नहीं, आधुनिक आर्य-भाषाओं से मिलता-जुलता है। मध्य एशिया के जिस क्षेत्र में इस भाषा का व्यवहार होता था, उसके निवासियों के प्रभाव से ऐसा हुआ हो, यह नहीं, कहा जा सकता। उन निवासियों के लिए यह एक नपी-तुली सरकारी भाषा थी। उसमें जो परिवर्तन दिखाई देते हैं, वे भाषाओं के विकास-क्रम में होने वाले सामान्य परिवर्तन हैं। वे ऐसे परिवर्तन हैं जो आगे चलकर आर्य भाषाओं में होते दिखाई देते हैं। उदाहरण के लिए इस खरोष्ठी प्राकृत में कर्ता और कर्म कारकों के भेद-चिह्न नहीं हैं। अपभ्रंश वाली मंज़िल में आर्य भाषाओं के लिए यह सामान्य लक्षण हो गया। अन्य प्रपंच जो अपभ्रंश में भी दिखाई देते हैं (यद्यपि उतने भरे-पूरे ढंग से नहीं), वे इस प्रकार हैं : सभी संज्ञा शब्दों को रूप विकार के लिए अ-वर्ग के अन्तर्गत रखना, स्त्रीलिंग शब्दों के लिए सामान्यतः ई चिह्न का प्रयोग, जाने, भेजने आदि की क्रियाओं के साथ कर्म के बदले अधिकरण कारक का प्रयोग। अतीतकालीन कर्मवाच्य कृदन्त से नये कर्तृवाच्य वर्तमानकाल का निर्माण विशेष रोचक है। यह विकास अपभ्रंश में भी नहीं हुआ है किन्तु आधुनिक आर्यभाषाओं में सामान्य है।

खरोष्ठी प्राकृत के इन लक्षणों की चर्चा करने के बाद बरो एक महत्वपूर्ण प्रश्न प्रस्तुत करते हैं : विकास की ये प्रवृत्तियाँ इस प्राकृत के क्षेत्र में (विदेशी आक्रमण या प्रभाव के कारण), असाधारण रूप से प्राचीनकाल में, उदित हुईं, या वे भारत में ही अधिक व्यापक थीं, और साहित्यिक प्राकृतों की रूढ़िवादिता के कारण आँखों से ओझल रही थीं ? बरो कहते हैं, कालिदास ने जो प्राकृत लिखी, वह उनके बाद शताब्दियों तक वैसी ही बनी रही; तो यह प्राकृत कालिदास के समय में ही कितनी पुरानी पड़ चुकी थी, कितनी कृत्रिम हो चुकी थी। जो भी हो, यह विचित्र बात है कि यह खरोष्ठी प्राकृत ध्वनितंत्र की रक्षा में

अत्यन्त रूढ़िवादी है, इसके साथ ही रूपतंत्र में सबसे प्रगतिशील है।

रूढ़ि और प्रगति के इस समन्वय का कारण यह है कि प्राकृतों की पहचान उनके ध्वनितंत्र से होती थी, इसलिए उसकी सुरक्षा ज़रूरी थी। प्राकृत के मूल केन्द्रों से दूर होने के कारण उसका व्यवहार करने वाला शासक वर्ग हर जगह किताबी व्याकरण का ध्यान न रख पाता था। वह सोचता था देशी भाषा में और लिखता था प्राकृत। इसलिए इस प्राकृत में अनचाहे ही देशी भाषा के बहुत से व्याकरण रूप आ गये, वैसे ही जैसे भारत के लोग अंग्रेज़ी लिखते हैं तो देशी भाषा की कुछ विशेषताएँ उनकी अंग्रेज़ी में आ जाती हैं। बरो संस्कृत के बाद प्राकृतों को संस्कृत का सहज विकास मानते हैं। फिर भी यह तथ्य उनकी आँखों से ओझल नहीं होता कि साहित्य में लिखी जाने वाली प्राकृत कृत्रिम है और कालिदास की प्राकृत भी कृत्रिम थी। चीनी तुर्किस्तान में खरोष्ठी प्राकृत का व्यवहार राजकाज के लिए होता था। यद्यपि उसका व्यवहार करने वाले भारतीय बौद्ध थे, फिर भी वह धर्म और साहित्य से भिन्न स्तर पर भी काम में आती थी। इसीलिए इसके व्यारकरण में साहित्यिक-धार्मिक कृतियों की प्राकृत से कुछ अधिक स्वच्छन्दता है। जो व्याकरण रूप यहाँ अन्य प्राकृतों से भिन्न दिखाई देते हैं, वे तीसरी शताब्दी में बोली जाने वाली देशी भाषाओं के रूप हैं और उनके अस्तित्व का प्रमाण हैं। इसके वाक्यतंत्र की विशेषताओं के बारे में बरो ने लिखा है कि करण और कर्ता-कर्म कारकों का भेद अस्पष्ट होता जाता है। भूतकालीन कृदन्त बदलकर कर्तृवाच्य भूतकाल बन जाता है। तेन दित — 'उसके द्वारा दिया गया', इसे लोग समझने लगे कि कर्तृवाच्य 'उसने दिया' के समान है। फिर करणकारक तेन के स्थान पर कर्तारूप 'से' का व्यवहार होने लगा। बरो कहते हैं, यह ठीक वही स्थिति है जो अनेक आधुनिक भाषाओं में घटित होती है। भूतकालीन कृदन्त के आधार पर जो क्रिया रूप बनता है, उसका कर्ता करणकारक में रखा जाता है अथवा पुराने करणकारक के अनुरूप कारक में रखा जाता है। इसके साथ ही कर्ताकारक का व्यवहार अधिक बार होता है। करणकारक वाले प्रयोग संस्कृत के कर्मवाच्य प्रयोगों से मिलते हैं, किन्तु बरो कहते हैं कि इन प्रयोगों का अनुवाद निस्सन्देह कर्तृवाच्य रूप में होता है। कारण यह कि अनेक आधुनिक भाषाओं में करणकारक कर्ताकारक में रूपांतरित होता है, बहुसंख्यक प्रयोगों में त प्रत्यय वाले भूतकालीन कृदन्त के साथ कर्ताकारक का व्यवहार होता है जहाँ कर्तृवाच्य प्रयोग ही सम्भव है, तथा प्रायः उन सभी प्रयोगों में जिन्हें निश्चित रूप से कर्मवाच्य कहा जा सकता है, कर्ता का भाव बताने के लिए सम्बन्धकारक का प्रयोग होता है, न कि करणकारक का। कर्ता और कर्म में कारक-चिह्न-भेद नहीं होता, इसलिए कर्ता, कर्म, करण इन सब कारकों का भेद अस्पष्ट हो जाता है।

खरोष्ठी प्राकृत के दस्तावेज़ तीसरी शताब्दी के हैं। इस भाषा का व्यवहार

चीनी तुर्किस्तान में होता था। इस प्राकृत का विकास भारत के किसी प्रदेश में हुआ, चीनी तुर्किस्तान में पहुँचकर राजभाषा के रूप में स्थापित होने में उसे कुछ समय लगा होगा। यह कल्पना करना असंगत न होगा कि जिन देशी भाषाओं की विशेषताएँ इस प्राकृत में परिलक्षित हैं, वे देशी भाषाएँ ईसवी सन् शुरू होने से पहले भारत के विभिन्न प्रदेशों में बोली जाती थीं। उनमें साहित्य नहीं रचा गया, इसका कारण यह नहीं है कि अपभ्रंशों से अभी उनका जन्म न हुआ था; इसका कारण सामन्ती व्यवस्था की जकड़ और संस्कृति के संकुचित क्षेत्र पर संस्कृत-प्राकृत का प्रभुत्व था। यहाँ यह स्पष्ट कर देना चाहिए कि प्राचीन काल में जब देशी भाषाओं के अस्तित्व की बात कही जाती है, तब उसका आशय यह नहीं है कि ये भाषाएँ हूबहू आधुनिक भाषाओं जैसी, शब्द-भंडार और व्याकरण की विशेषताओं से लैस, उस समय विद्यमान थीं। आशय यह है कि मराठी, बँगला, हिन्दी आदि भाषाओं के मूलतत्त्व—इनके व्याकरण की मूल विशेषताएँ, इनके मूल शब्द-भंडार की सम्पदा—उस समय भी विद्यमान थी। प्रत्येक भाषा को बोलियों का एक समुदाय मानना चाहिए। इस समुदाय में से कुछ बोलियों के आधार पर जातीय भाषा के रूप में किसी एक बोली का विकास बाद की प्रक्रिया है, जब व्यापार, उद्योगधन्धों और संस्कृति के नये केन्द्र स्थापित होते हैं, सामन्तकालीन जनपदों का अलगाव दूर होता है, और एक वृहत्तर क्षेत्र में जातीय भाषा का प्रसार होता है।

५. साहित्य में तमिल भाषा की प्रतिष्ठा

तमिल भाषा संस्कृत-प्राकृत के अखिल भारतीय भाषातंत्र से बाहर नहीं थी। कन्नड़, तेलुगु और मलयालम जैसी द्रविड़ भाषाएँ इस तंत्र के भीतर थीं, यह तो बहुत स्पष्ट है। वैदिक-पौराणिक धर्म, जैन धर्म, बौद्ध धर्म के केन्द्र तमिलनाडु में भी स्थापित हुए थे। वहाँ भी संस्कृत-प्राकृत का अध्ययन किया जाता था। इस अखिलभारतीय तंत्र के भीतर रहते हुए तमिल भाषा भारत की देशी भाषाओं में सर्वप्रथम साहित्य का माध्यम बनी, इसके महत्वपूर्ण सामाजिक कारण हैं।

तमिलनाडु में व्यापार का विकास उस प्राचीनकाल में होता है जिस काल में अखिलभारतीय स्तर पर सामन्ती व्यवस्था अभी सुदृढ़ हो रही है। तमिलनाडु इस व्यवस्था के केन्द्रों से सर्वाधिक दूर है, इसलिए इस व्यवस्था के वहाँ तक पहुँचने और सुदृढ़ होने में कुछ अधिक समय भी लगा। तमिलनाडु के निवासी नौका और जहाज बनाने में कुशल थे। समुद्रतटवर्ती भूमि पर उन्होंने अनेक नगर स्थापित किये थे। ये नगर जलमार्गों से होने वाले व्यापार के भी केन्द्र थे।

वे तमिल संस्कृति के केन्द्र भी बने। सामन्ती व्यवस्था अभी पूर्णतः सुदृढ़ न हुई थी। उसके गर्भ में पण्यवस्तुओं के उत्पादन और उनके विनिमय का विकास

हुआ। इससे एक ओर धार्मिक कट्टरता में कमी हुई, दूसरी ओर लोकभाषा को साहित्य का माध्यम बनाने में सुविधा हुई।

विद्या भवन बम्बई से प्रकाशित इतिहास ग्रन्थ 'द एज आफ इम्पीरियल यूनिटी' में एस० कृष्णस्वामी आयंगार ने लिखा है : "ईसाई सन् शुरू होने से तुरत पहले और बाद की शताब्दियों में व्यापार सम्बन्धी कार्यवाही दक्षिण भारत में बहुत बढ़ी-चढ़ी थी और इसका काफी अंश विदेश व्यापार का था। रोमन साम्राज्य से खेती और उद्योगधन्धों की वस्तुओं और मसालों का व्यापार तेजी पर था। इसी के अनुरूप पूरब के देशों से व्यापार जोरों पर था। इसका प्रसार कत्तिगर (अथवा केन्तन) तक था जो दक्षिण चीन की सबसे महत्वपूर्ण बन्दरगाह थी। समुद्री यात्राएँ लम्बी होती थीं और खतरनाक भी। बाहर के इन देशों तथा भारत के विभिन्न भागों से संचार-व्यवस्था नियमित और द्रुत गति से चालू रहती थी, ऐसा प्रतीत होता है। इसके बारे में हम तमिल साहित्य तथा विदेशी यात्रियों के लेखों से निरन्तर नये प्रमाण जुटाते रह सकते हैं।" (पृष्ठ २३०)।

इस समय या इससे कुछ पहले से यूनान में इसी तरह का विकास हो रहा था। प्राचीनकाल में जिन जातियों को समुद्री यात्रा के लिए अधिक सुविधाएँ प्राप्त थीं और जिन्होंने इन सुविधाओं का उपयोग किया, उन्होंने न केवल व्यापार का विकास किया वरन् अन्य जातियों की अपेक्षा अपनी भाषा और साहित्य में भी प्रगति की। यूनान की आर्थिक प्रगति के बारे में प्राचीन ग्रीक भाषा और समाज के विशेषज्ञ जोर्ज टौमसन ने लिखा है :

"सातवीं और छठी ईसा पूर्व शताब्दियों में यूनान में व्यापार का प्रसार शुरू हुआ। आज के हिसाब से यह प्रसार छोटा था, फिर भी प्राचीन समाज के विकास में यह एक नई मंज़िल था। इसकी विशेषता थी व्यापारी वर्ग का अभ्युदय, इस वर्ग ने कई नगरों में राज्यसत्ता पर अधिकार प्राप्त कर लिया और उसने जनतांत्रिक संविधान कायम किया।" (द फर्स्ट फिलोस्फर्स, लन्दन, १९५५; पृष्ठ १९४)। इसी प्रसंग में टौमसन ने मुद्रा के चलन का महत्त्व बताया है और लिखा है कि इससे सिद्ध होता है कि पण्य वस्तुओं का उत्पादन होने लगा था और यह उत्पादन, सामाजिक सम्बन्धों में प्रविष्ट होकर, पुरानी परिस्थितियों को भंग कर रहा था। टौमसन ने इस परिवर्तन को क्रान्ति की संज्ञा दी है और उसकी गुरुता पर जोर दिया है।

यूनान की प्राचीन सभ्यता सामन्ती सभ्यता थी। दास प्रथा के आधार पर यहाँ पण्य वस्तुओं का उत्पादन हुआ, व्यापार का विकास हुआ, इससे सामन्ती व्यवस्था शिथिल हुई। जिस जनपद का मुख्य नगर एथेन्स था, उसकी भाषा साहित्य में प्रतिष्ठित हुई। यूनान की यह प्राचीन जनपदीय भाषा आधुनिक ग्रीक भाषा से काफी मिलती-जुलती है। प्राचीन मदुरइ नगर जिस जनपद का केन्द्र था, उसकी भाषा साहित्य का माध्यम बनी। यह प्राचीन जनपदीय भाषा

आधुनिक तमिल भाषा से बहुत मिलती-जुलती है। जो महत्व यूनान के लिए एथेन्स नगर का है, वह महत्व तमिलनाडु के लिए मदुरइ नगर का है। कहते हैं कि पहला मदुरइ नगर जलमग्न हो गया। ऐसा होने पर भी दूसरे मदुरइ नगर का इतिहास भी काफी लम्बा है। ईसापूर्व शताब्दियों से लेकर अब तक यह नगर तमिल भाषा और संस्कृति का प्रमुख केन्द्र रहा है। तमिल भाषा और साहित्य के अविच्छिन्न इतिहास का यह बहुत बड़ा कारण है।

६. तमिल और संस्कृत का सम्पर्क

तमिल और संस्कृत का सम्बन्ध बहुत पुराना है। द्रविड़ और आर्य भाषाओं का तुलनात्मक अध्ययन करने से विदित होता है कि इन दोनों भाषा-परिवारों का विकास अत्यन्त प्राचीनकाल से परस्पर सम्पर्क द्वारा हुआ है। यह सम्पर्क उस समय का है जिस समय यूरुप और पश्चिमी एशिया की प्राचीन भाषाओं का निर्माण हो रहा था। वैदिक काल में, या उससे कुछ पहले, द्रविड़ लोग भारत के उत्तर-पश्चिमी सीमान्त प्रदेशों में रहते थे, यह बात ऐतिहासिक भाषाविज्ञान के पंडित मानते हैं। उनकी कल्पना में उस समय सभी द्रविड़ जन एक ही भाषा बोलते थे। यूरुप की भाषाओं से द्रविड़ भाषाओं की तुलना करने पर ज्ञात होता है कि उनमें भिन्न प्रकृति वाली अनेक द्रविड़ भाषाओं के तत्त्व हैं। ऐसा होना स्वाभाविक है क्योंकि जैसे आर्य लोग अनेक गणों में विभाजित थे और मिलती-जुलती भाषाएँ बोलते थे, वैसे ही द्रविड़ लोग भी गणों में विभाजित थे और मिलती-जुलती भाषाएँ बोलते थे। भाषाएँ मिलती-जुलती थीं, इसका यह अर्थ नहीं कि उनमें भिन्नता न थी।

अनेक द्रविड़ गणों के समान तमिल गण भी दक्षिण भारत पहुँचे। उनकी प्राचीन गणभाषा के आधार पर आगे चलकर जनपदीय तमिल तथा आधुनिक जातीय भाषा तमिल का विकास हुआ। विकास की इन तीनों मंज़िलों में तमिल कभी भी आर्य भाषाओं से असंपृक्त नहीं रही। यदि तमिलनाडु के स्थान-सूचक नामों का अध्ययन किया जाय तो उनमें अनेक शब्द आर्य भाषाओं के सिद्ध होंगे। इनमें सबसे महत्वपूर्ण नाम है मदुरइ जो उत्तर भारत की मथुरा का प्रतिरूप है। तमिल साहित्य और संस्कृति का आदि काल संगम् काल कहलाता है। यह संगम् संस्कृत संघ का प्रतिरूप है। द्वितीय संगम् काल में एक प्रसिद्ध ग्रन्थ 'तोल्काप्पियम्' रचा गया। इसमें काप्पियम् संस्कृत शब्द काव्य का प्रतिरूप हो चाहे न हो, उस तमिल ग्रन्थ में अनेक संस्कृत शब्दों का प्रयोग हुआ है, यह तथ्य निर्विवाद है। 'तोल्काप्पियम्' के रचनाकार महर्षि अगस्त्य के शिष्य कहे जाते हैं। अगस्त्य प्रथम संगम् के सभापति थे, वे द्वितीय संगम् के समय भी विद्यमान थे, वे तमिल भाषा के जनक थे, उन्होंने सबसे पहले तमिल भाषा का व्याकरण लिखा, संस्कृत के हर क्षेत्र में उन्होंने अग्रदूत का काम किया, यह लोक परम्परा तमिलनाडु में बहुत

दृढ़ता से विद्यमान है। इस प्रसंग में न० वी० राजगोपालन ने लिखा है: "अगस्त्य का व्यक्तित्व एक प्रकार तमिल से अभिन्न सा हो गया है। तीनों संघों के सदस्यों में अगस्त्य का नाम आया है। अगस्त्य के नाम पर अनेक ग्रन्थ प्रचलित हैं। व्याकरण, काव्यशास्त्र, वैद्यक, रसायन, हठयोग, ज्योतिष, शकुनशास्त्र, शैवधर्म, इत्यादि न जाने कितने क्षेत्रों में अगस्त्य की प्रतिष्ठा हुई है। पुराणों से पता चलता है कि ये अलौकिक शक्ति से सम्पन्न थे, शिवजी से तमिल की शिक्षा पाई, तमिल का प्रथम व्याकरण लिखा, तमिल साहित्य का प्रादुर्भाव किया और तमिल के पिता कहलाये।" (तमिल साहित्य का नवीन इतिहास, दिल्ली, १६६४; पृष्ठ ४१)।

कोई व्यक्ति विशेष किसी भाषा का जनक नहीं होता। वह भाषा की शिक्षा मनुष्यों से पाता है, देवताओं से नहीं। लोक-विश्वास का यथार्थ आधार यह है कि तमिलनाडु का सांस्कृतिक विकास शेष भारत के सांस्कृतिक विकास से अविच्छिन्न रूप में जुड़ा हुआ है। तमिलनाडु के अनेक जन विश्वास करते हैं कि पोदिय मलै नामक पर्वत पर अगस्त्य अब भी रहते हैं। इस विश्वास का कारण भी यह है कि उत्तर-दक्षिण का प्राचीन सम्बन्ध अब भी अटूट है।

'दि एज आफ इम्पीरियल यूनिटी' ग्रन्थ में द्रविड़ भाषाओं और साहित्य पर लिखते हुए के० आर० श्रीनिवास आयंगार ने बताया है कि संस्कृत का प्रभाव ईसवी सन् शुरू होने से पहले पड़ने लगा था। इस प्रभाव से तमिल में बहुत से संस्कृत और प्राकृत शब्द चालू हुए। इसके बाद बौद्ध और जैन प्रभाव का युग आया; तमिल, कन्नड़ और तेलुगु लेखक और अधिक संस्कृत शब्दों का व्यवहार करने लगे। तीसरा युग सन्तों और सुधारकों का है। इस समय संस्कृत का प्रभाव बहुत स्पष्ट है।

स्थानवाचक नामों की तरह कुछ राजवंशों के नाम भी महत्वपूर्ण हैं। प्रसिद्ध है कि तमिलनाडु पर किसी समय पाण्ड्य वंश के राजा राज्य करते थे। इस पाण्ड्य शब्द का सम्बन्ध महाभारत के पाण्डवों से है। उत्तर भारत के अनेक राजवंशों ने अपना सम्बन्ध पाण्डवों से जोड़ा था, उसी तरह तमिलनाडु के राजाओं ने भी अपना सम्बन्ध महाभारत के विख्यात वीरों से जोड़ा था। ये पाण्ड्य राजा चाहे तमिलनाडु के हों, चाहे बाहर से आये हों, असंदिग्ध तथ्य यह है कि महाभारत की कथा तमिलनाडु में अत्यन्त प्राचीन काल से लोकप्रिय थी। यह लोकप्रियता जनसाधारण के स्तर पर विद्यमान थी; साहित्य से भिन्न संस्कृति के हर क्षेत्र में उसके दर्शन होते थे। इस सन्दर्भ में तमिल भाषा और साहित्य के विशेषज्ञ टी० पी० मीनाक्षी सुन्दरन् के निम्नलिखित शब्द ध्यान देने योग्य हैं: "हमें यह तथ्य ध्यान में रखना चाहिए कि महाभारत कथा सारे भारत में लोकप्रिय होती जा रही थी। समस्त स्थानीय लोककथाएँ उससे घुलमिल गई हैं। परिणाम यह कि प्रत्येक राजा का, और जहाँ भी पाँच की संख्या दिखाई पड़े वहाँ,

उसका सम्बन्ध महाभारत के नायकों, पाँचों पाण्डवों से जोड़ दिया जाता है। जिन गुफाओं में पाँच या इससे अधिक पर्यंक पत्थर काटकर बनाये गये हैं, उन्हें पाण्डवों से जोड़ दिया गया है। महाबलिपुरम् के रथ या मन्दिर पाण्डवों के नाम पर हैं। संगम् पद्यों में उल्लेख है कि चेर गण पाँचों को—सम्भवत: संघ को—और सौ को भोजन कराते थे; अत्यन्त प्राचीन काल से इसका अर्थ यह किया जाता रहा है कि यह महाभारत युद्ध का समकालीन उल्लेख है।" (ए हिस्ट्री आफ़ तमिल लिटरेचर, अन्नामलइ नगर, १९६५; पृष्ठ ७-८)।

यहाँ भी लोक-परम्परा का एक वास्तविक आधार है। वह आधार यह है कि महाभारत की कथा जितना उत्तर भारत में लोकप्रिय थी, उससे कुछ अधिक ही लोकप्रियता उसे दक्षिण भारत में प्राप्त हुई। इस लोक-परम्परा की पुष्टि तमिल भाषा और साहित्य के अध्ययन से होती है। अत: यह निष्कर्ष सही है कि तमिल साहित्य का विकास संस्कृत भाषा और साहित्य से अलग रहकर नहीं हुआ।

७. देशी भाषाओं का अन्तर्विरोध

संस्कृत-प्राकृत-भाषातंत्र से जनपदीय भाषाओं का जो अन्तर्विरोध रहा है, उसके अतिरिक्त देशी भाषाओं में आपसी अन्तर्विरोध भी रहा है। सामन्ती व्यवस्था में राज्यों की सीमाएँ भाषाक्षेत्रों की सीमाओं के अनुरूप नहीं होतीं, इसलिए कोई एक भाषा बोलने वाला दल दूसरी भाषा के क्षेत्र पर अंशत: या पूर्णत: हावी हो जाय, यह स्वाभाविक है। अंग्रेज़ों ने यहाँ के सामन्तों की सहायता से अपना राज्य कायम किया। उन्होंने उस पुरानी सामन्ती नीति को बहुत जगह नया रूप दिया देशी भाषाओं के ऐसे अन्तर्विरोध प्राचीनकाल में थे। इनका नमूना तमिल और मलयालम का अन्तर्विरोध है। ऐसे अन्तर्विरोध तथाकथित मध्यकाल में थे। इनका नमूना मराठी और कन्नड़, मराठी और गुजराती आदि के बीच है। अंग्रेज़ी राज में इस तरह का अन्तर्विरोध बँगला और उड़िया, बँगला और असमिया के बीच रहा है। भारतीय साहित्य का अध्ययन करते समय इन अन्तर्विरोधों को ध्यान में रखना आवश्यक है।

जिस भाषा में साहित्य-रचना पहले हो, वह भाषा अपने परिवार की प्राचीनतम सदस्य हो, यह आवश्यक नहीं है। द्रविड़ भाषाओं में तमिल भाषा का साहित्य सबसे पुराना है, इससे कुछ लोगों में यह मिथ्या धारणा पैदा हुई है कि तमिल भाषा द्रविड़ भाषाओं में सबसे पुरानी है। इस धारणा के वशीभूत होकर वे तमिल और मलयालम का सम्बन्ध सही रूप में नहीं देख पाते। तमिल की अपेक्षा प्राचीनता के लक्षण मलयालम में अधिक हैं। हिन्दी आदि आर्य भाषाओं के समान तमिल में क्रियारूप लिंगभेद व्यंजित करते हैं। मलयालम में यह स्थिति नहीं है। बँगला के समान मलयालम के क्रियारूप लिंगभेद व्यक्त नहीं करते। इन दोनों भाषाओं में यह लक्षण अत्यन्त प्राचीन है, इनमें साहित्य रचना चाहे जितने

विलम्ब से हुई हो।

केरल के काफी हिस्से पर तमिलनाडु के राजा शासन करते थे। इस कारण मलयालम को साहित्य का माध्यम बनने का अवसर न मिला। एक ओर संस्कृत-प्राकृत का भाषातंत्र, दूसरी ओर राजभाषा तमिल का दबाव, केरल की इस विशेष स्थिति में वहाँ की भाषा मलयालम में साहित्य-रचना का कार्य विलम्ब से हुआ। इस विलम्ब का अर्थ लोग यह लगाते हैं कि मलयालम भाषा का जन्म ही विलम्ब से हुआ।

१७वीं सदी में जब मराठों ने अपना राज्य विस्तार किया, तब इसका प्रभाव पड़ोसी भाषाओं की स्थिति पर भी पड़ा। कन्नड़ भाषा पर इस प्रभाव की चर्चा करते हुए आर० ऐस० पंचमुखी ने लिखा है : "सत्रहवीं सदी में कर्णाटक पर मराठा शासन लादा गया। सांस्कृतिक रूप से यह शासन स्वस्थ था, उसकी आत्मा विरोधी नहीं थी, फिर भी किसी प्रदेश के विकास के लिए जो भाषागत एकरूपता आवश्यक है, उसकी उपेक्षा के लिए रास्ता साफ हो गया। कुछ ही दशकों में सारे उत्तरी कर्णाटक पर मराठे छा गये। इससे मराठी के लिए आग्रह बढ़ा और वहाँ की धरती की भाषा कन्नड़ के प्रति उपेक्षा का भाव बढ़ा।" (कर्नाटक दर्शन, बम्बई, १९५५; पृष्ठ २३-२४)।

इससे मिलती-जुलती बात गुजराती के लिए कनैयालाल माणकलाल मुंशी ने कही है : "निस्सन्देह शिवाजी और महान् पेशवाओं ने एक सुशासित साम्राज्य का स्वप्न देखा था। किन्तु उनके कारिन्दों के लिए गुजरात एक खज़ाने की तरह था जिसे लूटना था, न कि एक प्रदेश, जिस पर शासन करना था। उनका काम साल दर साल बढ़ता हुआ खिराज वसूल करना भर था। पेशवाओं के ग़ैर जिम्मेदार कारिन्दों, गायकवाड़ और सिन्धिया ने, किसानों से हर तौर-तरीके से मालगुजारी उगाही और अतिरिक्त पैसा वसूल किया। नतीजा यह कि उपजाऊ प्रदेश अनजोते-अनबोये पड़े रहे।...इस प्रकार गुजरात एक विशाल युद्ध-क्षेत्र बन गया जिसमें लड़ाइयों का सिलसिला खत्म होने को न आता था। अहमदाबाद के बारे में फोर्ब्स ने अपने ग्रन्थ 'ओरिएन्टल मेम्वार्स' (१.७८१) में लिखा है : 'किसी समय इस नगर में व्यापार को हर तरह का प्रोत्साहन मिलता था। तरह-तरह के यात्री, सौदागर और कलाकार यहाँ एकत्र होते थे। अब यह सुनसान, मुफलिस और वीरान है।' खम्भात और घोघा का उद्योग व्यापार भी तबाह हो गया।" (गुजरात ऐन्ड इट्स लिटरेचर, पृष्ठ २५८-५९)।

भारतीय सामन्तवाद के ह्रासकाल की इस स्थिति को ध्यान में रखना आवश्यक है। तुर्कों और उनके बाद अंग्रेज़ों की विजय इसी तरह की परिस्थितियों से सम्भव हुई। यहाँ का व्यापारी वर्ग इतना असंगठित और दब्बू था कि वह सामन्ती तंत्र के बदले नया प्रजातन्त्र स्थापित करने में असमर्थ रहा। सामन्तों की तरह इस वर्ग के भी एक भाग ने अंग्रेज़ों को ऋण देकर उन्हें यहाँ अपना

राज्य कायम करने में सहायता दी।

जब अंग्रेज़ों का राज्य कायम हुआ, तब उन्होंने ने भी एक जाति और भाषा के विरुद्ध दूसरी जाति और भाषा को प्रश्रय देकर भारतीय साहित्य के विकास में बाधाएँ उत्पन्न कीं। उड़िया और बँगला के सम्बन्धों पर मायाधर्म मानसिंह ने लिखा है : "प्लासी के युद्ध के सौ वर्ष बाद जबकि बंगाल का अपना एक विश्वविद्यालय था, अंग्रेज़ी स्कूल और कालेज तो अगणित थे, और उसके साथ बँगला उच्च स्तर पर विकसित हो चुकी थी, उनकी तुलना में उड़िया और असमिया में दिखाने योग्य कुछ भी नहीं था। यहाँ तक हालत थी कि उड़ीसा में एक पूरा पक्का हाईस्कूल भी नहीं था।" (आज का भारतीय साहित्य, पृष्ठ २५)।

असमिया और बँगला के सम्बन्धों के बारे में विरिञ्चि कुमार बरुआ ने लिखा है : "अंग्रेज़ों ने आसाम को १८२७ में हथिया लिया। ब्रिटिश राज्य के आरम्भ में (१८३६-१८७२) असमिया भाषा को स्कूलों तथा कचहरियों में कहीं भी स्थान नहीं मिला। अतः असमिया भाषा के विकास और प्रगति का यह युग नहीं था।" (आज का भारतीय साहित्य, पृष्ठ ३)।

इस प्रकार प्राचीनकाल, मध्यकाल, आधुनिककाल, साहित्य के इतिहास में जिन तीन कालों की चर्चा की जाती है, उन तीनों में भारतीय जातियों और उनकी भाषाओं के अन्तर्विरोध अनेक स्तरों पर कायम रहे। इसका मुख्य कारण यह था कि भारतीय जनता सामन्ती अवशेषों को खत्म न कर पाई और अंग्रेज़ों ने इनसे लाभ उठाया। साथ ही यह तथ्य भी स्मरणीय है कि सामन्ती विघटन के बावजूद यहाँ की जातियों ने एक दूसरे की भाषाओं और साहित्य के विकास में योगदान किया और मिलकर अंग्रेज़ी राज का सामना किया।

८. प्राकृत तंत्र और अपभ्रंश

प्रसिद्ध है कि अपभ्रंश का ध्वनितंत्र लगभग वही है जो प्राकृत का है। अपभ्रंश के रूपतंत्र में देशी भाषाओं के रूपतंत्र के लक्षण मिलते हैं। स्पष्ट ही अपभ्रंश में एक आन्तरिक विरोध है। इसका ध्वनितंत्र प्राकृत की ओर मुँह किये है और रूपतंत्र देशी भाषाओं की ओर। अपभ्रंश के ध्वनितंत्र की पताका पर बहुत स्पष्ट मूर्धन्य ण् अंकित है :

अक्खरमेक्क एत्थ मइ जाणिउ।
ताहरणाम जाणमि ए स इउ॥
रुअणें सअल विजोहिणउ गाहइ।
कुन्दुरु-खणहि महा सुह साहइ॥

प्रबोधचन्द्र बागची द्वारा सम्पादित दोहाकोश खोलने पर जो पंक्तियाँ सामने पड़ीं, मैंने यहाँ उद्धृत कर दीं (देखें पृष्ठ ३५)। बड़े-बड़े विद्वान् गम्भीरतापूर्वक विवेचन करते हैं कि १००० साल पहले बंगाल अथवा मगध में इस तरह की

भाषा बोली जाती थी। ब्रज प्रदेश से लेकर असम तक बोलचाल की भाषा में मूर्धन्य ण् का बहिष्कार है। बाँगरू, पंजाबी, राजस्थानी, मराठी में इसकी भरमार है। एक विशाल प्रदेश से यह महत्वपूर्ण ध्वनि अचानक गायब क्यों हो गई और दूसरे विशाल प्रदेश में वह विद्यमान कैसे रही ?

अत्यन्त प्राचीनकाल से ण् और न् का भेद दो भाषा-समुदायों का विभाजन सूचित करता रहा है। संस्कृत में ण् की भरमार है पर यदि संस्कृत के मूल शब्द-भंडार, सर्वनामों, क्रियापदों, संख्यावाचक शब्दों, प्राकृतिक-पारिवारिक परिवेश से सम्बद्ध सामान्य शब्दों, उपसर्गों, प्रत्ययों, अव्ययों आदि भाषा-तत्त्वों पर ध्यान दें तो, विदित होगा कि संस्कृत, उसके साथ वैदिक भाषा, मूलतः उस क्षेत्र की भाषा है जिसमें मूर्धन्य नासिक्य ध्वनि का अभाव था। संस्कृत के इस ण्-विहीन मूलाधार पर ण्-युक्त भवन की रचना की गई। इस भवन में अन्य मूर्धन्य ध्वनियाँ भी सजाई गईं पर जैसी भरमार इस नासिक्य ध्वनि की थी, वैसी अन्य किसी मूर्धन्य ध्वनि की नहीं थी। मध्यदेश की मूल भाषा का जो संस्कृतीकरण हुआ, उसका प्रतिफलन वैदिक भाषा है। यह रिक्थ पाली और प्राकृत ने ग्रहण किया, पाली ने कम, प्राकृत ने अधिक। प्राकृत से उसे अपभ्रंश ने उत्तराधिकार में पाया। यह ण् बहुला भाषा पंजाब या गुजरात की भाषा हो तो हो, बंगाल, मगध या ब्रज प्रदेश की भाषा कैसे हो सकती है ?

अपभ्रंश की एक विशेषता, प्राकृत के समान, अइ, अउ आदि संयुक्त स्वरों का अभाव है किन्तु अवधी आदि पूर्वी क्षेत्र की भाषाओं में इन स्वरों की प्रचुरता है, बंगला में इन संयुक्त स्वरों की विविधता और भी अधिक है। प्राकृतों की अपेक्षा अपभ्रंश में दो स्वरों के बीच में आने वाले व्यंजन अधिक सुरक्षित रहते हैं। मध्यदेश के सीमान्त प्रदेशों में—यथा पूर्वी बंगाल में—आज भी मध्यवर्ती व्यंजनों के लोप की प्रवृत्ति है। प्राकृत में इस प्रवृत्ति का अतिरंजित रूप है। भारत शब्द भी अपभ्रंश में इस प्रवृत्ति के अनुसरण के कारण भारइ हो गया है। हेमचन्द्र के व्याकरण में : भाईरहि जिवँ भारइ मग्गेँहिँ तिहिँ वि पयट्टइ। यहाँ पहला शब्द भागीरथी है और तीसरा शब्द भारत या भारते है। प्राकृतों की एक विशेषता दो स्वरों का दो वर्णों (सिलेबिलों) में साथ-साथ प्रयोग है, यथा गअण, लोअह, विअ, जाअइ इत्यादि। यह प्रवृत्ति आधुनिक आर्यभाषाओं के ध्वनितंत्र के विपरीत है किन्तु प्राकृत से चली आती हुई परम्परा का निर्वाह अपभ्रंश में भी होता है।

अपभ्रंश के रूपतंत्र को उसकी विशेषता का सूचक माना जाता है, उसे प्राकृत के रूपतंत्र से भिन्न माना जाता है। किन्तु यहाँ भी प्राकृत क्या, संस्कृत के ही अनेक रूप सीधे-सीधे अपभ्रंश में चले आये हैं। करण कारक के रूप का उदाहरण हेमचन्द्र में सएण है जो शतेन का प्रतिरूप है—वरिस सएणवि जो मिलइ इत्यादि। ऐसे रूप सरह के दोहाकोश में भी हैं। राहुल जी द्वारा सम्पादित

दोहाकोश में यह उदाहरण दर्शनीय है :

बज्झइ कम्मेण जणो कम्मविमुक्केण होइ मण मुक्को।
मणमोक्खण अणु अरं पाविज्जइ परम (णि)व्वाणं।।

यहाँ कम्मेण, विमुक्केण, मोक्खेण रूप संस्कृत का अनुसरण करते हैं। जो लोग मानते हैं कि अपभ्रंश बोलचाल की भाषा थी, वे यह भी मानेंगे कि गुजरात से लेकर बंगाल तक करण कारक का एक ही रूप प्रचलित था और यह वैदिक काल से चला आ रहा था। फिर पन्द्रहवीं सदी के आसपास सभी भाषाओं में अचानक इसका लोप हो गया।

यह तथ्य महत्वपूर्ण है कि हेमचन्द्र ने अपने प्राकृत-अपभ्रंश व्याकरण में संस्कृत को आधार मानकर उसके विकृत रूपों के बारे में नियम बनाये हैं। जो लोग यह मानते हैं कि आधुनिक आर्य भाषाएँ संस्कृत की पुत्रियाँ हैं, अर्थात् उसी की विकृतियाँ हैं, वे हेमचन्द्र के मार्ग पर ही चलते हैं। किन्तु हेमचन्द्र और उनके पूर्ववर्ती वैयाकरण बहुत अच्छी तरह जानते थे कि देशी भाषाएँ प्राकृत और अपभ्रंश से भिन्न हैं। उन्होंने अपभ्रंश को संस्कृत की विकृति माना है, विकार के नियम बताये हैं, देशी भाषाओं को उन्होंने व्याकरण के इस शिकंजे में नहीं कसा। यह कार्य आधुनिक भाषाविज्ञान के आचार्यों ने किया है। स्वभावतः देशी भाषाओं की विविधता—प्राकृत-अपभ्रंश काल की जनपदीय भाषाओं की विविधता—अपभ्रंश से उद्भूत सिद्ध नहीं की जा सकती। क्रियारूपों में अन्य पुरुष, एक-वचन, वर्तमानकालीन संस्कृत रूपों के ति के स्थान पर अपभ्रंश में इ का व्यवहार होता है, पर यहाँ भी प्राकृत प्रभाव से हेमचन्द्र के उदाहरणों में ति अथवा दि वाले रूप दिखाई देते हैं : प्रङ्गणि चिट्ठदि नाहु ध्रुं त्रं रणि करदि न भ्रन्ति। यहाँ तिष्ठति और करोति के प्रतिरूप चिट्ठदि और करदि है। बहुवचन रूप हैं भुञ्जन्ति, घेप्पन्ति, वसन्ति, मज्जन्ति आदि।

हेमचन्द्र अपभ्रंश सिखाने के लिए अपना व्याकरण रच रहे हैं। प्राकृत भी सिखानी है और अपभ्रंश भी। उन्हें सिखानी है जिन्हें संस्कृत आती है, इसलिए सूत्र संस्कृत में रचे हैं, उनका वार्तिक भी संस्कृत में लिखा है। अपभ्रंश ग्रन्थों की संस्कृत टीकाएँ निरन्तर लिखी जाती रहीं। अद्भुत बात है कि लोकभाषा की टीका देववाणी में लिखी जाय। संस्कृत इस लोक की भाषा न रह गई थी, इसी-लिए तो प्राकृतों का जन्म हुआ और प्राकृतें भी जब साहित्य की भाषाएँ बनकर जड़ हो गईं, तब अपभ्रंश का जन्म हुआ। और इस अपभ्रंश की व्याख्या करने के लिए प्राकृतों का नहीं, उसकी मातामही संस्कृत का सहारा लिया गया! महानय प्रकाश के रचनाकार "शितकण्ठाचार्य ने अपने मूल अपभ्रंश पद्यों पर संस्कृत टीका भी लिखी है।" (रामसिंह तोमर, प्राकृत और अपभ्रंश साहित्य, पृष्ठ १८८) जिनदत्त सूरि की कृति 'चर्चरी' की संस्कृत टीका जिनपाल ने लिखी। (उप०, पृष्ठ ९१)। प्रसिद्ध ग्रन्थ 'बौद्ध गान ओ दोहा' की संस्कृत टीका अद्वयवज्र ने लिखी।

(उप०, पृष्ठ १७०)। 'महानय प्रकाश' के कर्ता शैव थे, 'चर्चरी' के लेखक जैन थे और 'बौद्ध गान ओ दोहा' के सिद्ध कविगण बौद्ध थे। रामसिंह तोमर की पुस्तक के दो अध्याय जैन अपभ्रंश साहित्य पर हैं, एक अध्याय बौद्ध सिद्धों की धार्मिक अपभ्रंश पर और एक शैवों की अपभ्रंश पर है। यह तथ्य रोचक है कि अपभ्रंश के रचनाकार जैन, बौद्ध और शैव ही अधिक थे। या तो इन मतों से भाषा-सम्बन्धी क्रान्तिकारिता का विशेष सम्बन्ध था, या अपभ्रंश के रचनाकार लोक-भाषाओं की मिलावट से एक विशेष प्रकार की भाषा तैयार कर रहे थे जिसे गुरु और उसके शिष्य ही समझ सकते थे। शैव अपभ्रंश रचनाओं के प्रसंग में रामसिंह तोमर ने लिखा है : "महार्थ मंजरी में प्राकृत को एक स्थान पर सम्प्रदाय की भाषा कहा गया है, सम्भव है कि सम्प्रदाय की भाषा होने के कारण ही अपभ्रंश को आचार्य न भुला सके हों, या जनता में अपने दर्शन को प्रचारित करने के लिए अपभ्रंश को अपनाया होगा।" (उप०, पृष्ठ १८५)। यह दुविधा की स्थिति है। फिर भी इस सम्भावना का उल्लेख किया गया है कि मतवाद के कारण एक विशाल क्षेत्र में अपभ्रंश का व्यवहार होता रहा। शैव अपभ्रंश की रचनाएँ साहित्यिक दृष्टि से (और दार्शनिक दृष्टि से भी) भले निरर्थक हों, फिर भी "इन रचनाओं से अपभ्रंश भाषा के प्रयोग के क्षेत्र का विस्तार और उसकी मान्यता की सूचना मिलती है।" (उप०, पृष्ठ १८८)। अपभ्रंश की दिग्विजय का वर्णन करते हुए रामसिंह तोमर ने लिखा है : "मध्ययुग में उत्तरी भारत के प्रायः प्रत्येक प्रदेश और प्रत्येक समुदाय के ऐसे मर्मियों, गूढ़वादियों की रचनाएँ मिलती हैं, जिनका साधना मार्ग बहुत उदार और प्रशस्त था। बौद्ध सिद्धों ने ऐसी रचनाएँ पूर्वीय प्रान्तों में कीं और उसी प्रदेश में उन्होंने जाति-वर्णभेद को मिटाकर, घर में ही रहने वाले देव का उपदेश दिया, जैन मर्मियों ने तथा गोरक्षनाथ आदि ने मध्य-प्रदेश [यानी मध्यदेश] में रहकर इस उदार रहस्यवाद का प्रचार किया और अद्वैत शैवमत के अनुयायियों ने काश्मीर प्रदेश में उसी उदार, वैराग्यपूर्ण निरीह अक्खड़ भावधारा का उपदेश दिया। मध्ययुग के साधना पथों को समझने के लिए काश्मीर शैवों की यह कृतियाँ बहुत महत्वपूर्ण सामग्री प्रस्तुत करती हैं। भाषा और साहित्य की दृष्टि से भी उनका पर्याप्त महत्त्व है, भले ही उसमें साहित्यिक सजीवता न हो और वे नीरस हों। अपभ्रंश की दिग्विजय के सूचक इन कतिपय अपभ्रंश पद्यों का इसी दृष्टि से महत्त्व है।" (उप०, पृष्ठ १८८)।

राहुल जी उपर्युक्त उदार, वैराग्यपूर्ण, निरीह, अक्खड़ भावधारा को क्रान्तिकारी भावधारा और विचारधारा के रूप में देखते हैं। सरहपाद बौद्ध सिद्ध थे। वह राहुल जी के अनुसार नई भाषा और नये छन्दों के युग के आदि कवि हैं और सांस्कृतिक क्रान्ति के सूत्रधारों में उनका स्थान उतना ही ऊँचा है जितना गौतम बुद्ध का क्योंकि "सन्त-सिद्ध परम्परा के आदि-सिद्ध होकर वह आध्यात्मिक तौर से भी नई दिशा दिखलाने वाले हैं। शायद उन्हें द्वितीय बुद्ध कहकर लोग

अतिशयोक्ति से काम नहीं लेते।" (दोहा कोश, पृष्ठ ९)। भावधारा की इस क्रान्ति के साथ उन्होंने भाषाई क्रान्ति भी की: "संस्कृत को नहीं, बल्कि साहित्यिक भाषा के तौर पर अभी अस्वीकृत अपभ्रंश को अपने भावों का माध्यम बनाना बतलाता है, कि अपने दूर के अनुयायी कबीर की तरह वह पंडितों से नहीं, बल्कि जनसाधारण से सम्बन्ध रखना चाहते थे।" (उप०, पृष्ठ १६)। 'वज्रयान और चौरासी सिद्ध' नाम के लेख में राहुल जी ने सिद्धों की सामाजिक क्रान्ति का एक पक्ष इस प्रकार उद्घाटित किया है: "चौथी बात (स्त्री) में तो उन्होंने जाति, कुल ही नहीं, बल्कि माता, बहन के सम्बन्ध तक की अवहेलना करने की शिक्षा दी है। यह बुद्ध की मूल शिक्षा से तो दूर थी ही, महायान के लिए भी इसे जल्दी हजम करना मुश्किल था।" (पुरातत्त्व निबन्धावली, पृष्ठ १४४)। अपनी सामाजिक क्रान्ति का प्रचार जनसाधारण के बीच ये सिद्ध गण लोकभाषाओं में करते तो उन्हें अकाल ही निर्वाण प्राप्त होता। वे श्री पर्वत को वज्रयान का केन्द्र बनाकर वहाँ निवास करें, बस्तियों से दूर अन्य पर्वतों पर रहें, यह स्वाभाविक था। 'हिन्दी के प्राचीनतम कवि और उनकी कविताएँ' शीर्षक लेख में राहुल जी ने सिद्धों की भाषाई क्रान्ति के बारे में लिखा है: "सिद्धों ने भाषा में कविता करके यद्यपि अपने विचारों को जनता के समझने लायक बना दिया; तथापि डर था कि, विरोधी उनके आचार-विरोधी कर्म-कलाप का खुले आम विरोध कर कहीं जनता में घृणा का भाव न पैदा कर दें; इसीलिए वह एक तो विशेष योग्यता प्राप्त व्यक्तियों को ही उन्हें सुनने का अवसर देते थे, दूसरे भाषा भी ऐसी रखते थे, जिसका अर्थ वामाचार और योगाचार, दोनों में लग जाये।" (पुरातत्व०, पृष्ठ १६०)। सिद्धों ने अपने विचारों को जनता में समझने लायक बना दिया पर उन्हें जनता के बीच ले जाते उन्हें झिझक होती थी। जो विचार जनसाधारण के हित के लिए थे, उन्हें वे विशेष योग्यता प्राप्त व्यक्तियों को ही सुनने का अवसर देते थे। इस विशेष योग्यता की कसौटी क्या थी? दोहाकोश की भूमिका में राहुल जी ने लिखा है: "सरह के बाद चर्याओं का प्रचार बहुत जोर से हुआ, जिनमें पंचमकार का प्रयोग आवश्यक था।" (पृष्ठ ७०)। पंचमकार-साधना सार्वजनिक रूप से न की जा सकती थी, विशेषकर एक मकार की, जिसका सम्बन्ध स्त्री से था। यह साधना एकान्त स्थानों में, गुप्त गोष्ठियों में ही सम्भव थी। इस साधना से जो भाषा सम्बद्ध थी, वह अपभ्रंश थी। वामाचारियों के लिए अपभ्रंश ऐसी गूढ़ भाषा थी जिससे वह जनता को प्रभावित करते थे। मतवाद से बाहर अपभ्रंश में जो साहित्य रचा गया, उसका आधार भारत का बिखरा हुआ सामन्तवर्ग था जो वीरता और शृंगार के अतिरंजित वर्णन से अपना मनोरंजन करता था। संस्कृत के माध्यम से भारत के सामन्तों, व्यापारियों और विद्वानों ने जो एकता कायम की थी, वह छिन्न-भिन्न हो गई थी। अपभ्रंश साहित्य सामन्ती व्यवस्था के ह्रासकाल का साहित्य है।

६. अपभ्रंश तथा पुरानी हिन्दी, पुरानी बँगला इत्यादि

अपभ्रंश आधुनिक आर्य भाषाओं का पुराना रूप है, यह बात अप्रत्यक्ष रूप से भाषाविज्ञानी मानते हैं। आधुनिक आर्य भाषाओं का जन्म अपभ्रंश से हुआ, इस मान्यता से यह निष्कर्ष निकालना कठिन नहीं था कि अपभ्रंश इनका पुराना रूप है। किन्तु किस आर्य भाषा से अपभ्रंश का विशेष सम्बन्ध है, इस बात को लेकर विद्वानों में मतभेद रहा।

चन्द्रधर शर्मा गुलेरी ने पुरानी हिन्दी नाम के प्रसिद्ध निबन्ध में लिखा : "पुरानी अपभ्रंश संस्कृत और प्राकृत से मिलती है और पिछली पुरानी हिन्दी से···अपभ्रंश कहाँ समाप्त होती है और पुरानी हिन्दी कहाँ आरम्भ होती है, इसका निर्णय करना कठिन, किन्तु रोचक और बड़े महत्त्व का है। इन दो भाषाओं के समय और देश के विषय में कोई स्पष्ट रेखा नहीं खींची जा सकती। कुछ उदाहरण ऐसे हैं जिन्हें अपभ्रंश भी कह सकते हैं, पुरानी हिन्दी भी।" (पुरानी हिन्दी, काशी, पृष्ठ ११)। हेमचन्द्र द्वारा उद्धृत अपभ्रंश-पद्यों की भाषा के बारे में उन्होंने लिखा : "ये उदाहरण अपभ्रंश कहे जायँ किन्तु उस समय की पुरानी हिन्दी ही हैं, वर्तमान हिन्दी साहित्य से उनका परम्परागत सम्बन्ध वाक्य और अर्थ से स्थान-स्थान पर स्पष्ट होगा। स्मरण रहे कि ये उदाहरण हेमचन्द्र के अपने बनाये हुए नहीं हैं, कुछ वाक्यों को छोड़कर सब उससे प्राचीन साहित्य के हैं। इनसे उस समय के पुराने हिन्दी साहित्य के विस्तार का पता लगता है।" (उप०, पृष्ठ १३०)। गुलेरी जी की इस मान्यता को हजारीप्रसाद द्विवेदी ने अंशतः स्वीकार किया है। हिन्दी साहित्य का आदिकाल वही है जो अपभ्रंश साहित्य का रचनाकाल है। उनका मत है : "इस प्रकार दसवीं से चौदहवीं का काल, जिसे हिन्दी का आदिकाल कहते हैं, भाषा की दृष्टि से अपभ्रंश का ही बढ़ाव है। इसी अपभ्रंश के बढ़ाव को कुछ लोग उत्तरकालीन अपभ्रंश कहते हैं और कुछ लोग पुरानी हिन्दी। इस पुरानी हिन्दी के कुछ पुराने नमूने शिलालेखों में मिल जाते हैं। बारहवीं शताब्दी तक निश्चित रूप से अपभ्रंश भाषा ही पुरानी हिन्दी के रूप में चलती थी यद्यपि उसमें नये तत्सम शब्दों का आगमन शुरू हो गया था।" (हिन्दी साहित्य का आदिकाल, पटना, १९५२ ई०; पृष्ठ २१)।

तत्सम या तद्भव रूपों के न्यूनाधिक प्रयोग से भाषा की संरचना नहीं बदल जाती। देखना यह चाहिए कि जिसे हम पुरानी हिन्दी कहते हैं, उसकी संरचना कितना प्राकृत से मिलती है, कितना हिन्दी अथवा अन्य किसी देशी भाषा से। माताप्रसाद गुप्त ने राउलवेल काव्य को ग्यारहवीं सदी की रचना बताया है और इसमें उन्होंने अवधी का प्राचीनतम रूप देखा है। उनका दावा यह भी है कि इस काव्य में मराठी, बँगला, ब्रज, खड़ीबोली, पश्चिमी राजस्थानी और मालवी के प्राचीनतम प्रामाणिक रूप उपलब्ध हैं।

राउलवेल की भाषा अपभ्रंश है जिसमें अनेक देशी भाषाओं का मिश्रण है। माताप्रसाद गुप्त ने बोलचाल की भाषा तथा अपभ्रंश में भेद किया है जो उचित है। साथ ही उन्होंने प्रादेशिक भाषाओं के तत्त्व पहचानने के लिए, पूर्णतः नहीं पर अंशतः, अपभ्रंशों का ही सहारा लिया है। उन्होंने रूपतंत्र के विश्लेषण को मुख्य आधार मानकर राउलवेल में आये हुए कुल रूप गिने। इनकी संख्या ३७४ निकली। इनमें सबसे अधिक संख्या, २४३, पश्चिमी अपभ्रंश रूपों की है। इसी से सिद्ध है कि राउलवेल की भाषा अपभ्रंश है। अपभ्रंश होने से उसमें देशी भाषाओं का मिश्रण होना ही चाहिए। अपने आँकड़ों से निष्कर्ष निकालते हुए उन्होंने लिखा है : "इस विवरण से भी इस तथ्य की पुष्टि होती है कि प० [पश्चिमी] तथा मपू० [मध्य-पूर्वीय औक्तिकभाषा] के रूपों काअनुपात रचना में समस्त रूप से परस्पर समान किन्तु अन्यों की अपेक्षा अधिक है। प० के रूपों का बाहुल्य इसलिए भी हो सकता था कि वह एक सर्वमान्य माध्यम बन गई थी। मपू० की वह स्थिति नहीं थी। वह एक औक्तिक भाषा मात्र थी। इसलिए उसके रूपों के आधिक्य का एकमात्र कारण यही ज्ञात होता है कि रचना मपू० के किसी क्षेत्र में की गई और वहीं की भाषा को रचना की सामान्य भाषा के रूप में ग्रहण किया गया; केवल विभिन्न नखशिखों में रोचकता लाने के लिए नायिकाओं की प्रादेशिकता के अनुसार तत्तत् प्रदेशों की औक्तिक भाषाओं के तत्त्व भी रख दिये गये।" (राउलवेल और उसकी भाषा, सम्पादक माताप्रसाद गुप्त, इलाहाबाद, पृष्ठ ८१)।

इस विश्लेषण से भी यह विदित होता है कि राउलवेल के रचनाकार ने बोलचाल की भाषाओं में रचना नहीं की, उसने रोचकता लाने के लिए अपभ्रंश में इन भाषाओं के तत्त्व भी रख दिये थे। यदि वह कोसल का था तो अपने यहाँ के अधिक शब्द वह रखता ही। पर इस कारण यह नहीं कहा जा सकता कि रचना की सामान्य भाषा "पुरानी दक्षिण कोसली" है। (उप०, पृष्ठ १९)। अधिक से अधिक यह कहा जा सकता है कि इसमें अवधी के शब्द अधिक हैं। पर ऐसी कौन सी अपभ्रंश है जिसमें अवधी के तत्त्व न हों?

एक रोचक तथ्य यह है कि तथाकथित दक्षिणी अपभ्रंश में तो मराठी के विशिष्ट रूप नहीं हैं पर इस राउलवेल में हैं। माताप्रसाद गुप्त ने इस संदर्भ में लिखा है : "इनमें आये हुए प्रत्यय-चा और उसके विभिन्न रूपों से तथा प्रश्नवाचक वि० [विशेषण] एक० पुं० चा से यह प्रकट है कि नखशिख की भाषा मराठी का ही कोई पुराना रूप है। अपने दक्षिणी अपभ्रंश के निरूपण का आधार डा० तगारे ने ऐसी अपभ्रंश रचनाओं को बनाया है जो महाराष्ट्र प्रदेश में रची गई थीं, और ये रूप उन रचनाओं में नहीं आते हैं, इसलिए यह प्रकट है कि तृतीय नखशिख की रचना में कवि ने तत्कालीन औक्तिक मराठी की सहायता ली है।" (उप०, पृष्ठ ८२)। इससे सिद्ध हुआ कि जिस प्रदेश में अपभ्रंश का कोई लेख या लेखक

मिले, उसकी भाषा को उस प्रदेश की भाषा न मान लेना चाहिए। अपभ्रंश में यदि किसी भाषा के रूप प्रवेश न कर पाये हों, तो इससे उसका अभाव सिद्ध नहीं होता। रोचकता लाने के लिए राउलवेल की अपभ्रंश में यदि कुछ मराठी रूप मिला दिये गये हैं, तो इस कारण उस भाषा को पुरानी मराठी नहीं कहा जा सकता। इसी न्याय से राउलवेल की भाषा को पुरानी अवधी या दक्षिण कोसली नहीं कहा जा सकता, भले ही उसमें अवधी के रूपों की संख्या अपेक्षाकृत अधिक हो। 'कुतुब शतक और उसकी हिन्दुई' की प्रस्तावना में उसके सम्पादक माता-प्रसाद गुप्त ने दावा किया है कि राउलवेल में "खड़ी बोली का प्राचीनतम रूप" हमें मिलता है। इसके अलावा इसमें "हमें पहली बार राउली (वर्तमान पश्चिमी राजस्थानी), मालवी, मराठी, गौड़ी (बँगला), ब्रज तथा अवधी के प्राचीनतम प्रामाणिक रूप उपलब्ध होते हैं।" यदि बात कुछ शब्द-रूपों की है, तो अंशतः स्वीकार की जा सकती है। पर गुप्तजी का आशय यह है कि जैसे खड़ी बोली का प्राचीनतम रूप यहाँ है, वैसे ही मराठी, बँगला आदि का प्राचीनतम रूप भी यहाँ मिलता है। यह बात सही नहीं है। 'राउलवेल और उसकी भाषा' में उन्होंने गौड़ी नायिका की भाषा के बारे में लिखा है: "इस नखसिख में यह दर्शनीय है कि पू० के रूपों का योग सबसे कम है, और सबसे अधिक योग मपू० के रूपों का है।" (पृष्ठ ८३)। गौड़ी नायिका की भाषा को पूर्वी अपभ्रंश भी नहीं कहा जा सकता; वह प्राचीन बँगला का प्रामाणिक रूप कैसे हो गई?

जहाँ तक गोरखनाथ की रचनाओं का सम्बन्ध है, उन्हें पुरानी हिन्दी के अलावा पुरानी बँगला, पुरानी मराठी भी कहा गया है।

१९१६ ई० में बंगाल के विद्वान् हरप्रसाद शास्त्री ने बौद्ध गान ओ दोहा प्रकाशित किया और इसकी भाषा को पुरानी बँगला कहा। १९३८ में प्रबोधचन्द्र बागची ने दोहाकोश प्रकाशित किया और इसकी भूमिका में उन्होंने बताया कि हरप्रसाद शास्त्री बौद्ध दोहों की भाषा ठीक-ठीक पहचान न पाये थे कि वह अपभ्रंश थी। इससे पहले शहीदुल्ला ने १९२८ में पैरिस से दोहाकोश और चर्यागीत प्रकाशित किये थे। इनमें उन्होंने दोहाकोश को अपभ्रंश में रचा हुआ और चर्यागीतों को पुरानी बँगला में रचा हुआ कहा था। बंगाल के विद्वान् साधारणतः यह भेद स्वीकार करते हैं। चर्यागीतों की भाषा को वह आधुनिक आर्य भाषाओं का प्राचीनतम नमूना मानते हैं। बँगला साहित्य के इतिहास में सुकुमार सेन ने इस बारे में लिखा है: "नवीन भारतीय आर्यभाषा की प्राचीनतम साहित्यिक रचनाओं के जो एकमात्र सम्बद्ध और भरे-पूरे नमूने मिलते हैं, वे पुरानी बँगला में लिखे हुए चर्यागीत अथवा रहस्यवादी आचरण गीत हैं। ये उस समय लिखे गये थे जब भाषा लौकिक (अथवा अवहट्ठ) से, अपभ्रंश की आदि आधुनिक भाषा वाली मंज़िल से, निकल रही थी। इन गीतों की भाषा में स्पष्ट ही कुछ लक्षण लौकिक के हैं, अन्य लक्षण ऐसे हैं जो पूर्वी और पश्चिमी नवीन भारतीय आर्य-

भाषाओं में उनकी सबसे पुरानी अवस्था के लिए सामान्य हैं। किन्तु इस बारे में कोई सन्देह नहीं कि इनकी भाषा के व्याकरण, मुहावरों और वाक्यतंत्र पर मूलतः बँगला की छाप है। इसके अतिरिक्त गीतों की विषय-वस्तु से विदित होता है कि ये कवि बंगाली जीवन और परिवेश से पूरी तरह परिचित थे। इन गीतों का निश्चित समय नहीं बताया जा सकता। ऊपर वाली सीमा १०५० हो सकती है और नीचे वाली सीमा १२००।" (हिस्ट्री आफ बेंगाली लिटरेचर, पृष्ठ २७)।

जिस सामग्री को सुकुमार सेन तथा अन्य विद्वान् पुरानी बँगला कह रहे थे, उसे राहुल सांकृत्यायन ने पुरानी हिन्दी अथवा मगही कहा। उन्होंने 'हिन्दी के प्राचीनतम कवि और उनकी कविताएँ : सिद्ध युग (८००—१२००ई०)' शीर्षक लेख लिखा। इसमें उन्होंने सिद्धों द्वारा साहित्य में लोकभाषा की प्रतिष्ठा पर बल दिया और लिखा : "सिद्ध लोगों ने उस समय लोकभाषा में कविता शुरू की, जिस समय शताब्दियों से भारत के सभी धर्म वाले किसी न किसी मुर्दा भाषा द्वारा अपने धर्म का प्रचार कर रहे थे, और इसी कारण उनके धर्म के जानने वाले बहुत थोड़े हुआ करते थे।···अपने बज्रयान की जनता पर विजय पाने के लिए उन्होंने भाषा की कविता का सहारा लिया। आदि सिद्ध सरहपाद से ही हम देखते हैं कि, सिद्ध बनने के लिए भाषा का कवि होना, मानो एक आवश्यक बात थी—जिन कवियों की कविताओं को मैं यहाँ हिन्दी की प्राचीनतम कविता कहकर उद्धृत करने जा रहा हूँ, उन्हें बंगाल के दिग्गज ऐतिहासिक बँगला की कविता कहते हैं—सर्वपुरातन सिद्ध सरहपाद नालन्दा से सम्बन्ध रखते थे; इसलिए उनकी भाषा का मगही होना स्वाभाविक ठहरा। अन्य सिद्धों ने भी इसी भाषा को कविता की भाषा बनाया। चौरासी सिद्ध नालन्दा और विक्रमशिला से सम्बन्ध रखते थे। जब तक नालन्दा, विक्रमशिला को बंगाल में नहीं ले जाया जाता, तब तक सिद्धों की भाषा भी बँगला नहीं हो सकती। रही भाषा की समानता की बात, वह तो मगही और मैथिली से और अधिक है। वस्तुतः अतीत काल के भीतर हम जितना ही अधिक घुसते जायँगे समानता उतनी ही अधिक बढ़ती जायेगी; क्योंकि, मगही, उड़िया, बँगला, असमी, मैथिली—सभी मागधी की सन्तानें हैं।" (पुरातत्व निबन्धावली, इलाहाबाद, १९३७, पृष्ठ १६७)। इस विवेचन के साथ पाद-टिप्पणी में राहुल जी ने डा० बी० भट्टाचार्य के लेख का एक वाक्य उद्धृत किया है जिसमें सिद्ध कवियों की भाषा को बँगला बताया गया है : "इस प्रकार बँगला में प्राचीनतम दोहा का रचनाकाल सातवीं सदी के मध्य में ठहरता है जब सरह काव्य रचना कर रहे थे। बंगाल का अपने साहित्य की प्राचीनता पर गर्व करना उचित ही है।"

दोहाकोश की भूमिका में राहुल जी ने अपनी मान्यताओं में थोड़ा परिवर्तन किया। अब अपभ्रंश को उन्होंने प्राकृत की पुत्री कहा और प्राकृत-संस्कृत से उसमें यह भेद देखा कि ये दोनों विश्लिष्ट भाषाएँ थीं पर अपभ्रंश अश्लिष्ट थी। उन्होंने

भाषा के इस परिवर्तन को बड़ी क्रान्ति की संज्ञा दी। अपभ्रंश के छन्दों की चर्चा करते हुए उन्होंने हिन्दी से उसके सम्बन्ध के बारे में कहा: "अपभ्रंश वैसे केवल हिन्दी की अपनी चीज़ नहीं है, उस पर उत्तर भारतीय या भारत की हिन्दू-आर्य सभी भाषाओं का एक समान अधिकार है। वह मराठी, गुजराती, पंजाबी, हिन्दी क्षेत्र की भाषाओं, राजस्थानी, मालवी, बुन्देली, हरियानी, कौरवी (मूल हिन्दी), पहाड़ी, ब्रज, अवधी, भोजपुरी, मैथिली, मगही, असमिया, बँगला, उड़िया की अपनी निधि है। इन सभी भाषाओं के क्षेत्र में अपभ्रंश साहित्य की रचना हुई, उसको अपना समझा गया, और वह सभी को अपने साहित्य दाय भाग के रूप में मिली। आज दोहा चौपाई का कुछ भाषाओं से उठ जाना एक खटकने वाली बात है—अपभ्रंश का सारा शब्दकोश और उच्चारण-क्रम प्राकृत का था, पर व्याकरण की अन्य विशेषताएँ आधुनिक अवधी ब्रज-भोजपुरी-जैसी।" (पृष्ठ ८-९)।

राहुल जी की भाषा-सूची में कश्मीरी को भी जोड़ लेना चाहिए। अपभ्रंश की रचना कश्मीर में हुई और कुछ विद्वान् कश्मीरी भाषा का उद्भव अपभ्रंश से वैसे ही मानते हैं जैसे वे उससे ब्रज, अवधी आदि भाषाओं का जन्म मानते हैं। अधिकतर विद्वान् पूर्वी और पश्चिमी अपभ्रंश की बातें करते हैं किन्तु उत्तरी अपभ्रंश के बारे में मौन रहते हैं। यदि उत्तर में पैशाची प्राकृत का चलन किसी समय था तो पैशाची अपभ्रंश भी उसके बाद प्रचलित रही होगी।

कश्मीरी भाषा की कवयित्री लल्लेश्वरी के बारे में रामसिंह तोमर ने लिखा है कि इनका समय चौदहवीं सदी है पर इनके गीतों को लिखित रूप बहुत पीछे दिया गया, "अतः उसमें भाषा की प्राचीनता ज्यों की त्यों नहीं मिलती।" (प्राकृत और अपभ्रंश साहित्य, पृष्ठ १८७)। आशय यह कि उन गीतों का मूल रूप मिलता तो वह कश्मीरी अपभ्रंश का नमूना होता। आगे अन्य लेखक के बारे में उन्होंने सीधे कश्मीरी अपभ्रंश का नाम लिया है: "कश्मीरी अपभ्रंश में शितिकण्ठाचार्य ने अपनी कृति 'महानय प्रकाश' लिखी है।" (उप०, पृष्ठ १८७)।

'द स्ट्रगल फार एम्पायर' ग्रन्थ में गुजराती भाषा और साहित्य पर डा० भायाणी का लेख है। इसमें उन्होंने बताया है कि आठवीं से लेकर ग्यारहवीं सदी तक पश्चिमी राजस्थान और उत्तरी गुजरात के भाग गुज्जरत्ता अथवा गुर्जरत्रा कहलाते थे। इसलिए वहाँ की भाषा को पुरानी गुजराती कहना उचित है। तेसीतोरी ने उसे पश्चिमी राजस्थानी का नाम दिया था। गुजराती भाषा और साहित्य से उन्होंने अपभ्रंश का सम्बन्ध जोड़ा है। हेमचन्द्र ने अपने व्याकरण में जो अपभ्रंश पद्य दिये हैं, उसमें उन्होंने आधुनिक गुजराती के चिह्न देखे हैं। उनके अनुसार उसका स्वरूप संक्रमणकालीन है और वह अपभ्रंश पुरानी गुजराती तथा पुरानी हिन्दी में विकसित होती है। इस भाषा के अनेक शब्द थोड़े परिवर्तन से कई सदियों बाद की पुरानी गुजराती में प्रयुक्त होते हैं। उनका विचार है कि

हेमचन्द्र ने अपभ्रंश के जो उदाहरण दिये हैं, वे वास्तविक लोकसाहित्य के नमूने हैं। गुजराती भाषा और साहित्य पर अपनी पुस्तक में एन० बी० दिवेतिया ने माना है कि ११वीं सदी के पूर्वार्द्ध में अपभ्रंश मृत भाषा हो चुकी थी। इससे पहले वह बोलचाल की भाषा थी किन्तु हेमचन्द्र के समय में वह लोकभाषा न रह गई थी। जो भाषा लोकभाषा न हो, उसमें लोक साहित्य भी नहीं रचा जा सकता।

कनैयालाल माणकलाल मुंशी ने गुजरात और उसके साहित्य पर अपने ग्रन्थ में लिखा है कि अपभ्रंश गुजरात की साहित्यिक भाषा थी। देशभाषाओं से अपभ्रंश की भिन्नता पर विचार करते हुए उन्होंने लिखा है: "यह स्पष्ट है कि वह कभी भी बोलचाल की भाषा नहीं थी (it was never a spoken language) और उसके इतिहास की किसी भी मंज़िल में देशभाषाओं से उसका तादात्म्य नहीं था। ये देश भाषाएँ उस युग की बोलियाँ थी। वह मुख्यतः काव्य की भाषा थी क्योंकि अभी तक अपभ्रंश में किसी गद्य रचना का पता नहीं लगा। उसका ध्वनितंत्र साहित्यिक प्राकृतों से लिया गया था; उसकी व्याकरण-व्यवस्था और मुहावरे देशभाषाओं से लिए गये थे। अपभ्रंश पद्य में जो शब्द प्रयुक्त होते हैं, उनमें ९० फीसदी वही हैं जो प्राकृत पद्य में प्रयुक्त होते हैं। किन्तु दस फीसदी शब्द देशी हैं और बहुत सम्भव है कि वे तत्कालीन देशभाषाओं से लिये गये हों। दूसरी ओर प्राकृतों की अपेक्षा इसकी व्याकरण-व्यवस्था अधिक विकसित है और वह प्रारम्भिक अवस्था की गुजराती और हिन्दी जैसी आधुनिक भारतीय भाषाओं की व्याकरण व्यवस्था की जननी है। इस भाषा की आत्मा प्राकृतों की अपेक्षा आधुनिक भारतीय भाषाओं के अधिक निकट है। यथा अपभ्रंश के अपने मुहावरे आधुनिक भारतीय भाषाओं के मुहावरों से ज्यादा मिलते-जुलते हैं जबकि साहित्यिक प्राकृतों के मुहावरे संस्कृत के मुहावरों के अधिक निकट हैं। इसलिए ऐसा प्रतीत होता है कि उस समय की देशभाषाएँ केवल अपभ्रंश रूप में साहित्य में प्रवेश कर सकती थीं, किसी मिलावट के बिना अपने विशुद्ध रूप में नहीं। बुनियादी ढाँचा प्राकृत का था; अपभ्रंश में कहाँ तक देशी तत्त्वों का प्रवेश हो, इसकी कोई निश्चित सीमा न थी। इसलिए यह स्वाभाविक था कि जैसे-जैसे समय बीतता गया, देशी तत्त्व प्रमुख होते गये। आखिर वह मंज़िल आई जो १४वीं सदी के आसपास संकलित प्राकृत पैङ्गल की भाषा में दिखाई देती है। ऐसे ग्रन्थों में अपभ्रंश के अवशेष मात्र प्राप्त होते हैं।" (गुजरात ऐन्ड इट्स लिटरेचर, बम्बई, १९५४, पृष्ठ ९०-९१)।

अधिकांश भाषाविज्ञानियों के विरोध में मुंशी जी की स्थापना है कि अपभ्रंश कभी भी बोलचाल की भाषा नहीं थी। अपनी मान्यता को इतने स्पष्ट रूप में व्यक्त करने के लिए वे साधुवाद के पात्र हैं। जब तक भाषाविज्ञानी अपभ्रंश को आधुनिक आर्य भाषाओं की जननी मानते रहेंगे, तब तक वे कभी इनका ऐतिहासिक विकास न समझ पायेंगे। जब तक वे अपभ्रंश साहित्य को लोकसाहित्य मानते

रहेंगे, तब तक वे साहित्य का माध्यम बनने के लिए देशी भाषाओं के संघर्ष का महत्त्व भी न समझेंगे। मुंशी जी ने अपभ्रंश की व्याकरण-व्यवस्था को आधुनिक आर्य भाषाओं की व्याकरण व्यवस्था की जननी कहा है। ऐसा होता तो अपभ्रंश और देशभाषाएँ व्याकरण की दृष्टि से अभिन्न होतीं, केवल ध्वनितंत्र में भिन्नता होती। दुर्भाग्य से यह स्थिति नहीं है। व्याकरण व्यवस्था में अनेक तत्त्वों का मिश्रण है जैसे कि शब्द-भंडार में मिश्रण है। पर मुंशी जी की यह स्थापना बहुत ही महत्वपूर्ण है कि किसी मिलावट के बिना देशी भाषाएँ साहित्य का माध्यम बन ही न सकती थीं। वे अपभ्रंश में घुसपैठ करके ही साहित्य में प्रवेश पा सकती थीं। मुंशी जी ने इस स्थिति के कारणों का विवेचन नहीं किया। यदि करते तो गुजरात के सामन्तवाद को लेकर उन्होंने जो भव्य कल्पनाएँ की थीं, वे नष्ट हो जातीं।

भारतीय विद्या भवन से इतिहास सम्बन्धी जो प्रसिद्ध ग्रन्थ प्रकाशित हुए हैं, उनमें 'द स्ट्रगल फार एम्पायर' में केवल तीन आधुनिक आर्यभाषाओं का उल्लेख है, मराठी, बँगला और गुजराती का। इनमें बँगला वाला लेख डा० चाटुर्ज्या ने लिखा है। इसमें उन्होंने बताया है कि मौर्यकाल से बाद तक आर्य भाषाएँ बोलने वाले बिहार से उत्तरी और पश्चिमी बंगाल में पहुँचे और वहाँ से असम तथा उड़ीसा में फैल गये। ये सब मागधी प्राकृत बोलने वाले थे, बाद में वे मागधी अपभ्रंश बोलने लगे। बँगला, असमिया तथा उड़िया भाषाएँ इसी मागधी अपभ्रंश से उत्पन्न हैं और उनका यह उद्भव प्रथम सहस्राब्दी के अन्त की ओर होता है। मैथिली, मगही और भोजपुरी मध्य और पश्चिमी मागधी से उत्पन्न हुई थीं। जिसे अर्धमागधी कहते हैं, वह और भी पश्चिम में थी। डा० चाटुर्ज्या का कहना है कि १०००ई० तक बँगला भाषा के लक्षण स्पष्ट प्रकट हो गये थे और उड़िया के भी कुछ लक्षण व्यक्त हुए थे पर असमिया अभी पुरानी बँगला के बहुत निकट थी।

इन सब स्थापनाओं का आधार अपभ्रंश साहित्य है जिसे डा० चाटुर्ज्या पुरानी बँगला का साहित्य मानते हैं। वही साहित्य पुरानी असमिया का साहित्य भी माना जाता है, इसलिए उन्होंने लिखा कि पुरानी असमिया भाषा बँगला के बहुत समीप थी। वे आधुनिक आर्य भाषाओं का उद्भव १००० ई० के आस-पास मानते हैं। १००० ई० को उद्भव काल मानने का कारण यह है कि इस समय अपभ्रंश के संरक्षक और पुरोहित विघटित हो रहे थे। यदि ये संरक्षक अपना प्रभुत्व कुछ दिन और बनाये रखते तो अनेक विद्यापति अवहट्ट में ही रचना करते रहते और भाषा-विज्ञानियों के लिए देशी भाषाओं का उद्भव और भी विलम्ब से होता। हरप्रसाद शास्त्री द्वारा प्रकाशित 'बौद्ध गान ओ दोहा' में डा० चाटुर्ज्या के अनुसार केवल चर्यापद पुरानी बँगला में है, शेष पद्य पश्चिमी अपभ्रंश में हैं। चर्यापदों की भाषा को वह पूर्वी अपभ्रंश नहीं कहते, न दोहाकोश की भाषा को हिंदी कहते हैं। दोहाकोश की भाषा पश्चिमी अपभ्रंश है, चर्यापदों की भाषा पुरानी बँगला है।

चर्यापदों में चौबीस कवियों की रचनाएँ हैं। डा० चाटुर्ज्या ने इनके छन्द के बारे में लिखा है कि ये साधारणतः पादाकुलक छन्द में लिखी गई हैं जिससे एक ओर आधुनिक हिन्दी के चौपाई छन्द और दूसरी ओर बँगला के पयार छन्द का विकास हुआ है। मात्रिक छन्द (पादाकुलक) से उसी कोटि के मात्रिक छन्द (चौपाई) का विकास निरर्थक कल्पना है, मात्रिक छन्द से वर्णिक छन्द (पयार) का उद्‌भव भाषाविज्ञानी चमत्कार है। यदि चर्यापद पुरानी बँगाल के नमूने हैं और उनमें मात्रिक छन्द पादाकुलक का व्यवहार किया गया है, तो मानना होगा कि अवधी का चौपाई छन्द पुरानी बँगला की देन है।

डा० चाटुर्ज्या ने कल्पना की है कि प्राकृत पैङ्गल के कुछ पद्य पुरानी बँगला का परिशोधित रूप हैं। १२वीं सदी का संस्कृत ग्रन्थ मानसोल्लास पश्चिमी भारत में संकलित हुआ था। उसमें डा० चाटुर्ज्या ने कुछ बँगला पद और पंक्तियाँ पहचानी थीं। इससे सिद्ध होना चाहिए कि पुरानी बँगला का व्यवहार किसी न किसी स्तर पर पश्चिमी भारत में भी होता था। जयदेव बँगाल के ही थे, इसलिए यह कल्पना करना सहज है कि गीतगोविन्द के पद पुरानी बँगला में रचे हुए पदों का अनुवाद हैं। लासेन नाम के विद्वान् ने कल्पना की थी कि गीतगोविन्द के २४ पद अपभ्रंश (या पुरानी बँगला जैसी किसी भाषा) में रचे गये थे। लासेन ने केवल अपभ्रंश की बात कही थी क्योंकि इन पदों का छन्द संस्कृत से भिन्न है। कोष्ठकों में अपभ्रंश के समानान्तर पुरानी बँगला का उल्लेख डा० चाटुर्ज्या की कल्पना है।

डा० चाटुर्ज्या यह मानते हैं कि १३०० ई० से पहले बंगाल के कवि बँगला के अलावा संस्कृत तथा पश्चिमी अपभ्रंश में भी रचना करते थे। उन्होंने लिखा है : "१००० साल पहले पश्चिमी अपभ्रंश खड़ी बोली हिन्दी की जगह पर थी, और उसका व्यवहार सारे भारत में होता था। विभिन्न क्षेत्रों के लोग अपभ्रंश तथा अपनी स्थानीय भाषाएँ, दोनों का प्रयोग करते थे।" (द स्ट्रगल फार एम्पायर, पृष्ठ ३६१)। यह स्थापना ज्यादा सही है। अपभ्रंश के साथ स्थानीय भाषाएँ विद्यमान थीं। लोक-व्यवहार में ये भाषाएँ ही आती थीं। अपभ्रंश शिष्टजनों के साहित्य का माध्यम थी। यह पश्चिमी अपभ्रंश बँगाल को भी आच्छादित किये हुए थी, यह सत्य है। खड़ी बोली हिन्दी भारत के विशाल जन-समुदाय की बोलचाल की भाषा है। इसके विपरीत पश्चिमी अपभ्रंश बोलचाल की भाषा नहीं थी, साहित्य में भी उसका व्यवहार सीमित था। इसलिए खड़ी बोली हिन्दी से अपभ्रंश की तुलना भ्रामक है। अपभ्रंश का व्यवहार हिन्दी और बँगला दोनों के विकास के लिए बाधक था, यह न मानकर डा० चाटुर्ज्या यही प्रतिपादित करेंगे कि बँगला, हिन्दी आदि भाषाओं का जन्म किसी अपभ्रंश से हुआ है। पुरानी बँगला की खोज करते हुए वह सिद्धों की भूमि से गोरखनाथ और उनके शिष्यों के पास पहुँचते हैं। उक्त निबन्ध में उन्होंने लिखा है कि 'गोरखबोध' जैसे ग्रन्थ बीकानेर तथा अन्य स्थानों में मिले हैं और उन्हें गोरखनाथ तथा उनके शिष्यों की

रचना माना जाता है। इनमें ऐसे पद्य हैं "जिनकी भाषा निस्सन्देह पुरानी बँगला है पर जो 'पुरानी हिन्दी' का छद्म वेश धारण किये है। जो भी पुरानी बँगला से परिचित होगा, वह ऐसे पद्य उन ग्रन्थों में प्रचुरता से पायेगा जो मध्य युग के प्रारम्भिक वर्षों में रचे गये थे, जिन्हें गोरखनाथ की रचना कहा जाता है और जिन्हें स्वर्गीय प्रो० बड़थ्वाल ने प्रकाशित किया था, और वह परम्परा आज के समय तक चली आई है।" (पृ० ३६१)।

जहाँ तक गोरखनाथ का सम्बन्ध है, इन पर अपना हक भारत के दूसरे छोर पर महाराष्ट्र के लेखकों ने भी जाहिर किया है। उक्त ग्रन्थ में मराठी भाषा और साहित्य के बारे में डा० हर्षे ने लिखा है कि नाथ सम्प्रदाय का उद्भव आदि नाथ शंकर से बताया जाता है; उसे दसवीं सदी के आरम्भ में मत्स्येन्द्रनाथ ने नया जीवन दिया। उनके मुख्य शिष्य गोरखनाथ थे और उन्होंने सारे भारत में इस मत का प्रचार किया; "कुछ मराठी गीत हैं जो गोरखनाथ की रचना हैं और गोरक्ष-अमरनाथ संवाद का जो अंश बच रहा है, उसमें मराठी गद्य का एक प्राचीनतम नमूना है। उनके शिष्य गहिनीनाथ महाराष्ट्र में नाथ पन्थ के प्रमुख प्रचारक थे। मराठी भाषा में इस पन्थ की सर्वोत्तम कृति 'ज्ञानेश्वरी' है। इसके प्रसिद्ध कर्ता ज्ञानदेव के बड़े भाई निवृत्तिनाथ को गहिनीनाथ ने दीक्षित किया था।" (पृष्ठ ३५३)। जब बंगाल और महाराष्ट्र जैसे दूर-दूर के दो प्रदेशों के लेखक गोरखनाथ पर अपना हक जाहिर करें, तब समझ लेना चाहिए कि उनका स्थान इन दोनों के बीच में कहीं पर है और उन्होंने दोनों प्रदेशों को प्रभावित किया है।

डॉ० चाटुर्ज्या ने मानसोल्लास का हवाला दिया था और उसमें पुरानी बँगला के पद और पंक्तियाँ प्राप्त की थीं। डा० हर्षे ने भी इस ग्रन्थ का हवाला दिया है और बताया है कि मराठी साहित्य का सर्वप्रथम उल्लेख इसी में है। उसमें एक मराठी गीत का अंश उद्धृत है। उसमें यह भी बताया गया है कि महाराष्ट्र की स्त्रियाँ धान कूटते समय ओवी गीत गाती थीं।

बँगला के समान मराठी भाषा में भी ऐसे, कैसे, जैसे, तैसे आदि रूप मिलते हैं। ये रूप न आधुनिक बँगला में हैं, न आधुनिक मराठी में। उनका रूपान्तरण हो गया है और वे पहचान में नहीं आते। किन्तु किसी समय एक ओर बंगाल में और दूसरी ओर महाराष्ट्र में इनका व्यवहार होता था, यह तथ्य ऐतिहासिक भाषाविज्ञान और साहित्य के इतिहास दोनों के लिए महत्वपूर्ण है। गोरखनाथ की तरह ऐसा, तैसा, जैसा के बारे में विवाद नहीं है। ये रूप हिन्दी के हैं और किसी समय बँगला और मराठी में इनका व्यवहार होता था। सन्त ज्ञानेश्वर कहते हैं :

जैसा आपलाचि बोल किरीटी···

तैसा समस्तां यां भजना। (ज्ञानेश्वरी, सम्पादक अ० मो० कुंटे, मुम्बई; पृष्ठ ८८)। सन्त नामदेव कहते हैं :

ऐसे भक्त जेबुनि धाले…

ऐसे सांगतां हरीसी। (श्री सकल संतगाथा, खंड पहिला, सम्पादक का० अ० जोशी, पुणें; पृष्ठ १६६)।

जैसा वृक्ष नेणे मान अपमान।
तैसे ते सज्जन वर्ततातो।
कैसा पाण्डुरंगा करावा विचार। (उप०, पृष्ठ २४६)

एकनाथ महाराज भागवत में कहते हैं :

गरुड्याचें वानर जैसें।
स्त्रियासंगे नाचे तैसें।

(श्री एकनाथी भागवत, सम्पादक रा० कृ० कामत, चन्द गडकर, मुम्बई; पृष्ठ ३०३)।

भारतीय भाषाओं का यह आपसी सम्बन्ध तब समझ में आयेगा जब अपभ्रंश से भिन्न हम देशी भाषाओं का अस्तित्व स्वीकार करेंगे और आधुनिक आर्य भाषाओं को अपभ्रंश की सन्तान न मानकर पुरानी देशी भाषाओं का आधुनिक रूप मानेंगे। डा० हर्षे ने लिखा है कि मराठी का सबसे पुराना अभिलेख ९८३ ई० का है। निस्सन्देह मराठी भाषा इससे बहुत पुरानी है और उसकी प्राचीनता सिद्ध करने के लिए उसे महाराष्ट्री प्राकृत का विकास मानना आवश्यक नहीं है। जिस समस्या पर विचार करना चाहिए, वह यह है कि दसवीं सदी में जब मराठी का अस्तित्व निर्विवाद है तब दो सौ साल तक इसमें साहित्य रचना क्यों रुकी रहती है। डा० हर्षे के अनुसार मराठी के प्रथम महान् लेखक मुकुन्दराज ने अपने दार्शनिक ग्रन्थ विवेकसिन्धु की रचना ११९० ई० में की। इतने दिन तक मराठी में उत्कृष्ट साहित्य-रचना का कार्य रुका रहा, इसके सामाजिक-सांस्कृतिक कारण हैं। मराठी-भाषी जनता को संस्कृत और प्राकृत के आधिपत्य से मुक्ति पाने के लिए दीर्घकाल तक संघर्ष करना पड़ा। इसमें उन्हें अन्य पड़ोसी प्रदेशों की जनता की अपेक्षा कुछ पहले सफलता मिली, इसका कारण यह है कि महाराष्ट्र में उस वर्ग के सामन्त नहीं थे जिस वर्ग के सामन्त गुजरात, राजस्थान, ब्रज, बाँगरू आदि क्षेत्रों में थे। महाराष्ट्र में सामन्तवाद का रूप दूसरा था। वहाँ किसानों के ऊपर बड़े-बड़े जागीरदारों का आधिपत्य न था। इसलिए जिस वर्ग के सामन्त अन्यत्र अपभ्रंश का पोषण कर रहे थे, उस वर्ग का अभाव होने से मराठी को साहित्य का माध्यम बनाने में महाराष्ट्र के सन्तों को जल्दी सफलता मिली। पर साहित्य के माध्यम में प्रतिष्ठित होने का मतलब यह नहीं है कि इससे पहले कोई भाषा लोक-व्यवहार का माध्यम न बनी थी। १२वीं सदी के अन्तिम दशकों में सन्त नामदेव मराठी में काव्य सृजन करने लगते हैं। उन्होंने हिन्दी में भी बहुत से पद लिखे हैं। यह हिन्दी कहीं ब्रजभाषा है, कहीं खड़ी बोली। इन्हीं दिनों हिन्दी प्रदेश के

कवि अपभ्रंश में रचनाएँ कर रहे थे। इसका कारण यह है कि हिन्दी प्रदेश उक्त सामन्त वर्ग का गढ़ था। यह वर्ग अपभ्रंश का पोषक था और इस अपभ्रंश के दबाव से हिन्दी-भाषी जनता को मुक्ति पाने में देर लगी। इसीलिए हिन्दी भाषा में प्राथमिक रचनाएँ हिन्दी प्रदेश से बाहर महाराष्ट्र और दकन में होती दिखाई देती हैं।

१०. अपभ्रंश तथा देशी भाषाएँ

हेमचन्द्र द्वारा उद्धृत अपभ्रंश पद्यों का महत्व यह है कि इनमें देशी भाषाओं की विविधता झलकती है।

जब हेमचन्द्र एक संस्कृत शब्द के अनेक अपभ्रंश प्रतिरूप देते हैं, तब यह विविधता स्पष्ट हो जाती है। कथम् के प्रतिरूप केम, किध, किवँ और काइं हैं, यावत् के प्रतिरूप जाम, जाउँ, जेवड़, जेत्तुल्लो, तावत् के ताम, ताउँ, तेवड़, तेत्तुल्लो हैं। स्पष्ट ही ये रूप अनेक जनपदीय भाषाओं के हैं। अपभ्रंश के प्राकृत वाले ढाँचे में किसी एक जनपद के शब्द नही मिलाये जाते, वे अनेक जनपदों के हैं। प्रतिरूप देने का तरीका यह है कि संस्कृत का रूप देकर हेमचन्द्र कहते हैं, अपभ्रंश में इसका अमुक आदेश हुआ। युष्मदीय सर्वनाम रूप का अपभ्रंश में तुहार आदेश हुआ। अवश्य ही कुछ जनपदों में तुम्हार रूप भी प्रयुक्त होता होगा और यह तुहार रूप पूरब का है, पछाँह का नहीं। इसी तरह चूडला रूप पछाँह का है, पूरब का नहीं। संस्कृत के आधार पर अपभ्रंश का व्याकरण लिखने का परिणाम यह है कि उन्हें अनेक संस्कृत शब्दों के देशी प्रतिरूप देते हुए आदेश सम्बन्धी सूत्र रचने पड़ते हैं। मूल शब्द कंकण, इसका आदेश हुआ चूडला; मूल शब्द ताप, इसका आदेश हुआ झलक। इस प्रकार जितने शब्द संस्कृत में न मिलें, संस्कृत धातुओं से सिद्ध न हों, उन्हें आदेश-सूत्रों से सिद्ध किया गया। पर ऐसे शब्दों की संख्या बहुत थी; जितने शब्द थे, उतने ही सूत्र रचने पड़ते। इसलिए अलग से देशी शब्दों की सूची बना दी, नाम रखा देशी नाममाला। इस समय फ़ारसी आदि विदेशी भाषाओं के अनेक शब्द यहाँ प्रचलित हो गये थे और उनका व्यवहार अपभ्रंश में भी होने लगा था। इनमें एक फ़ारसी का शब्द था जुदा। निस्सन्देह इसके दूसरे वर्ण में द व्यंजन का लोप न हुआ होगा। जुदा से लेकर खुदा तक पचीसों इस तरह के फ़ारसी शब्द यहाँ प्रचलित हुए। अवश्य ही किसी विद्वान् ने इसे प्राकृत रूप में जुआ किया होगा। और हेमचन्द्र को सूत्र बनाना पड़ा : पृथक्-पृथक् को जुअं जुअ आदेश होता है!

हेमचन्द्र ने अपने व्याकरण में अपभ्रंश के जो पद्य दिये हैं, उनमें प्राकृत रूपों के अलावा अनेक रूप अवधी के हैं। कुछ उदाहरणों से यह तथ्य स्पष्ट होगा। अपभ्रंश रूपों के साथ यहाँ तुलना के लिए रामचरितमानस से उसी कोटि के उदाहरण देते हैं। वर्तमानकालीन अन्य पुरुष एकवचन क्रियारूप : दडवड होइ

विहाणु; मानस : जो सुमिरत सिधि होइ। वर्तमानकालीन अन्य पुरुष बहुवचन क्रियारूप : जिवँ जिवँ वडत्तण लहहिं तिवँ तिवँ नवहिं सिरेण; मानस : जथा नवहिं बुध बिद्या पाएँ। वर्तमानकालीन उत्तम पुरुष एकवचन क्रियारूप : तो हउँ जाणउँ एहो हरि; मानस : जानउँ मैं तुम्हारि प्रभुताई। अतीतकालीन अन्य पुरुष एकवचन क्रियारूप : गयउ सुकेसरि पिअहु जलु; मानस : राउ गयउ सुरधाम। क्रिया के आज्ञार्थी रूप : करहु मअप्पहो घाउ; अरिखल मेह म गज्जु; मानस : सुनहु राम जेहिं सिव धनुतोरा; मागु मागु पै कहहु पिय। क्रिया का संभावना-द्योतक रूप : जं भावइ त होउ; मानस : न त कन्या बरु रहउ कुआरी। पूर्व-कालिक रूप : मारइ हियइ पइट्ठि; मानस : निज तन प्रगटि प्रीति उर छाई। कर्ता और कर्म कारकों में उकारान्त रूप : अग्गिएँ उठहउ होइ जगु; मानस : नामु सकल कलि कलुष निकन्दन। कर्मकारक में इसी प्रकार : माकुरु दीहा माणु; मानस : नामु सप्रेम जपत अनयासा। करणकारक में एँ चिह्न का प्रयोग : अहरें अहरु न पत्तु; मानस : इच्छित फल बिनु सिव अवराधें। लहिअ न कोटि जोग जप साधे। अथवा केवल अनुस्वार का प्रयोग : जो पुणु अग्गि सीअला; मानस : सुरतरु सरिस सुभायँ सुहाए। सम्बन्ध कारक में सु चिह्न का प्रयोग :

कन्तु महारउ हलि सहिए निच्छहँ रूसइ जासु।
अत्थिहिं सत्थिहिं हत्थिहिं वि ठाउ वि फेइइ तासु।।

मानस : जासु हृदय आगार बसहिं राम सर चाप धर।

अधिकरण कारक के लिए हिं चिह्न का प्रयोग : हउँ कि न जुत्तउ दुहं दिसिहिं; मानस : बिसरी देह तपहिं मनु लागा।

व्याकरण की इन समानताओं के अलावा हेमचन्द्र के अपभ्रंश पद्यों में शब्द भंडार की काफी सामग्री अवधी तथा अन्य जनपदीय भाषाओं की शब्द-सम्पदा से मिलती-जुलती है। हउँ (ब्रजभाषा का हौं), मइ (हिन्दी मैं), तुम्ह (तुम्हारा का तुम्ह), एह (यह), ओइ (वह), तुहुँ (ब्रजबुलि का प्रिय सर्वनाम), कवण (अवगुन कवन नाथ मोहिं मारा), नाइँ, विहाण (विहान), दहाड़े (दिन दहाड़े) विसुरइ (विसूरना) इत्यादि।

चर्यागीति कोश की भाषा को पुरानी बँगला कहा गया है। डा० सुकुमार सेन ने चर्यागीतों के लिए कहा है कि ये लौकिक अथवा नव्य भारतीय आर्य भाषा के सबसे प्राचीन और सबसे समृद्ध नमूने प्रस्तुत करते हैं तथा पुराने बँगला गीति साहित्य के अनुपम अवशेष हैं। (इन्डियन लिंग्विस्टिक्स, खंड १०, १९४८, पृष्ठ १२२)। इन चर्यागीतों की भाषा पर यहाँ संक्षेप में विचार करना चाहिए।

इन चर्यागीतों की भाषा अपभ्रंश है। अपभ्रंश का एक लक्षण है, उसमें देशी भाषाओं के तत्त्वों का मिश्रण। वह मिश्रण यहाँ भी है और किसी एक ही भाषा का नहीं है। हेमचन्द्र के उदाहरणों में जो रूप मिलते हैं, उनमें अनेक यहाँ विद्यमान हैं। अपभ्रंश में प्राकृत रूप ही नहीं, संस्कृत के रूप भी स्वीकार किये

जाते थे। नाचन्ति बाजिल गाअन्ति देवी (चर्यागीति कोश, सम्पादक प्रबोधचन्द्र बागची तथा शान्तिभिक्षु शास्त्री, शान्तिनिकेतन, १९५६, पृष्ठ ५८)। यहाँ वर्तमानकालीन अन्य पुरुष बहुवचन रूप नाचन्ति, गाअन्ति सीधे संस्कृत के अनुकरण पर बने हैं। इनका सम्बन्ध किसी भी देशी भाषा से नहीं है। इसी प्रकार अन्य पुरुष एकवचन रूप भणति—सरह भणति अचिन्त सोधान (पृष्ठ ७५)—संस्कृत के अनुकरण पर है। किन्तु भणइ लुइ आम्हे झाणे दिठा (पृष्ठ १)—हेमचन्द्र की अपभ्रंश के समान है। इसी प्रकार वर्तमानकालीन उत्तम पुरुष एकवचन रूप जीवमि, पीवमि (पृष्ठ १२) संस्कृत का अनुकरण करते हैं। क्रिया के मध्यमपुरुष आज्ञारूप यथा लेहु (उप०, पृष्ठ १), होहु (उप०, पृष्ठ १९) इसी प्रकार के अपभ्रंश-रूपों का अनुसरण करते हैं। अपभ्रंश के समान करण कारक में आलिएँ (उप०, पृष्ठ ८९) हैं; इनसे तुलनीय हैं हेमचन्द्र के अपभ्रंश दोहों में बाएँ (वायु द्वारा)।

चर्यापदों की भाषा में अनेक रूप पश्चिमी भाषाओं के हैं रत्तो, उन्मत्तो (पृष्ठ ६४), सवरो—उमत सवरो पाग्गल (पृष्ठ ९२)। ये रूप ब्रज, राजस्थानी आदि के अनुकरण पर ओकारान्त हैं। अवधी के रूपों को कहीं-कहीं इसी तरह ओकारान्त बनाया गया है: जइसों, तइसों—गंध परस रस जइसों तइसों (पृष्ठ ४४)। कुछ रूप ऐसे हैं जो बँगला तथा भोजपुरी आदि पूर्वी बोलियों के सामान्य रूप माने जा सकते हैं जैसे लकारान्त भूतकालीन रूप। किन्तु राति पोहाइली, सेजि छाइली, डाली लागेली (पृष्ठ ९२) आदि प्रयोगों में क्रिया-रूप लिंग-भेद व्यक्त करते हैं। यह बँगला की विशेषता नहीं है, पश्चिमी हिन्दी का प्रभाव है। सर्वनामों में हाँउ (पृष्ठ ६७), मइ (पृष्ठ ८९) उत्तम पुरुष एकवचन ब्रज, अवधी आदि के सर्वनाम हैं। चर्यागीतों में दो की संख्या के लिए पश्चिमी ब-वाले रूपों का व्यवहार होता है जैसे बेणि पखा (पृष्ठ १२), धमण चमक बेणि पाण्डि बइठा (पृष्ठ १२)। कुछ रूप ऐसे हैं जिन्हें बँगला और असमिया का सामान्य रूप कहा जा सकता है जैसे सम्बन्ध कारक रूप रूखेर (पृष्ठ ६)।

चर्यागीतों की भाषा में अवधी तत्त्वों की प्रधानता है। कइसा, जइसा के अलावा यहाँ अइसन जैसे रूप का प्रयोग भी हुआ है—अइसन चर्या कुक्करी पाएँ गाइड़ (पृष्ठ ६)। जासु-तासु वाले रूप तुलसीदास की याद दिलाते हैं—जासु नाहि अप्पा तासु परेला काहि (पृष्ठ १४०)। वर्तमानकालीन उत्तम पुरुष एकवचन क्रिया रूप करहुँ—कमल कुलिस घाण्ट करहुँ बिआली (पृष्ठ १२)—तुलनीय है रामचरितमानस के कहउँ रूप से—नवधा भगति कहउँ तोहि पाहीं। मध्यम पुरुष एकवचन वर्तमानकालीन रूप जासि (पृष्ठ ३३), पुच्छसि, बूझसि (पृष्ठ ५१) शुद्ध अवधी के रूप हैं—हरष समय बिसमउ करसि कारन मोहि सुनाउ। क्रियार्थी संज्ञारूप कहण (पृ० ६७) हिन्दी प्रदेश की ओर संकेत करता है।

शान्तिनिकेतन से प्रकाशित चर्यागीति कोश के सम्पादकों को बार-बार अवधी के रूप याद आये, यह स्वाभाविक है। एक स्थान पर चीअण शब्द पर टिप्पणी करते हैं कि अवधी रूप चीकन होगा, बँगला रूप चिकन होगा (पृष्ठ ६)। स्पष्ट ही चीअण अवधी रूप का प्राकृतीकरण है। गराहक शब्द बँगला में गराक होगा, गराहक रूप हिन्दी ग्राहक से अधिक मिलता है (पृष्ठ ६)। अंकवाली हिन्दी अँकवार से मिलता है (पृष्ठ १२)। सासु घरे घालि कोञ्चा ताल—यहाँ घालि शब्द मारने के अर्थ में प्रयुक्त नहीं हुआ। बँगला में घाल का अर्थ है मारना; हिन्दी में मारने के अलावा उसका अर्थ रखना भी है (पृष्ठ १३); 'तालाकूंची घालदे' जैसे मुहावरे का प्रयोग यहाँ हुआ है। काहेरे घेणिमेलि अच्छहु कीस—यहाँ घेणिमेलि क्रिया हिन्दी घुलमिल से तुलनीय है (पृष्ठ १६)। अवणा गवणे हिन्दी आवागमन से तुलनीय है। गेला जाम बाहुड़इ कइसें—यहाँ अवधी की बहुरे क्रिया का प्रयोग किया गया है। सम्पादकों ने अवधी कहानियों के अन्त में आने वाला वाक्य उद्धृत किया है : जइस उनके दिन बहुरे तइस सबके दिन बहुरइँ (पृष्ठ २६)।

बुड़इ, बुड़िली में बुड़ क्रिया के लिए लिखा है कि बंगला में इसका रूप डुब, और परिनिष्ठित हिन्दी में डूब होता है। बूड़ रूप अवधी का है : संकर चापु जहाजु सागरु रघुवर बाहु बलु। बूड़ सो सकल समाजु चढ़ा जो प्रथमहिं मोह बस (पृष्ठ ४७)। एक गीत में नाहा शब्द का प्रयोग देखकर नाथ के इस तद्भव रूप का उदाहरण दिया है : कथा आरम्भ करैं सोइ चाहा। तेही समय गयउ खग नाहा (पृष्ठ ५२)। अवधी तथा अन्य पूर्वी बोलियों में पैदा होने के लिए एक प्रचलित शब्द है बिआबु, बिआनि। चर्यागीति में पहिल बिआण का अर्थ है पहला जन्म। रामचरितमानस से उद्धरण दिया है : नतरु बाँझ भलि बादि बिआनी। राम बिमुख सुततें हित हानी (पृष्ठ ६८)। तुलसीदास ने बापुरो शब्द का प्रसिद्ध प्रयोग किया है। का बापुरो पिनाक पुराना। यह शब्द बापूड़ा रूप में चर्यागीत में है (पृष्ठ ६६)। 'अमिअ मूरिमय चूरन चारु' में अमिय शब्द अमर हो गया है। चर्यागीत में : अमिअ भखअ मुसा करअ अहारा (पृष्ठ ७१)। इसी गीत में थाती शब्द का प्रयोग हुआ है और सम्पादकों ने स्मरण किया है : थाती राखि न मागिहु काऊ। बिसरि गयउ मोहि भोर सुभाऊ (पृष्ठ ७२)। पुकारने के अर्थ में अवधी क्रिया गोहार का प्रयोग होता है यथा रामचरितमानस में : राम कृपाँ अवरेब सुधारी। बिबुध धारि भइ गुनद गोहारी (पृष्ठ ६३)। पतिआइ क्रिया रूप हिन्दी क्षेत्र की लोक भाषाओं का ठेठ शब्द है। मानस में कहउँ साँचु सब सुनि पतिआहू। चाहिअ धरम सील नरनाहू। चर्यागीत में : अइस संबोहे को पतिआइ (उप०, पृष्ठ ६६)। यहाँ सिद्ध कवि ने पूर्वी अवधी, मैथिल और बँगला का सर्वनाम रूप 'के' न प्रयुक्त करके पश्चिमी अवधी रूप 'को' का प्रयोग किया है। एक गीत में जेतइ तेतवि रूप आये हैं। अवधी में इनके प्रतिरूप जेतना, तेतना

प्रयुक्त होते हैं। इन उदाहरणों से स्पष्ट हो जाता है कि चर्यागीतों की भाषा में अनेक देशी भाषाओं के तत्त्व हैं। इनमें अवधी के तत्त्व भी काफी हैं।

दोहाकोश की भूमिका में राहुल जी ने इस महत्वपूर्ण तथ्य की ओर संकेत किया है कि इसमें पूर्वी बोलियों के अतीतकालीन लकार वाले क्रियारूप नहीं हैं। उन्होंने लिखा है : "अपभ्रंश का भूतकालिक प्रयोग अवधी के सबसे नज़दीक है। इसके लिए इल-अल प्रत्यय का प्रयोग भोजपुरी आदि में पीछे होने लगा। पर विनयश्री—जो विक्रमशिला (भागलपुर) के थे—ने बारहवीं सदी के अन्त में इल, अल का बहुत प्रयोग किया है, जैसे फुल्लिल्ल···सरह की भाषा और स्वयंभू आदि की अपभ्रंश ने अतीतकाल के सम्बन्ध में प्राकृत आदि से अपना सम्बन्ध बिल्कुल तोड़ लिया, और उसका अनुसरण आज भी हमारी भाषाएँ कर रही हैं। भेद इतना है, कि जहाँ भोजपुरी, बँगला, मैथिली आदि ने इउ का इल, अल कर दिया, वहाँ अवधी ने पहिले ही की तरह अउ, इउ, एउ को कायम रक्खा। ब्रज ने ओ और यो किया, जिसको कौरवी या हिन्दी तथा उसकी सहोदरा पूर्वी पंजाबी ने आ, ए (बहुवचन) बना के रक्खा। इस प्रकार अपभ्रंश जाणिउ, अवधी में जानेउ, ब्रज जानौ, हिन्दी-पंजाबी में जाणा (जान लिया) या जाना बन गया" (दोहाकोश, पृष्ठ ५७)। यहाँ राहुल जी ने क्रिया-रूपों के विकास की जो प्रक्रिया दिखाई है, उसका विवेचन अनावश्यक है। इतना कहना पर्याप्त है कि लकारान्त भूतकालीन प्रयोग भोजपुरी, बँगला आदि के अलावा भारत में मराठी आदि और भारत के बाहर रूसी आदि भाषाओं की भी विशेषता है। राहुल जी के कथन में महत्वपूर्ण बात यह है कि सरह की भाषा में वे रूप हैं जो अवधी की विशेषता हैं।

हिन्दी काव्यधारा की भूमिका में उन्होंने इसी बात पर जोर देते हुए फिर कहा है : "स्वयंभू की भाषा की क्रियाओं और कितने ही कुंजी के शब्दों को देखने से वह अवधी के सबसे नज़दीक मालूम होती है। यद्यपि ऐसा कहने से बहुत दिनों से चली आई इस धारणा के हम खिलाफ जा रहे हैं, कि अपभ्रंश साहित्य सौरसेनी और महाराष्ट्री अपभ्रंशों ही में लिखा गया। लेकिन, जो सामग्री हमारे सामने मौजूद है, वह हमें वही कहने के लिए मजबूर करती है।" राहुल जी ने क्रिया-रूपों और मूल शब्द-भंडार पर ध्यान दिया है, इसलिए वह ऐसी स्थापना कर सके हैं। किन्तु उनके सामने अपभ्रंश का सही रूप स्पष्ट नहीं है। अवधी तथा अन्य देशी भाषाएँ विद्यमान हैं, उनके तत्त्व प्राकृत में मिलाये जा रहे हैं, यह न समझकर वे अपभ्रंश को एक सम्मिलित भाषा मानते हैं जिससे सभी प्रान्तीय भाषाओं का सम्बन्ध था क्योंकि उनकी समझ में "उस वक्त उत्तर भारत की सारी भाषाएँ एक-दूसरे के बहुत नजदीक थीं।" अपभ्रंश के व्यवहार को वह क्रान्तिकारी कार्य मानते हैं; यह अपभ्रंश की प्रकृति को न पहचानने का परिणाम है। तथाकथित शौरसेनी अपभ्रंश से भिन्न स्वयंभू आदि की भाषा का सम्बन्ध

अवधी से है, यह उन्होंने माना; उनके विवेचन में यह मान्यता महत्वपूर्ण है।

प्राकृत पैङ्गलम् (भाग २, वाराणसी, १९६२) में भोलाशंकर व्यास अपभ्रंश का सम्बन्ध शूरसेन जनपद से मानते हुए स्वीकार करते हैं कि जनपदीय बोलियों का अस्तित्व प्राचीनकाल में भी था और प्राकृत अपभ्रंश भाषाएँ साहित्य की पद्य शैली से अधिक सम्बद्ध हैं, भाषा के कथ्य रूप से कम; प्राकृत पैङ्गलम् में जो 'पुरानी हिन्दी' है, वैसी भाषा ११वीं से १४वीं सदी तक "कभी भी कथ्य रूप में प्रचलित नहीं रही होगी" (पृष्ठ ६९)। ११वीं सदी में भी अपभ्रंश बोलचाल की भाषा नहीं थी, यह स्थापना ध्यान देने योग्य है।

चर्यापदों की भाषा में भूतकालीन लकारान्त प्रयोग हैं किन्तु पछाँही बोलियों के प्रभाव से यहाँ लिंगभेद भी है। बँगला तथा पूर्वी क्षेत्र की जनपदीय भाषाओं में यह महत्वपूर्ण अन्तर है कि बँगला में क्रिया सर्वत्र लिंगभेद से मुक्त रहती है किन्तु ये जनपदीय भाषाएँ बहुधा लिंगभेद स्वीकार करती हैं।

इसमें सन्देह नहीं कि अपभ्रंश में बहुत से रूप ऐसे हैं जो देशी भाषाओं के हैं। इनमें बहुत महत्वपूर्ण कर्ताकारक को उकारान्त रूप देने की प्रवृत्ति है। कर्ता और कर्म में जहाँ रूपभेद नहीं है, वहाँ कर्मकारक भी उकारान्त होता है। हेमचन्द्र ने दहमुहु, चउमुहु आदि रूप दिये हैं। उकारान्त रूपों के बारे में राहुल जी ने दोहाकोश की भूमिका में लिखा है : "प्रथमा के एकवचन में संस्कृत पाली प्राकृत में प्रयुक्त अकारान्त शब्दों के ओ को छोटा करके उ कर दिया जाता है, जिसे मागधी क्षेत्र के हस्तलेखों में बहुधा छोड़ दिया जाता है। प्रथमा एकवचन का यह उकार गोस्वामी तुलसीदास के रामचरितमानस की पुरानी प्रतियों में काफी मिलता है और रुहेलखंड में अब भी बहुत से कवि और वक्ता इसका प्रयोग करते हैं। प्रथमा बहुवचन में कोई विभक्तिसूचक प्रत्यय नहीं लगाया जाता और शब्द का अपना रूप पर्याप्त समझा जाता है।" न केवल रामचरितमानस में वरन् आधुनिक अवधी में उकारान्त रूपों का चलन है।

दोहाकोश में एक जगह जणकेर रूप आया है। यह केर अवधी का सम्बन्ध कारक-चिह्न है। यह रूप अपभ्रंश में है, अवधी में है, बँगला या गुजराती में नहीं है। दरअसल यह अपभ्रंश का व्याकरण-सम्मत प्रयोग नहीं है। इसलिए हेमचन्द्र के व्याकरण में इसका उल्लेख नहीं है। गजानन वासुदेव तगारे ने अपभ्रंश का जो ऐतिहासिक व्याकरण (हिस्टौरिकल ग्रामर आफ अपभ्रंश, पूना, १९४८) लिखा है, उसमें स, ह वाले कारक-चिह्नों का उल्लेख है, केर वाले रूप का नहीं। पर यह रूप दोहाकोश में है और दोहाकोश की भाषा अपभ्रंश है। अपभ्रंश में प्राकृत की अपेक्षा देशी भाषाओं की रूप-विविधता अधिक झलकती है, इसका प्रमाण केर है।

अपभ्रंश क्रिया-रूपों में अन्य पुरुषएकवचन वर्तमानकालीन रूप भणइ, भोवइ आदि हिन्दी क्षेत्र की बोलियों के रूपों से बहुत मिलते-जुलते हैं। इस तरह के

प्रयोग हेमचन्द्र के उदाहरणों में हैं, दोहाकोश की भाषा में हैं। हिन्दी क्षेत्र में करे आदि रूप पुराने करइ का ही विकास हैं; इस तथ्य पर राहुल जी ने ध्यान दिया था। राहुल जी ने जाता है, पढ़ता है जैसे रूपों से पढ़े हैं, जावे है की तुलना करते हुए दोहाकोश की भूमिका में लिखा था: "आजकल हिन्दी में जिस तरह है आदि सहायक क्रिया के साथ मिलाकर एक धातु के स्थान में दो धातु के प्रयोग द्वारा उसी अर्थ को प्रकट किया जाता है, जो संस्कृत, पालि, प्राकृत में एक धातु के रूप से चल जाता था, जैसे—पठति के लिए हिन्दी में पढ़ता है। लेकिन, यह परिपाटी अर्थात् कृदन्त के एक शब्द के साथ सहायक क्रिया द्वारा अर्थ को प्रकट करना हिन्दी की मूल भाषा कौरवी तथा हमारी दूसरी भाषाओं में भी अनिवार्य नहीं है। कौरवी में पढ़ै, जावै-जैसे प्रयोग देखे जाते हैं, और है को अनिवार्य रूप से प्रयुक्त भी नहीं किया जाता। पुरानी उर्दू कविताओं में—**पढ़े है, जावे है**-जैसे प्रयोग कभी थे, लेकिन उन्हें त्याज्य कर दिया गया।" (दोहाकोश, पृ० ५८)।

दामोदर पंडित ने १२वीं सदी में उक्ति व्यक्ति प्रकरण की रचना की। इसे जिनविजय मुनि ने १९५३ में प्रकाशित किया। इस पुस्तक में अवधी के शब्दों और रूपों का सम्बन्ध संस्कृत शब्दों और रूपों से दिखाया गया है। इसका मूल उद्देश्य अवधी सिखाना नहीं है, अवधी जानने वालों को संस्कृत सिखाना है। पुस्तक के आरम्भ में ही दूसरी कारिका में कहा है—

स्यादि—त्यादी वृत्वा श्रुत्वा लिङ्गानुशासनं किञ्चित्।
उक्तिव्यक्तिं बुद्ध्वा बालैरपि संस्कृतं क्रियते॥

अर्थात् थोड़ा-सा व्याकरण-ज्ञान हो जाने पर, इस उक्ति-व्यक्ति को जान लेने पर बालक भी अपनी बोली को संस्कृत कर सकते हैं। उक्ति का अर्थ है बोली। दामोदर पंडित को मालूम है कि विभिन्न प्रदेशों में लोग अलग-अलग बोलियाँ बोलते हैं और आपस में सम्पर्क के लिए संस्कृत का सहारा लेते हैं। पर अपनी पुस्तक में उन्होंने इन सभी बोलियों के बोलने वालों को संस्कृत-रूपान्तरण कौशल सिखाने का प्रयत्न नहीं किया। उन्होंने यह प्रयत्न केवल अवधी जानने वालों के लिए किया है। स्पष्ट ही अन्य बोलियों की तुलना में उनके लिए अवधी बोलने वालों का संस्कृत जानना अधिक आवश्यक है। इसका कारण यह प्रतीत होता है कि कान्यकुब्ज प्रदेश उस समय हिन्दी प्रदेश का केन्द्र था। यहाँ का सामन्त वर्ग संस्कृत को प्रश्रय देता था। यहाँ के ब्राह्मणों के लिए संस्कृत जानना आवश्यक था। ये ब्राह्मण सामान्य जीवन में अवधी बोलते थे। इसीलिए विभिन्न प्रदेशों में अलग-अलम बोलियों का अस्तित्व स्वीकार करने वाले दामोदर पंडित केवल एक प्रदेश की एक बोली लेते हैं, वह है मध्यदेश की अवधी।

यद्यपि दामोदर पंडित का उद्देश्य अवधी का व्याकरण लिखना न था, फिर भी उनकी पुस्तक अवधी का व्याकरण बन गई है। वह संस्कृत का व्याकरण लिखने

नहीं बैठे। वह व्याकरण पहले से मौजूद है। जिसे पहले संस्कृत-व्याकरण का साधारण ज्ञान हो चुका है, उसके लिए उन्होंने पुस्तक लिखी है। संस्कृत-व्याकरण के परिप्रेक्ष्य में वह अवधी का संस्कृत में रूपान्तरण करना सिखाते हैं। इस प्रक्रिया में वह अवधी का व्याकरण लिख गये हैं। जिनविजय मुनि ने अपने वक्तव्य में बिल्कुल ठीक लिखा है : "नूतन भारतीय आर्य भाषा के इतिहास में इसको सर्व-प्रथम स्थान प्राप्त होना चाहिए। भारत के समग्र संस्कृत साहित्य में अभी तक ऐसी कोई ग्रन्थ-कृति प्राप्त नहीं हुई है जिसमें हमारी अनेकविध देशभाषाओं में से किसी के भी ११वीं-१२वीं शताब्दी जितने प्राचीन एवं आरम्भकाल के समय का स्वरूप बतलाने वाली, इस प्रकार की प्रमाणभूत एवं व्याकरणबद्ध 'उक्ति' अर्थात् 'बोली' की शाब्दिक सामग्री का संकलन प्राप्त हो।" अतः उक्ति-व्यक्ति प्रकरण को आधुनिक आर्य भाषा का प्रथम व्याकरण मानना चाहिए, और यह आधुनिक आर्य भाषा अवधी है।

दामोदर पंडित की निगाह जिस भाषा-क्षेत्र पर है, वह उल्लेखनीय है। डा० चाटुर्ज्या कहते हैं कि ग्रन्थकार कन्नौज (कान्यकुब्ज अथवा कन्यकुब्ज) और प्रयाग से परिचित है, बनारस और गंगा से वह सुपरिचित है। उसने गया और वहाँ यात्रियों को बटोरनेवाले गयावाल ब्राह्मणों का उल्लेख किया है। डा० चाटुर्ज्या का विचार है कि जिसने मूल ग्रन्थ की प्रतिलिपि की, वह भी इसी क्षेत्र का रहने वाला होगा। लिपि की पद्धति मध्यदेश और पूर्वी क्षेत्र की है। दामोदर पंडित हिन्दी प्रदेश के हिन्दी भाषी पंडित हैं, वह पूर्वी हिन्दी का व्याकरण लिख रहे हैं।

साहित्य सम्मेलन के अधिवेशनों में किसी समय हिन्दी भाषा के विकास की चर्चा करते हुए संस्कृत-प्राकृत-हिन्दी शब्दों की रूपान्तरण-प्रक्रिया दिखाई जाती थी। अब भी भाषा-सम्बन्धी विवेचन में शब्दों के ध्वनि-परिवर्तन पर बहुत ज़ोर है। किसी की भाषा शैली के अध्ययन करने का मतलब है, तत्सम और तद्भव रूपों की गिनती करना। जो शब्द इस गिनती में शामिल न किये जा सकें, उन्हें देशज नाम के बट्टे खाते में डाल दिया जाता है। अपभ्रंश से भिन्न आधुनिक आर्य भाषाओं की सबसे बड़ी विशेषता बहुधा यह बताई जाती है कि शब्दों के प्राकृत (तद्भव) रूपों के बदले तत्सम (संस्कृत) रूपों का व्यवहार होने लगा। दामोदर पंडित इस तरह के भाषाविज्ञान की सीमाएँ बहुत पहले लाँघ चुके थे। उक्ति-व्यक्ति प्रकरण की प्रति अपूर्ण और खंडित है, फिर भी उसकी रूपरेखा जानने के लिए पर्याप्त सामग्री है। जिनविजय मुनि ने बताया है कि ग्रन्थ की मूल सूत्रात्मक कारिकाएँ प्रारम्भ के चार पत्रों में स्वतंत्र रूप से लिख दी गई हैं। इनसे ज्ञात होता है कि ग्रन्थ में पाँच प्रकरण हैं। क्रियोक्तिव्यक्ति, कारकोक्तिव्यक्ति, उक्तिभेद, लेख-लिखन-विधि, व्यावहारिक लेख-पत्र-लिखन-क्रम—ये पाँच प्रकरण हैं। इनसे पता चलता है कि शब्दों का ध्वनि-परिवर्तित रूप दामोदर पंडित के लिए गौण विषय है। मुख्य विषय है क्रियापद रचना, कारक रूप और विभिन्न

संदर्भों में भाषा का व्यवहार। इस तरह भाषा के विवेचन के लिए उन्होंने विस्तृत भूमि स्वीकार की है जो आधुनिक भाषाविज्ञान की मान्यताओं के अनुकूल है। दुर्भाग्य से खंडित प्रति में केवल तीन प्रकरणों की व्याख्या उपलब्ध है। शेष व्याख्याओं में क्या रहा होगा, इस बारे में जिनविजय मुनि ने लिखा है : "मूल कारिकाओं में सूचित विषय के आधार पर, यह अनुमान किया जा सकता है कि चतुर्थ प्रकरण में माता, पिता, पितृव्य, ज्येष्ठ बन्धु, मातुल, श्वसुर, गुरु, महन्त, राजा, एवं नौकर आदि भिन्न-भिन्न व्यक्तियों को पत्रादि कैसे लिखने चाहिए—उनकी शैली और शब्द रचना आदि कैसी होनी चाहिए—इसका विवेचन दिया गया होगा। सम्भव है कि इसमें अनेकानेक पत्रों के नमूने भी उद्धृत किये गये हों, जिनसे कुछ तत्कालीन इतिहास एवं सामाजिक स्थिति पर भी प्रकाश प्राप्त हो सके" (पृष्ट ९)।

दामोदर पंडित की योजना में व्याकरण-व्यवस्था पर ही विचार करना शामिल नहीं है, वरन् सामाजिक सन्दर्भ में भाषा के व्यवहार पर विचार करना भी शामिल है। उन्होंने जो भी उदाहरण दिये होंगे, वे अवधी के माध्यम से संस्कृत का व्यवहार सिखाने के लिए होंगे। यदि वे प्राप्त होते तो आज उनका महत्व संस्कृत सीखने के लिए नहीं, अवधी का व्यवहार समझने के लिए होता। यह अनुमान करना कठिन नहीं है कि कन्नौज-केन्द्रित साम्राज्य में अवधी का व्यापक व्यवहार न होता, तो अवधी की इतनी सामग्री देकर संस्कृत सिखाने का प्रयत्न अनावश्यक होता।

पारिवारिक परिवेश एक मात्र सन्दर्भ नहीं है जो दामोदर पंडित की निगाह में रहा हो। पाँचवाँ प्रकरण आर्थिक जीवन से सम्बन्धित है। इसकी व्याख्या निस्सन्देह 'बहुत महत्व' की होती; "इसमें अर्थ (द्रव्य) सम्बन्धी व्यावहारिक विषय के लेखों के लिखने का प्रकार बताया गया है। व्यावहारिक लेख का अर्थ है लोक व्यवहार में, परस्पर वस्तुओं का जो आदान-प्रदान किया जाता है, उसके प्रमाणस्वरूप जो लेख लिखे जाते हैं और जिन पर वस्तु के लेने वाले एवं देने वाले के हस्ताक्षरादि के सिवा, उस व्यवहार में साक्षीभूत होने वाले, तथा राजकीय कर्मचारी एवं अधिकारी आदि के हस्ताक्षरों का होना भी आवश्यक रहता है। वैसे व्यवहार विषयक लेख कैसे लिखने चाहिए, उनमें किन-किन बातों का उल्लेख होना चाहिए—इसका वर्णन इस प्रकरण में किया गया है। मूल कारिकाओं में तो संक्षेप में, उन लेखों में उल्लिखित की जाने वाली मुख्य-मुख्य बातों का सूचन मात्र किया गया है; पर इसकी वृत्ति में—जो हमें उपलब्ध नहीं हो रही है—इस प्रकार के लेखों के उदाहरणभूत लिखे गये अनेक प्राचीन लेखों के अवतरण, उद्धरण आदि दिये गये होने चाहिए। क्योंकि ग्रन्थान्त की कारिकाओं में इसका स्पष्ट सूचन किया हुआ है" (पृष्ठ ९)।

भाषा व्यवहार के उदाहरण प्रस्तुत करने की परम्परा काफी व्यापक रही है।

उसे ध्यान में रखने से जिनविजय मुनि ने अप्राप्य वृत्ति के बारे में जो कुछ कहा है, वह सही प्रतीत होगा। इसी परम्परा के सन्दर्भ में उक्ति-व्यक्ति पर विचार करते हुए उन्होंने लिखा है: "इस प्रकार के व्यावहारिक लेखों की संग्रह रूप कुछ ग्रन्थात्मक कृतियाँ प्राचीन पुस्तक-भण्डारों में उपलब्ध होती हैं। बड़ौदा की 'गायकवाड्स ओरिएन्टल सीरीज' में ऐसा एक संग्रह प्रकाशित भी हुआ है जिसका नाम **लेख पद्धति** है। प्रस्तुत ग्रन्थ के उक्त ५वें प्रकरण में जिस प्रकार के लेखों का 'लिखन-क्रम-विधि' सूचित किया गया है, वैसे पचासों लेख इस लेख पद्धति में संगृहीत हैं। इनके अवलोकन से ज्ञात हो सकता है कि पंडित दामोदर ने भी अपनी ग्रन्थ वृत्ति में इसी प्रकार के अनेक लेखों का संग्रह किया होगा" (पृष्ठ ९)।

सौभाग्य से तीसरे प्रकरण के बाद मूल कारिका ९ का परिशिष्ट रूप प्राप्त है। नवीं कारिका में सकर्मक और अकर्मक धातुओं के प्रयोगों का उल्लेख है। जिनविजय मुनि ने लिखा है कि ऐसी धातुएँ सैकड़ों हैं, उनका समावेश नवीं कारिका की व्याख्या में न करके अलग प्रकरण लिखा गया है। डा० चाटुर्ज्या ने शंका की थी कि यह परिशिष्ट अंश दामोदर पंडित का लिखा हो सकता है, किसी और का भी। जिनविजय मुनि ने नवीं कारिका की व्याख्या के अन्त में दामोदर पंडित द्वारा इस परिशिष्ट के उल्लेख की ओर ध्यान दिलाया है: अवशिष्ट व्यापारांश्च कियतोऽपि प्रकीर्णके वक्ष्यामः। यह अंश काफी भरा-पूरा है, फिर भी शायद अधूरा है। "इसमें भ्वादि अदादि आदि १० गणों के धातुओं के, लोक-भाषा में प्रचलित शब्द प्रयोगों का विस्तृत संग्रह किया गया है। इस परिशिष्ट में केवल प्रथम भ्वादि गण के धातु सम्बन्धी शब्द प्रयोग हैं। फिर आगे १ पृष्ठ जितना अंश, अदादि-जुहोत्यादि गण के धातु साधित शब्द प्रयोगों का है। बाद में दिवादि गण का प्रारम्भ होता है, जो प्रायः अपूर्ण मालूम देता है। इससे प्रतीत होता है कि यह प्रकीर्णात्मक प्रकरण, काफी बड़ा होगा। क्योंकि चुरादि गण आदि अन्य गणों के धातुओं की संख्या भी काफी बड़ी है" (पृष्ठ ८)। इस प्रकार वृत्तियों समेत यह ग्रन्थ काफी बड़ा रहा होगा। हिन्दी प्रदेश के एक क्षेत्र की भाषा और संस्कृति की जानकारी के लिए वह आंशिक रूप में प्राप्त है, यही बहुत है।

१२वीं सदी के इस ग्रन्थ में जिस अवधी के दर्शन होते हैं, वह उसी शताब्दी में यह रूप न पा गई थी। उसका अस्तित्व और पहले से था। इस ग्रन्थ में अनेक कहावतें हैं जिनसे तत्कालीन अवधी का ज्ञान होता है। यह तथाकथित पुरानी अवधी नहीं है, यह आज की अवधी है। कुछ उदाहरण इस प्रकार हैं:

धर्मु भा, पापु गा।
धर्मु होइहा, पापु जाइहा।
जस जस धर्मु बाढ़, तसतस पापु घाट।
जइसें जइसें धर्मु जाम, तइसें तइसें पापु खाम॥

जब पूतु पाउ पखाल, तब पितरन्हु सर्गु देखाल।
तेली सरिसवा पेल, हाथी रूखु पेल।।

दामोदर पंडित काशी के थे। उनकी अवधी में पूर्वी और पश्चिमी दोनों छोरों की अवधी के रूप घुलमिल गये हैं।

इस समय न केवल अवधी जैसी जनपदीय भाषाओं का अस्तित्व था वरन् ये जनपदीय भाषाएँ एक दूसरे को प्रभावित भी करने लगी थीं।

अनेक विद्वान् शौरसेनी अपभ्रंश को सब अपभ्रंशों का आधार मानते हैं; साहित्य में जो अपभ्रंश प्राप्त है, उसका मूल ढाँचा शौरसेनी है, यह उनकी धारणा है। अपभ्रंश को वे पुरानी ब्रजभाषा भी कहते हैं। अपभ्रंश में अनेक रूप अवधी के हैं और वे तुलसीदास तथा जायसी के काव्य में मिलते हैं। अवधी और ब्रज का बहुत घनिष्ठ सम्बन्ध है। जायसी के समय में ही अनेक जनपदों के रूप आपस में घुलने-मिलने लगे थे। जायसी की भाषा का मूल ढाँचा अवधी का है पर उसमें अनेक तत्त्व पछाँही बोलियों के हैं। रामचरितमानस की भाषा में जनपदीय भाषा-तत्त्वों का मिश्रण और भी अधिक है। इस तथ्य पर जायसी ग्रन्थावली की भूमिका में रामचन्द्र शुक्ल ने ध्यान दिया था : जायसी ने "तुलसीदास जी के समान सकर्मक भूतकालिक क्रिया के लिंगवचन अधिकतर पच्छिमी हिन्दी के ढंग पर कर्म के अनुसार ही रखे हैं" (जायसी ग्रन्थावली, पृ० १६२); "इसी प्रकार भूतकालिक क्रिया का पुरुष-भेद-शून्य पश्चिमी रूप भी प्रायः मिलता है" (उप०)। यह प्रक्रिया काफी पुरानी थी। अपभ्रंश में ही अनेक जनपदीय भाषाओं के तत्त्व मिलते हैं क्योंकि जनपदों की भाषाएँ विद्यमान हैं, जनपदों का अलगाव कम होता जा रहा है। जनपदीय भाषाओं का यह परस्पर सम्पर्क बोलचाल की भाषा के स्तर पर जायसी में दिखाई देता है, साहित्यिक रूढ़ भाषा के स्तर पर अपभ्रंश में दिखाई देता है।

११. हिन्दी तथा बँगला

आधुनिक आर्य भाषाओं का उद्भव अपभ्रंश में ढूँढ़ने का एक परिणाम यह हुआ है कि इन भाषाओं ने स्वयं जिस सीमा तक एक दूसरे के विकास को प्रभावित किया है, वह सारी प्रक्रिया भाषाविज्ञानियों की दृष्टि से ओझल रहती है। छन्द-विधान, काव्यरूप, भाषा, सभी स्तरों पर उत्तर भारत के जनपद एक दूसरे को प्रभावित करते हैं। इनमें ब्रज जनपद का प्रभाव स्पष्ट है पर अन्य जनपदों का प्रभाव बहुत कुछ प्रच्छन्न है।

बंगाल में आर्य परिवार की भाषा बोली जाती है। आर्य पश्चिम से ही बंगाल पहुँचे और वहाँ आर्य भाषा बँगला का विकास हुआ, यह तो सभी भाषाविज्ञानी मानते हैं। पर बँगला भाषा के विकास में उन 'आर्यों' का भी हाथ था जो अवधी, भोजपुरी, मगही, मैथिली आदि भाषाएँ बोलते थे, इन भाषाओं के रूपों का

योग बँगला भाषा के विकास में हुआ, यह तथ्य आंशिक रूप से डा० सुनीतिकुमार चाटुर्ज्या ने स्वीकार किया है। इसका श्रेय उन्हें देना चाहिए, इसके लिए हमें उनका कृतज्ञ होना चाहिए, क्योंकि भाषा और साहित्य के इतिहास का अनुसंधान करने के लिए यहाँ एक नई दिशा की ओर संकेत है। डा० चाटुर्ज्या ने यह संकेत उस समय किया था जब उन्होंने अपनी अनेक उत्तरकालीन मान्यताओं का विकास न किया था।

बँगला भाषा के उद्भव और विकास पर अपने प्रसिद्ध ग्रन्थ में उन्होंने लिखा था : "भौगोलिक स्थिति, भाषाई तथ्य, परम्परा, इतिहास, सभी से सिद्ध होता है कि बंगाल में आर्य भाषा बिहार से उमड़ती हुई पहुँची थी" (पृष्ठ ६२)। गंगा नदी के दक्षिण में भागलपुर के मिश्रित बोलियों वाले बंगाल के पड़ोसी क्षेत्र के बारे में उन्होंने लिखा कि "सम्भवतः यही वह आधार-भूमि है जहाँ से बंगाल में बँगला भाषा की बोलियाँ विकसित हुईं" (पृष्ठ १३७)। इन स्थापनाओं से अभी संस्कृत-प्राकृत-अपभ्रंश-आधुनिक आर्य भाषा वाला क्रम-विकास खंडित नहीं होता। किन्तु आगे वह कहते हैं : "पश्चिमी हिन्दी के जैसा, तैसा, जैसन, तैसन आदि रूप मध्यकालीन बँगला में छ से लिखे जाते थे। और सम्भवतः वैसे ही बोले भी जाते थे" (पृष्ठ ४७३)। यह मध्यकालीन बँगला काफी पुरानी बँगला मानी जायगी। इसमें जैसन, तैसन रूप पश्चिमी हिन्दी से नहीं पूर्वी हिन्दी से पहुँचे हैं। ये अवधी के सुपरिचित रूप हैं। इनमें जै, तै का ऐकार संयुक्त स्वर है। बंगाल में पूर्वी और पश्चिमी हिन्दी दोनों के रूप प्रचलित थे। डा० चाटुर्ज्या ने जैछे और तैछन दोनों प्रकार के रूप दिये हैं। इसी जैसन का विकास जेहेन है और जेहेन का विकास आधुनिक बँगला रूप जेन (जेनो) है, ऐसन का विकास एहेन, और एहेन का विकास हेन (हेनो) है जो आधुनिक बँगला का रूप है। १७वीं सदी के कवि नरहरि चक्रवर्ती 'नरोत्तम विलास' में 'ऐसे' के प्रतिरूप 'ऐछे' का प्रयोग करते हैं : ऐछे कत कहि (इस तरह बहुत कुछ कहकर) (पृष्ठ ७३०)। मानना होगा कि हिन्दी में 'ऐसे' उसके मूल शब्द-भंडार का अंश है। उसी तरह पुरानी बँगला के मूल शब्द-भंडार का अंश है 'ऐछे'। बँगला में इसका विकास किसी मागधी या अर्धमागधी अपभ्रंश से नहीं हुआ, वह सीधे हिन्दी से वहाँ पहुँचा है।

बँगला से हिन्दी क्षेत्र की पूर्वी बोलियों का ही सम्बन्ध नहीं है, उससे पश्चिमी हिन्दी का सम्बन्ध भी है। भाषा में क्रिया-रूप उसके मेरुदण्ड के समान होते हैं। बँगला में भविष्यार्थी आज्ञा रूपों में गा, गे आदि प्रत्यय जोड़े जाते थे : "आमरा करिगा, करिगे; तोरा कर्‌गा; कर्‌गे; करिस्‌गा; करिस्‌गे; तोमरा कर्‌गा, कर्‌गे, से (शे), तारा करुकगा, करुकगे, तिनि, ताँरा, करुन्‌गा, करुन्‌गे। कृत्तिवास अपनी रामायण में लिख रहे थे : सीतारे कहिल फल करगा भक्खन, सेइ शस्यफल तुम खाओगा आपन" (पृष्ठ ९०८)।

ये रूप स्पष्ट ही पश्चिमी हिन्दी के हैं और करिस के साथ गा का योग पूर्वी-पश्चिमी हिन्दी के मिश्रण का प्रमाण है। बोलचाल की बँगला में गे का प्रयोग अब भी होता है : से करलेगे (और तब उसने किया), तुम कर्बेगे (और तुम करोगे) (पृष्ठ ९०८)। यहाँ गे का प्रयोग हिन्दी में 'हैंगे' जैसे रूप के सामान है। डा० चाटुर्ज्या ने लिखा है : "हम बँगला के इस प्रत्यय की तुलना पश्चिमी हिन्दी और पंजाब की बोलियों के गउ, गो, गा, गी, गे से कर सकते हैं" (पृष्ठ ९०८)। प्रश्न केवल तुलना करने का नहीं है। जैसे बँगला 'ऐछे' हिन्दी 'ऐसे' का प्रतिरूप है, वैसे ही ये 'गा' वाले रूप उसमें पश्चिमी हिन्दी से पहुँचे हैं। इसी तरह बँगला के भविष्यसूचक 'ब' रूप पूर्वी हिन्दी से उसमें पहुँचे हैं। यदि प्राकृत अपभ्रंश के जाल से निकलकर जनपदीय भाषाओं की वास्तविकता पहचानी जाय, तो आधुनिक भाषाओं के विकास का दूसरा मानचित्र आँखों के सामने आये। तब भारतीय भाषाओं में रचे हुए साहित्य का इतिहास लिखने में अधिक सुविधा हो। यदि १७वीं सदी में पूर्वी और पश्चिमी हिन्दी के रूप बँगला में प्रचलित थे, तो स्पष्ट है कि पूर्वी-पश्चिमी हिन्दी के निर्माण से पहले बँगला का निर्माण भी न हो सकता था। वर्तमान युग भारत में जातीय प्रतिद्वन्द्विता का युग है। जातीय सहयोग की आकांक्षा निर्बल है। इस कारण पुराने ज़माने में जहाँ ऐसा जातीय सहयोग भाषा और साहित्य में हुआ है, उसे हम देखना नहीं चाहते या देखकर भी उससे उचित निष्कर्ष निकालना नहीं चाहते। इसी कारण अपभ्रंश को किसी न किसी आधुनिक आर्य भाषा का पुराना रूप कहने का चलन हो गया है।

१२. छन्द-विधान

किसी भी भाषा की प्रकृति उसकी छन्द-पद्धति से पहचानी जाती है। संस्कृत और हिन्दी की छन्द रचना में मौलिक अन्तर यह है कि हिन्दी के छन्द मुख्यतः मात्रिक हैं और संस्कृत के छन्द मुख्यतः वर्णिक हैं। वैदिक काल के वर्णिक छन्दों की लय बहुत कुछ स्वतन्त्र हैं जैसे कि हिन्दी घनाक्षरी की लय स्वच्छन्द है। बाद की संस्कृत में वर्णिक छन्दों की गति सामान्यतः बँधी हुई है। वैदिक छन्दों का उत्तराधिकारी अनुष्टुप् है और अनुष्टुप् का उत्तराधिकारी हिन्दी कवित्त, बँगला पयार तथा इसी प्रकार के अन्य छन्द हैं। हिन्दी मात्रिक छन्दों में लय की स्वच्छन्दता है, वैसे ही अनुष्टुप्, पयार आदि में लय की स्वच्छन्दता है। संस्कृत के अधिकांश छन्द गणात्मक हैं। जहाँ गणों की संख्या निश्चित होगी, वहाँ मात्राओं की संख्या भी निश्चित होगी। इस प्रकार संस्कृत के गणात्मक छन्द वर्णिक हैं, मात्रिक भी हैं। इन वर्णिक छन्दों में स्वच्छन्द लय के स्थान पर निश्चित लय का चलन हुआ। भवभूति जैसे कवि यति का स्थान बदलकर यहाँ भी लय में परिवर्तन करते हैं पर कुल मिलाकर गण वृत्तों की लय एकरूप होती है। यह स्थिति मात्रिक छन्दों के प्रभाव के कारण है। मध्यदेश की भाषा में बलाघात और

स्वरतान का महत्व नहीं है। स्वरतान के अवशेष पंजाबी में हैं, बलाघात के अवशेष बँगला में हैं। बीच में मध्यदेश की भाषा स्वरतान और बलाघात से मुक्त है। जो भाषाएँ बलाघात-प्रधान होती हैं, उनमें स्वर की दीर्घता और ह्रस्वता प्रमुख नहीं होती, उनमें किसी वर्ण पर बलाघात का होना या न होना महत्वपूर्ण होता है। छन्द की लय इसी बलाघात की स्थिति के अनुसार नियन्त्रित होती है। जहाँ ह्रस्व और दीर्घ स्वरों का भेद महत्वपूर्ण है, वहाँ मात्रा अथवा उच्चारण काल छन्द की लय का नियामक होता है। ऐसी भाषाओं में अन्त्यानुप्रास की सुविधा और प्रचुरता होती है। वैदिक भाषा के बाद संस्कृत छन्दों का जो विकास हुआ, उस पर मध्यदेश की भाषा की रागवृत्ति की छाप है। स्वच्छन्द लय वाले छन्दों के स्थान पर गणात्मक छन्दों का विधान मात्रिक और वर्णिक छन्दवृत्तियों के बीच एक प्रकार का समझौता है। कहा जा सकता है कि मात्रिक छन्दों के प्रभाव से गणात्मक छन्दों के रूप में एक समझौता हुआ, यह कल्पना व्यर्थ है क्योंकि मात्रिक छन्दों के अस्तित्व का प्रमाण नहीं है। इसका उत्तर यह है कि वैदिक भाषा और लौकिक संस्कृत में स्वरतान और बलाघात को लेकर भेद है, और यह अकारण नहीं है। इस भेद का कारण मध्यदेश की भाषा का प्रभाव है। भाषाविज्ञानी मानते हैं कि लौकिक संस्कृत के विकास और प्रसार के मुख्य केन्द्र मध्यदेश में थे। मध्यदेश की भाषाई स्थिति का प्रभाव वेदोत्तर संस्कृत पर किन रूपों में पड़ा, इसका अनुसंधान अभी नहीं किया गया। लौकिक संस्कृत के समृद्धिकाल में जैसे देशी भाषाओं का अस्तित्व उल्लिखित है, वैसे ही मात्रिक छन्दों का अस्तित्व प्राकृत के गाथा छन्द से प्रमाणित है।

गाथा छन्द प्राकृत का सर्वाधिक लोकप्रिय छन्द है। संस्कृत और प्राकृत में भाषातात्त्विक अन्तर बहुत थोड़ा है। शब्द-भंडार, व्याकरण व्यवस्था मूलतः एक है, केवल ध्वनितन्त्र में अन्तर है। किन्तु छन्द रचना में मौलिक अन्तर है। संस्कृत के छन्द वर्णिक हैं, प्राकृत का गाथा छन्द मात्रिक है। इससे सिद्ध होता है कि संस्कृत के समृद्धिकाल में मात्रिक छन्दों का अस्तित्व था और वे वर्णिक पुराने छन्दों की मुक्त लय को प्रभावित कर सकते थे। इसके सिवा कालिदास के 'विक्रमोर्वशीय' में मात्रिक अपभ्रंश-छन्द रचना विद्यमान है। अपभ्रंश ने प्राकृत का ढाँचा लिया और उसमें देशी भाषाओं के तत्त्व शामिल किये। स्वभावतः उसमें मात्रिक छन्दों की बहुलता है और ये छन्द ऐसे हैं जो हिन्दी क्षेत्र के जनपदों में व्यापक रूप से प्रयुक्त हुए।

जिस तरह अपभ्रंश भाषा और साहित्य के विशेषज्ञ आधुनिक भाषाओं की उत्पत्ति अपभ्रंश से मानते हैं, उसी तरह वे हिन्दी छन्दों की उत्पत्ति अपभ्रंश छन्दों से मानते हैं। प्राकृत और संस्कृत का मूल ढाँचा एक है, दोनों का छन्द-विधान भिन्न है, इसका कारण क्या है? कारण यह है कि प्राकृत का भाषाई ढाँचा अप्राकृतिक है किन्तु उसका मात्रिक छन्द-विधान प्राकृतिक है। अपभ्रंश जिस हद

तक प्राकृत का ढाँचा स्वीकार करती है, उस हद तक वह भी अप्राकृतिक है। पर उसमें देशी भाषाओं के तत्त्व शामिल किये जा रहे हैं, इस कारण वह प्राकृत की अपेक्षा कम अप्राकृतिक है। संस्कृत के गणात्मक (अत: मात्रिक) छन्दों से ही मध्यदेशीय भाषा की अपनी रागवृत्ति झलकने लगी है; प्राकृत के गाथा छन्द में वह झलकने के बदले प्रकाशित होने लगती है। यह प्रकाश अपभ्रंश में और भी प्रखर हो उठता है। किन्तु रूढ़ भाषा के अप्राकृतिक तंत्र और लोकभाषा की रागवृत्ति का अन्तर्विरोध अभी समाप्त नहीं होता। वह पूरी तरह समाप्त होता है, जायसी, कबीर, तुलसी और सूरदास की रचनाओं में।

कालिदास संस्कृत में वर्णिक छन्दों का व्यवहार करते थे किन्तु अपभ्रंश में उन्होंने इस तरह के मात्रिक छन्द का प्रयोग किया है :

फलिहसिला अलणिम्मलणिज्झरु
बहुविहकुसुमे विरइअसेहरु।
किंणर महरुग्गीअमणोहरु
देक्खावहि महुपिअअम महिहरु।

इन पंक्तियों को यदि संस्कृत रूपान्तर (अथवा मूल संस्कृत रूप) में लिख दिया जाय तो गीतगोविन्द की पदावली के पूर्वरूप का निदर्शन हो जायगा।

स्फटिक शिला तब निर्मल निर्झर
बहुविध कुमुमैर्विरचित शेखर।
किन्नर मधुरोद्गीत मनोहर
दर्शय मम प्रियतमां महीधर।

इससे तुलनीय हैं गीतगोविन्द की पंक्तियाँ :

सरस मसृणमपि मलयज पङ्कम्
पश्यति विषमिव वपुषि सशंकम्।
हरिरिति हरिरिति जपति सकामम्
विरह विहित मरणेव निकामम्।

गीतगोविन्द की मात्रिक छन्द-रचना बँगला भाषा में क्यों प्रचलित नहीं हुई? इसलिए कि बँगला भाषा की रागवृत्ति पयार जैसे वर्णिक छन्दों में व्यक्त होती है मात्रिक छन्दों में नहीं। आगे चलकर ब्रजबुलि में ऐसे ही मात्रिक पदों की रचना हुई। यह भाषा न बँगला थी, न ब्रज; वह ब्रज और मैथिल भाषाओं का मिश्रण थी। इस तरह का मिश्रण बोलचाल के स्तर पर न हो रहा था, वह साहित्य की भाषा में हो रहा था, और इस मिश्रण को प्रस्तुत करने वाले कविगण थे। ब्रजबुलि का कृत्रिम रूप भाषाविज्ञानी पहचानते हैं, इसी तरह उन्हें अपभ्रंश में देशी भाषाओं के मिश्रण का कृत्रिम रूप पहचानना चाहिए। ब्रजबुलि की परम्परा अपभ्रंश की साहित्यिक परम्परा का अगला चरण है। ब्रजबुलि से कोई ब्रज, मैथिल या बंगला का उद्भव नहीं मानता, पर अपभ्रंश से इन तीनों का

और इनके अलावा पूरबी पछाँही बहुत सी भाषाओं का उद्भव लोग मानते हैं। अपभ्रंश भाषा के स्वरूप की समस्या विशुद्ध भाषाविज्ञान की समस्या नहीं है। वह साहित्य की उन रूढ़ियों की समस्या है जिनका सम्बन्ध लोकभाषा को साहित्य का माध्यम बनाने से है। इस माध्यम की सरसता या नीरसता से उसकी वास्तविकता का कोई सम्बन्ध नहीं है। बंगाल के जिन कवियों ने ब्रजबुलि में रचना की, उनकी पदावली बड़ी मधुर है। भानुसिंहेर पदावली के रचयिता रवीन्द्रनाथ ठाकुर की भाषा बड़ी मधुर है। पर यह सब बँगला भाषा की रागवृत्ति वैसे ही व्यंजित नहीं करता जैसे गीतगोविन्द की पदावली उसे व्यंजित नहीं करती। इसी परिप्रेक्ष्य में दोहाकोश और चर्यागीतों का अध्ययन करना चाहिए।

सरह के दोहाकोश का रचनाकाल जो भी हो, इसका छन्द मात्रिक है।

घर ही बइसी दीवा जाली।
कोर्णहि बइसी घण्टा चाली।
अक्खि णिवेसी आसण बन्धी।
कण्णेहि खुस खुसाइ जण धन्धी।

दोहाकोश की ये चौपाइयाँ बंगाल से पश्चिम की ओर बोली जाने वाली भाषाओं की रागवृत्ति व्यंजित करती हैं। इसी तरह चर्यागीतों में मात्रिक छन्दों का प्रयोग हुआ है :

जो मण गोअर आला जाला
आगम पोथी इष्टा माला।
भणइ कान्ह जिस रअणविकइसा
काले बोब संबोहिअ जइसा।

इस तरह के छन्द लोक व्यवहार में आते थे। जायसी और तुलसीदास की चौपाइयों के अलावा यदि उन पहेलियों की ओर ध्यान दें जिन्हें खुसरो की रचना माना जाता है, तो विदित होगा कि लोकसाहित्य के स्तर पर इस तरह के छन्दों का चलन केवल हिन्दी प्रदेश में था और हिन्दी प्रदेश में दोहा-चौपाई का मूल केन्द्र था अवध। जो कवि अवधी में काव्य रचते थे, वे सहज ही दोहा-चौपाई का व्यवहार करते थे। इसी तरह जो कवि गीत लिखते थे, वे सहज ही ब्रजभाषा का सहारा लेते थे। ब्रजभाषा में कथा भी लिखनी हो तो सूरदास जैसे कवि गीत लिखते हैं। तुलसीदास रामचरितमानस अवधी में लिखते हैं। उसमें दोहा चौपाई का प्रयोग लोक साहित्य की परम्परा के अनुरूप है। गीतावली, विनयपत्रिका वह ब्रजभाषा में लिखते हैं। विद्यापति जब पद लिखते हैं तब वे स्वभावतः ब्रजलोक साहित्य की परम्परा के निकट पहुंचते हैं। मिथिला के और ब्रज के लोकसाहित्य की परम्पराएँ ब्रजबुलि के रूप में मिश्रित होती हैं। जायसी या सूरदास का समर्थ साहित्य अचानक जन्म नहीं लेता। वह एक साहित्यिक परम्परा की कड़ी है और यह कड़ी अपभ्रंश में नहीं है, लोक भाषाओं के साहित्य

में है। लोकसाहित्य की झलक अपभ्रंश में दिखाई देती है, लोकसाहित्य को अपभ्रंश की झलक समझना भूल है।

सुदीर्घ सामन्तकाल में उत्तर भारत के जनपदों ने, अपनी भाषाओं के माध्यम से, विशिष्ट साहित्यिक परम्पराओं का निर्माण किया। संस्कृत-प्राकृत-अपभ्रंश के प्रभुत्व के कारण ये विशिष्ट परम्पराएँ शताब्दियों तक केवल मौखिक साहित्य के स्तर पर अभिव्यक्त हुईं। लिखित साहित्य में व्यक्त हुई हों तो उसकी जानकारी अभी नहीं है। न केवल काव्य-रचना वरन् काव्य-रूपों के अध्ययन से जनपदों की विशिष्ट साहित्यिक परम्पराओं का ज्ञान होता है। ब्रजभाषा में गीत-रचना की परम्परा ऐसी पुष्ट हुई कि मुगल शासनकाल में जो लोग घर में खड़ी बोली बोलते थे, वे भी गीत ब्रजभाषा में गाते थे या दूसरों से ब्रजभाषा के गीत सुनते थे। अभी तक किसी ने यह दावा नहीं किया कि ब्रजभाषा में गीत लिखने की परम्परा मुसलमानों ने डाली थी। मुसलमानों का सम्बन्ध खड़ी बोली से जोड़ा जाता है। यह ब्रज की गीत-परम्परा वहाँ की लोक-संस्कृति का अभिन्न अंग थी। इसी तरह दोहा-चौपाई में आख्यान-रचना अवध की विशिष्ट परम्परा थी। न केवल जायसी वरन् अन्य जनपदों के मुसलमान कवि भी प्रेमाख्यान अवधी में लिखते हैं। जैसे-जैसे जनपदों का अलगाव समाप्त होता है, वैसे-वैसे यह जनपदीय विशिष्टता भी समाप्त होती है, पर उसे समाप्त होने में काफी समय लगता है और इसका एक कारण यह है कि उसकी जड़ें लोक संस्कृति की धरती में बहुत गहरे पहुँची हुई हैं। दुर्भाग्य से लोकसाहित्य की परम्परा और अपभ्रंश साहित्य के सम्बन्ध को विद्वानों ने उल्टे ढंग से देखा है। जो आधार है, उसे वे आधेय मान बैठते हैं और जो आधेय है, वह उनकी कल्पना में आधार बन जाता है। डा० रामसिंह तोमर ने अपने पूर्वोल्लिखित ग्रन्थ में अपभ्रंश साहित्य से हिन्दी साहित्य का विशिष्ट सम्बन्ध स्थापित किया, यह उनका महत्वपूर्ण कार्य है। किन्तु अपभ्रंश भाषा की प्रकृति को न पहचानने के कारण उन्होंने लोक संस्कृति, अपभ्रंश साहित्य और हिन्दी साहित्य का सम्बन्ध सही परिप्रेक्ष्य में प्रस्तुत नहीं किया। इन तीनों में मूलाधार है लोक संस्कृति। इसका माध्यम है देशी भाषा जो अपभ्रंश से भिन्न है। देशी भाषा तथा उसके माध्यम से व्यक्त होने वाली संस्कृति के थोड़े से तत्त्व अपभ्रंश भाषा और साहित्य में आ पाये हैं। उनकी पूर्ण अभिव्यक्ति, अपभ्रंश का ढाँचा पूरी तरह छोड़ देने पर, हिन्दी जनपदों के कवियों की रचनाओं में दिखाई देता है। विद्यापति अपभ्रंश के अन्तिम महत्वपूर्ण कवि हैं, उस परम्परा से मुक्त होकर देशी भाषा में लोक संस्कृति को व्यक्त करने वाले वह प्रथम महाकवि हैं।

अपने उक्त ग्रन्थ में डा० रामसिंह तोमर ने लिखा है: "हिन्दी साहित्य ने जितना सीधा सम्पर्क अपभ्रंश साहित्य से रखा है उतना कदाचित् किसी अन्य प्रान्तीय भाषा ने नहीं रखा। अपभ्रंश के समस्त बाह्य वैभव तथा आंशिक

भावधारा का जो चित्र जैन, बौद्ध, ब्राह्मण आदि नाना सम्प्रदाय, नाना प्रान्तों में रचित अपभ्रंश रचनाओं में मिलता है, उसे अपभ्रंश की प्रधान उत्तराधिकारिणी हिन्दी ने अपने अनेक रूपों—क्या ब्रज, क्या अवधी, क्या राजस्थानी, क्या मैथिली —में अपनाया। हिन्दी के उस युग के कवियों में लोक रुचि और सही मार्ग को समझने की कितनी सूझ और बुद्धि थी यह उनके अपभ्रंश काव्य-धाराओं को उसी रूप में अपनाने से स्पष्ट होता है। इन कवियों में सच्चे मार्ग-प्रदर्शक की प्रतिभा थी और युगप्रधान कर्मठ नायक के समान साहस था। अपभ्रंश साहित्य का जो अंश उपलब्ध हुआ है वह इतना सिद्ध करने के लिए पर्याप्त है कि हिन्दी साहित्य के प्रारम्भ युग में प्राप्त काव्य-धाराओं का प्रारम्भ १३वीं या १४वीं शती से नहीं हुआ किन्तु उस समय हुआ था जब चतुर्मुख, द्रोण, स्वयंभू, सरहपा, कान्हपा, योगीन्द्र आदि कवियों ने अपनी रचनाओं को लिखना प्रारम्भ किया था। इस प्रकार हिन्दी काव्य की नींव और भी गहरी और दृढ़ है" (प्राकृत और अपभ्रंश साहित्य०, पृष्ठ २८३)। हिन्दी काव्य की नींव अवश्य गहरी और दृढ़ है पर उसके ऊपर विद्यापति, जायसी, कबीर, सूर और तुलसी ने जो सुन्दर भवन निर्मित किया, उसके निर्माण में सबसे बड़ी बाधा अपभ्रंश में साहित्य रचने की परम्परा थी। यदि विद्यापति इस परम्परा का अनुसरण करते चले जाते तो उनका युगान्तकारी महत्व हिन्दी काव्य की गहरी नींव के नीचे ही दबा रह जाता। साहित्यिक रूढ़ि के पालन में अपने कौशल का प्रदर्शन करने के बाद उन्होंने देशी भाषा में अपनी प्रतिभा का चमत्कार दिखाया। इस चमत्कार का आधार उनका अवहट्ट रचना कौशल नहीं है। लोक संस्कृति की कितनी फीकी झलक अपभ्रंश में आई थी, इसका सही अनुमान कीर्तिलता से विद्यापति की मैथिल पदावली मिलाने से हो जायगा। कीर्तिलता विद्वानों की व्याख्या, भाष्य, विश्लेषण का आलम्बन है, विद्यापति की पदावली हिन्दी जनता का कंठहार है।

डा० रामसिंह तोमर मानते हैं कि देशी भाषाएँ अपभ्रंश से भिन्न थीं। यदि वे भिन्न थीं तो लोक संस्कृति का माध्यम अपभ्रंश न हो सकती थी, ये देशी भाषाएँ ही हो सकती थीं। इन्हीं में दोहा, चौपाई आदि छन्दों का चलन हुआ। आल्हा की मौखिक काव्य-परम्परा विख्यात है। उसी तरह आख्यान-काव्यों, गेय पदों की परम्पराएँ थीं। यदि लोक संस्कृति का माध्यम अपभ्रंश होती तो साहित्य के मंच से उसे कोई शक्ति न हटा पाती। हिन्दी अपभ्रंश की उत्तराधिकारिणी केवल इस दृष्टि से है कि हिन्दी प्रदेश की लोक संस्कृति टूटे-फूटे रूप में अपभ्रंश के माध्यम से व्यक्त हुई है। बहुत अच्छा होता यदि अपभ्रंश के कवियों में मार्ग-प्रदर्शक की प्रतिभा होती, युगप्रधान कर्मठ नायक के समान साहस होता। अपभ्रंश साहित्य के रचनाकारों के जो आश्रयदाता थे, उनका युग समाप्त हो रहा था। सामन्ती शक्तियों के विघटन के साथ अपभ्रंश संरक्षण नष्ट हो गया। इस संरक्षण के नष्ट होने से लोक संस्कृति के विकास का रास्ता भी साफ हो गया।

१३. कीर्तिलता का महत्व

इस संदर्भ में विद्यापति की कीर्तिलता का महत्व असाधारण है। यह उस कवि की रचना है जो अपभ्रंश के अलावा देशी भाषा में भी रचना करता है। इससे पहले प्राकृत और अपभ्रंश के कवि देशी भाषाओं का उल्लेख मात्र करते थे। बहुत से बहुत कुछ देशी शब्दों की सूची दे देते थे। विद्यापति देशी भाषा का उल्लेख ही नहीं करते, उसमें रचना भी करते हैं। यदि मैथिली में उनकी रचनाएँ सुलभ न होतीं तो विद्वान् अवश्य कहते कि मैथिली अभी अपभ्रंश के गर्भ में है। सौ-दो सौ साल तक उसका उद्भव रुका रहता। किन्तु विद्यापति ने मैथिली में कविता करके इस संभावना का नाश कर दिया।

प्राकृत-अपभ्रंश-आधुनिक-आर्य भाषाओं वाली सीढ़ी इतनी सुगम है कि विद्वान् उसे छोड़कर आधुनिक भाषाओं के विकास-सूत्र अन्यत्र नहीं खोजना चाहते। इसलिए विद्यापति की अपभ्रंश और मैथिल का समकालीन अस्तित्व देखते हुए भी वे इसी अपभ्रंश से—विद्यापति की अवहट्ट से—मैथिल के उद्भव की कल्पना छोड़ नहीं सकते। डा० बाबूराम सक्सेना के अनुसार "कीर्तिलता के अपभ्रंश को मैथिल अपभ्रंश कहना उचित होगा।" (कीर्तिलता, सम्पादक बाबूराम सक्सेना, काशी, द्वितीय संस्करण, सम्वत् २०१०, पृष्ठ २०)। कीर्तिलता की भाषा का विवेचन करने के बाद निष्कर्ष रूप में उन्होंने लिखा है, "कीर्तिलता की भाषा आधुनिक मैथिली और मध्यकालीन प्राकृत के बीच की है" (उप०, पृष्ठ २३)। विद्यापति ने लिखा था :

देसिल बअना सब जन मिट्ठा
तं तैसन जम्पञों अवहट्टा।

यहाँ देशी भाषा को अपभ्रंश मानकर जिन लोगों ने विद्यापति की पंक्तियों की व्याख्या की, उनकी उचित आलोचना शिवप्रसाद सिंह ने कीर्तिलता और अवहट्ट भाषा में की है (इलाहाबाद, १९५५ ई०, पृष्ठ ३२-३३; उन्होंने पंक्तियों को जिस रूप में उद्धृत किया है वही रूप यहाँ दिया गया है।) उन्होंने ठीक लिखा है : अवहट्ट के साथ विद्यापति ने जिस 'देसिल बयन' का नाम लिया है उसका संकेत मैथिली की ओर है और उसे व्यापक अर्थ में अपभ्रंश की तुलना में सभी आधुनिक आर्य भाषाओं के लिए अभिधेय मान सकते हैं (।) इसलिए अवहट्ट और 'देसिल बयन' को तदेव सिद्ध करने का आग्रह निराधार और व्यर्थ है।" (उप०, पृष्ठ ३८; यहाँ बअन परिवर्तित बयन रूप में दिखाई देता है।) शिवप्रसाद सिंह का अनुसरण करते हुए वासुदेवशरण अग्रवाल ने कीर्तिलता के अपने संजीवनी व्याख्या वाले संस्करण (चिरगाँव, झाँसी, १९६२) में अवहट्ट और मैथिल को अलग माना है : "पुस्तक का अधिकांश भाग अवहट्ट में है और कुछ भाग विद्यापति की समकालीन प्राचीन मैथिली भाषा में है जिसे विद्यापति ने 'देसिल वयणा' कहा है।" (पृष्ठ ६२)। कीर्तिलता की भाषा को उन्होंने भी

परवर्ती अपभ्रंश माना है, उसे "अपभ्रंश भाषा से आगे विकसित होने वाली अवहट्ट" भाषा कहा है (उप०, पृष्ठ ४४)। आगे लिखा है : "ज्ञात होता है कि अवहट्ट और प्राचीन मैथिली एक-दूसरे के अति निकट आ गई थीं और व्याकरण की दृष्टि से दोनों ने एक-दूसरे को बहुत प्रभावित किया था" (उप०, पृष्ठ ७५)। इस वाक्य से ऐसा लगता है कि डा० अग्रवाल के लिए अवहट्ट वैसे ही बोलचाल की भाषा थी जैसे मैथिल। इसीलिए दोनों एक-दूसरे को इस तरह प्रभावित करती हैं जैसे दो पड़ोसी जनपदीय भाषाएँ एक-दूसरे को प्रभावित करती हैं। यदि मिथिला की बोलचाल की भाषा मैथिल थी तो इस बोलचाल की भाषा को एक कृत्रिम साहित्यिक भाषा कैसे प्रभावित करेगी ? दरअसल बोलचाल की भाषा मैथिल ही कृत्रिम भाषा अपभ्रंश को प्रभावित करेगी। इससे यह धारणा पुष्ट होती है कि अपभ्रंश—परवर्ती और पूर्ववर्ती दोनों प्रकार की अपभ्रंश—देशी भाषाओं से प्रभावित प्राकृत है। अनेक प्राकृत-अपभ्रंश ग्रन्थों के समान कीर्तिलता का भाष्य भी संस्कृत में लिखा गया। यद्यपि कीर्तिलता में ही अपभ्रंश के साथ मैथिल विद्यमान है, अपभ्रंश के गर्भ में नहीं, उसके बाहर निज रूप में विद्यमान है, फिर भी शिवप्रसाद सिंह ने परम्परागत धारणा की पुष्टि करते हुए मैथिल आदि भाषाओं को परवर्ती अपभ्रंश के गर्भ में स्थित माना है : "परवर्ती काल में अपभ्रंश बहुत कुछ प्राकृत प्रभावों को झाड़ने लगा था और उसमें देश भाषाओं का मूल ढाँचा विकसित हो रहा था, जो एक तरह अपभ्रंश से भिन्न जनभाषाओं में नया रूप ग्रहण कर रहा था" (कीर्तिलता और अवहट्ट भाषा, पृष्ठ ५०)।

शिवप्रसाद सिंह ने कीर्तिलता की भाषा को परवर्ती अपभ्रंश माना है, इसलिए उसके साथ सन्देश रासक, चर्यागीत आदि को भी अपने विवेचन का आधार बनाया है। इसी धारणा का अनुसरण करते हुए वासुदेवशरण अग्रवाल ने प्राकृत पैङ्गलम् में प्राप्त हम्मीर रासो की भाषा को "उत्तरकालीन अपभ्रंश या अवहट्ट" माना है। १२वीं सदी में रचे हुए पृथ्वीराज रासो को वह अवहट्ट प्रधान शैली में रचा हुआ ग्रन्थ मानते हैं। विद्यापति ने कीर्तिलता १५वीं सदी में लिखी किन्तु देशी भाषाओं में—अवहट्ट प्रधान शैली में—रचना दो-तीन सौ साल और पहले होने लगी थी। १२वीं सदी में हेमचन्द्र ने अपभ्रंश का व्याकरण लिखा, और इसी १२वीं सदी में देशी भाषाएँ साहित्य का माध्यम बनने लगी थीं। वासुदेवशरण अग्रवाल ने इस संदर्भ में लिखा है : "इसी शती के मध्य भाग में दो प्रवृत्तियाँ देखी जाती हैं। एक तो भाषा के अवहट्ट रूप में भाषा की अधिकाधिक प्रकृति [अर्थात् अपभ्रंश में देशी भाषाओं के अधिक तत्त्व मिलाने की प्रवृत्ति] और दूसरे प्राचीन प्रादेशिक भाषाओं के अलग विकास की प्रवृत्ति। इस समय का प्रामाणिक साहित्य अभी प्रकाश में नहीं आया। किन्तु जान पड़ता है कि इन दोनों शैलियों का विकास अलग-अलग और मिलकर भी होता गया,

जैसे बारहवीं शती के अन्त में चन्द कवि ने जो 'पृथ्वीराजरासो' लिखा वह अपभ्रंश या अवहट्ट प्रधान शैली को अपनाकर ही लिखा गया था" (कीर्तिलता, पृष्ठ ७१)।

दो शैलियों की बात पढ़कर मणिप्रवालम् शैली याद आ जाती है। केरल की बोलचाल की भाषा मलयालम थी, संस्कृत नहीं। अवहट्ट में जनपदीय भाषाओं के तत्त्व मिलाये गये हैं, ये जनपदीय भाषाएँ ही जनसाधारण के दैनिक व्यवहार का माध्यम थीं, अवहट्ट नहीं। अपभ्रंश और संस्कृत में मौलिक अन्तर यह था कि संस्कृत एक समय बोलचाल की भाषा रह चुकी थी और शिष्टजनों की भाषा बहुत दिनों तक रही पर अपभ्रंश (या प्राकृत) कभी भी बोलचाल की भाषा नहीं थी, न शिष्टजनों की भाषा थी। होती तो संस्कृत में भाष्य लिखने की नौबत न आती। वासुदेवशरण अग्रवाल ने यह मत प्रकट किया है कि बारहवीं सदी में प्रादेशिक भाषाओं में साहित्य रचा जाता था। यह बात सही है।

विद्यापति ने अवहट्ट में लिखा, संस्कृत में लिखा और सौभाग्य से मैथिल में भी लिखा। उन्होंने "संस्कृत, प्राकृत, अवहट्ट और देशी इन चार भाषाओं का स्पष्ट उल्लेख किया है। ये उनके समय में साहित्यिक माध्यम के रूप में प्रचलित थीं" (उप०, पृष्ठ ६२)। यह परम्परा बहुत दिनों से चली आ रही थी किन्तु अन्य कवियों ने देशी भाषाओं का उल्लेख मात्र किया, उनमें काव्य रचा तो वह प्रकाश में नहीं आया। अपभ्रंश का व्यवहार करने वाले महाकवि कालिदास भी थे। अपभ्रंश के श्लोक उन्हीं के रचे हुए हैं, इस धारणा का समर्थन करते हुए वासुदेवशरण अग्रवाल ने लिखा है कि विक्रमोर्वशीय के चौथे अंक में "प्रयुक्त रंगमंच सम्बन्धी निर्देशनों से ज्ञात होता है कि ये श्लोक प्रायः चर्चरी नृत्य के साथ गाये जाते थे। चर्चरी एक लोकनृत्य का नाम था जिसे जायसी ने 'चाँचरि' कहा है। ज्ञात होता है कि अपभ्रंश और प्राकृत के इन प्रत्युक्ति और अन्योक्ति श्लोकों की रचना करते समय कालिदास एकदम ठेठ लोक के धरातल पर उतर आये" (उप०, पृष्ठ ६५)। अपभ्रंश के मात्रिक पद संस्कृत का छन्द-विधान भंग करते हैं, अन्त्यानुप्रास की प्रवृत्ति भी जहाँ-तहाँ परिलक्षित है। जो लोग इन अपभ्रंश पद्यों को कालिदास विरचित मानते हैं, उनके भावविह्वल होने का कोई कारण नहीं है। यह अपभ्रंश लोक-भाषा नहीं है और आभीरों की भाषा से उसका सम्बन्ध उतना ही है जितना सरहपाद की भाषा का।

अन्य ग्रन्थों की अपभ्रंश के समान कीर्तिलता की अपभ्रंश में भी अनेक देशी भाषाओं के तत्त्व मिलते हैं। उसे चाहे परवर्ती अपभ्रंश कहा जाय, चाहे पूर्ववर्ती अपभ्रंश, है वह अपभ्रंश, और उससे मैथिल भाषा का जन्म नहीं हुआ है; मैथिल भाषा में उसके समानान्तर साहित्य रचा जा रहा था। उसमें संयुक्त व्यंजनों की प्रचुरता और मध्यवर्ती व्यंजनों का लोप उसी प्रकार हेमचन्द्र व्याकरण के अपभ्रंश पद्यों में है। कित्तिवल्लि, खेलत्तणें, कव्व, सव्व, विज्जावइ, छइल्ल,

मइल्ल रूपों की भाषा न तो मैथिल है और न पूर्वी प्रदेशों की अन्य कोई भाषा। इसमें णकार-बहुलता वैसे ही है जैसे प्राकृत में। पचीसों शब्द ण् से आरम्भ होते हैं। फ़ारसी शब्दों का जो अपभ्रंशीकरण हुआ है, वह काफी रोचक है। उज्जीर (वजीर), खाण (खान), तवेल्ला (तबेला), पइज्जल्ल (पैजार, जूते), पाइग्गह (पायगाह, घुड़सवार), फरमाण (फर्मान), वल्लीअ (बाली), मुलुक्का (मलिक), सुरताण (सुल्तान) आदि। कर्ताकारक में पश्चिमी भाषाओं के 'ने' का प्रयोग 'जेन्नें' रूप में अनेक बार हुआ है। पूर्वी प्रदेश के लोगों को इस 'ने' से अभी तक परेशानी होती है। यह निश्चित है कि विद्यापति के समय में इसका प्रयोग मैथिल भाषा में न होता था। विद्यापति ने एक जगह तुरुकाणनों अथवा तुरुकाणन्ों रूप का प्रयोग किया है। इसमें सम्बन्ध-सूचक 'नो' गुजराती भाषा में प्रयुक्त होता है, हिन्दी क्षेत्र की पूर्वी या पश्चिमी किसी भी बोली में उसका व्यवहार नहीं होता। इसी तरह उन्होंने जीअना, भोअना, बटुराना जैसे क्रियार्थी संज्ञा रूपों का प्रयोग किया है जो पश्चिमी बोलियों की विशेषता है। अनेक सर्वनाम, अनेक कारक चिह्न अथवा परसर्ग यहाँ वही हैं जो तुलसीदास की रचनाओं में मिलते हैं। इनमें अनेक ऐसे हैं जिनका प्रयोग मैथिल या पूर्वी बोलियों में नहीं होता। अतः इस 'परवर्ती' अपभ्रंश का कोई विशेष सम्बन्ध मैथिल से नहीं है।

१४. अपभ्रंश के पोषक सामन्ती केन्द्र

जिन सामन्तों को राजपूत कहा जाता है, उनसे अपभ्रंश साहित्य के पोषण का घनिष्ठ सम्बन्ध है। भारतीय विद्याभवन से प्रकाशित 'द क्लासीकल एज' में ६५० से ७५० ई० तक के उत्तर भारत पर रमेशचन्द्र मजूमदार ने जो कुछ लिखा है, उससे राजस्थान और गुजरात के सम्बन्ध तथा राजपूतों की भूमिका समझने में सहायता मिलती है। उन्होंने बताया है कि जिस प्रदेश को बाद में राजपूताना कहा गया, वह १०वीं सदी में, पूर्णतः या अंशतः गुर्जरत्रा कहलाता था। राजपूताने में गुर्जरों ने छठी सदी में ही कई राज्य स्थापित किये थे। यह सम्भव है कि छठी या सातवीं सदी में ही राजपूताने को गुर्जरत्रा कहते रहे हों। यहाँ से कबीले पूरब, पच्छिम, तथा जहाँ तक बना, उत्तर और दक्खिन में फैल गये।

अपने ग्रन्थ 'द ग्लोरी दैट वाज़ गुर्जर देश' में क० मा० मुंशी ने यह माना है कि सातवीं सदी में विशाल गुर्जर देश में एक ही भाषा बोलने वाले लोग रहते थे। आगे चलकर यह देश राजपूताना, गुजरात और मालवा में बँट गया। इसके एक ओर महाराष्ट्र था, दूसरी ओर मध्य देश। वैदिक काल से यहाँ की भाषा और संस्कृति का प्रवाह अविच्छिन्न चला आ रहा था। कन्नौज को केन्द्र बनाकर प्रतिहारों का जो विशाल साम्राज्य स्थापित हुआ, उसके शासक गुर्जर देश को अपनी मातृभूमि मानते थे। गुर्जर देश के प्रथम साम्राज्य में कान्यकुब्ज **प्रदेश**

काशी के आसपास का प्रदेश, बुन्देलखंड, सौराष्ट्र और कच्छ शामिल थे। दसवीं सदी में कर्णाटक के राष्ट्रकूटों ने गुर्जर देश का साम्राज्य नष्ट कर दिया। उस साम्राज्य के मुख्य-मुख्य टुकड़े ये हुए : दिल्ली प्रदेश, शाकम्भरी (आधुनिक साँभर) वाला सपादलक्ष, गोपगिरि (आधुनिक ग्वालियर), मारवाड़, चित्तौड़, आबू, मालवा, इत्यादि। उनके विचार से गुर्जर किसी जन-समुदाय का नाम नहीं है, यह एक देश का नाम है। गुर्जर देश की एकता नष्ट होने पर कुछ स्थानों के साथ इस नाम का प्रयोग होता रहा, बाकी जगह लोग वह नाम भूल गये।

राजनीतिक रूप से सुगठित गुर्जर साम्राज्य का सांस्कृतिक राज्य विस्तार और भी भव्य था। 'गुजरात ऐण्ड इट्स लिटरेचर' में क० मा० मुंशी ने प्राचीन गुर्जर देश के सांस्कृतिक वैभव का वर्णन करते हुए बताया है कि गुर्जर सम्राटों के शासन में कन्नौज से प्रेरणा पाकर गुजरात के जीवन में कला और विद्वत्ता ऊंचे स्तर तक पहुँच गई। गुर्जर देश के गौरवशाली दिनों में महान् कला की जो परम्परा विकसित हुई, उसके अवशेष हैं खजुराहो के मन्दिर (लगभग ९००-१००० ई०)—सुबन्धु और बाण (लगभग ६५० ई०), भवभूति (लगभग ७०० ई०) और वाक्पति (लगभग ७५० ई०)······माघ (लगभग ७०० ई०)······राजशेखर (लगभग ९००) (पृष्ठ २१)। आगे कहते हैं कि ५५० से ६५० ई० तक का समय सांस्कृतिक दृष्टि से एक सुनिश्चित युग है। भिल्लमाल, उज्जयिनी और वलभी सांस्कृतिक कार्यवाही के केन्द्र थे। संस्कृत, प्राकृत और अपभ्रंश में जो साहित्य रचा गया, उसका विवरण देते समय उन्हीं लेखकों की चर्चा न करनी चाहिए जो गुजरात में रहते थे वरन् उनकी भी करनी चाहिए जो गुर्जर देश में रहते थे। इस समय संस्कृत में अनेक नाटक और काव्य रचे गये। गुर्जर देश के इन कवियों में एक कवि कालिदास थे। "कालिदास संस्कृत के सबसे बड़े कवि थे। उन्हें किसी भी देश और युग के बड़े से बड़े कवियों में गिना जा सकता है। वे इस कार्य से एक शताब्दी पहले हुए थे और उन्होंने एक नई कला और महान् परम्परा की नींव डाली थी" (उप०, पृष्ठ ३४)। कालिदास उज्जयिनी, खजुराहो आदि गुर्जर देश की संस्कृति का अंग हैं, इसलिए मीराबाई को गुजराती की कवयित्री होना ही चाहिए।

मुंशी जी ने लिखा है : "मीरां को गुजरात, राजपूताना और सारा मथुरा प्रदेश अपनी कहता है, और कुछ दिन से हिन्दी संसार उन्हें हिन्दी कवयित्री कहने लगा है। किन्तु जिस शताब्दी में उनका जीवन बीता, उस शताब्दी में इन प्रदेशों में एक ही भाषा थी, पुरानी गुजराती या पुरानी पश्चिमी राजस्थानी। कोई आश्चर्य नहीं कि उस भाषा के विभिन्न आधुनिक रूपों में उनके पद प्राप्त होते हैं" (उप०, पृष्ठ १८३)। इस स्थापना से एक नई मान्यता का जन्म होता है। वह यह कि व्रजभाषा का जन्म पुरानी गुजराती या पश्चिमी राजस्थानी से हुआ। मुंशी जी ने मीराबाई के जो पद उद्धृत किये हैं, उनमें इस तरह की पंक्तियाँ हैं :

अब तो मेरा गिरधर गोपाल, दूसरा न कोइ,
माता छोड़ी पिता छोड़े छोड़े सगा भाइ,
साधु संग बेठबेठ लोक लाज खोइ,
× × ×
अब तो बात फेल गइ, जाने सब कोइ,
दास मीरां लाल गिरधर, होनी सो होइ,
× × ×
दर्द ना जाने मेरा कोई रे, मेरा कोइ,
घायल की गत घायल जाने, जा शिर बीती होइ,
जल बिना जेसी मछली ही तलपे सो गत मेरी होइ,
सूलि उपर सेज हमारी, तापर रहेवुं सोइ,
मीरां को दुःख जब मीटेगो, बैद शामरो वोही,

ऐसा लगता है मुंशी जी ने ये पंक्तियाँ अपनी स्मृति के भरोसे उद्धृत की हैं (वे नागरी लिपि में उद्धृत की गई हैं)। उनके सामने कोई मुद्रित प्रति होती तो मीटेगो, फेल गइ, बेठबेठ आदि शब्द इस रूप में प्रस्तुत न किये जाते। इन वाक्यों की व्याकरण-व्यवस्था की चर्चा अनावश्यक है। यह अपभ्रंश नहीं है कि उसमें देशी भाषा पहचान में न आये।

गुर्जर देश के समान बृहत्तर बंगाल की कल्पना भी कम भव्य नहीं है। बंगाल के राजाओं ने किसी समय समस्त उत्तर भारत में अपना राज्य कायम किया। कान्यकुब्ज प्रदेश पर अधिकार करने के अलावा वह पंजाब, काँगड़ा तथा काबुल-कम्बोज तक अपना राज्य विस्तार कर सके। दक्षिण में उन्होंने कर्णाटक तक धावा मारा और उत्तर भारत के चक्रवर्ती सम्राट् बने। दुर्भाग्य से भारत के अन्य प्रदेशों के ही नहीं, बंगाल के लोग भी इन महान् सम्राटों की यशोगाथा भूल गये। विद्याभवन की इतिहास ग्रन्थमाला के प्रधान सम्पादक रमेशचन्द्र मजूमदार ने इस भव्य इतिहास को पुनरुज्जीवित किया है। संक्षेप में वह इतिहास इस प्रकार है।

बंगाल के राजा शशाङ्क की मृत्यु के बाद कुछ दिन तक बंगाल में अराजकता रही। ८वीं सदी में लोगों ने अनुभव किया कि सारी मुसीबतों की जड़ एक सुदृढ़ केन्द्रीय शक्ति का अभाव है। मन में यह विचार आने के बाद वहाँ के सामन्तों ने अपनी शक्ति एक राजा को सौंप दी और फिर उसे सारे देश का महाराज स्वीकार किया। "बंगाल के अग्रणी लोगों की राजनीतिक सूझबूझ और आत्मत्याग की भावना धन्य है कि वे परिस्थितियों के अनुरूप कार्य करने में समर्थ हुए। उन्होंने अपने में से एक को बंगाल का एक मात्र शासक चुन लिया और स्वेच्छा से उसका प्रभुत्व स्वीकार किया। ऐसा युग बिरला ही होता है और ऐसी जाति बिरली ही होती है जो इस तरह सार्वजनिक हितों के सामने निजी हितों को गौण स्थान देने

का भव्य उदाहरण प्रस्तुत करे" (दि एज आफ इम्पीरियल कन्नौज, पालवंश पर रमेशचन्द्र मजूमदार का लेख, पृष्ठ ४४)। गोपाल को राजगद्दी पर बिठाया गया, इन्हीं से पालवंश चला और बंगाल में अनुपम समृद्धि का युग आया।

फिर धर्मपाल ने अनेक विजयी अभियानों द्वारा समूचे उत्तर भारत पर अपनी प्रभुसत्ता स्थापित की। उन्होंने कन्नौज में दरबार किया। इस दरबार में भोज, मत्स्य, मद्र, कुरु, यदु, यवन, अवन्ति, गन्धार और कीर प्रदेशों के शासक आये। इससे विदित होता है कि कम-से-कम कुछ समय के लिए धर्मपाल उत्तर भारत के चक्रवर्ती सम्राट् के अनुपम स्थान पर थे (उप०, पृष्ठ ४६)। इन प्रदेशों में गन्धार पश्चिमी पंजाब तथा काबुल घाटी का निचला भाग है। मद्र मध्य पंजाब है। कीर, कुरु और मत्स्य काँगड़ा, थानेश्वर और जयपुर प्रदेश हैं। अवन्ति पूरा मालवा या उसका कोई भाग है। यवन का अर्थ होना चाहिए सिन्धु घाटी का कोई मुसलमान राज्य। यदु अथवा यादव पंजाब, मथुरा और काठियावाड़ में कई जगह बसे हुए थे, यहाँ शायद आशय पंजाब से है। भोजों का राज्य शायद बरार में था। कन्नौज में धर्मपाल ने इन्द्रायुध के स्थान पर चक्रायुध को गद्दी पर बिठाया। इस तरह सार्वभौम प्रभुत्व प्रतिहारों के हाथ से निकलकर पालों के हाथ में पहुँच गया। स्वयंभू पुराण में उल्लिखित एक परम्परा के अनुसार नेपाल भी धर्मपाल के अधीन था। उनकी विजयी सेना केदार और गोकर्ण तक पहुँची। केदार गढ़वाल में है। गोकर्ण नेपाल में है। एक गोकर्ण कर्णाटक में भी है और सम्भव है, धर्मपाल ने दक्षिण में राष्ट्रकूट राज्य पर आक्रमण किया हो। धर्मपाल ने गुजरात को अपने अधीन किया, मजूमदार ने यह नहीं लिखा, पर उन्होंने यह अवश्य बताया है कि ११वीं सदी के एक गुजराती कवि ने धर्मपाल को उत्तरापथ का स्वामी कहा है।

धर्मपाल ने ३२ साल तक राज्य किया। वे सैकड़ों युद्धों के 'हीरो' थे जब बंगाल के भाग्य का निपटारा होने वाला था। वह कभी हिचके नहीं, सभी कठिनाइयों पर उन्होंने विजय पाई। राजनीति में उनकी सफलता चमत्कारी है। जब बंगाल की राजनीतिक एकरूपता खत्म हो गई थी और भारतीय राजनीति में उसका कोई स्थान नहीं था, तब अकस्मात् उनके शासन में बंगाल सबसे शक्तिशाली राज्य बन गया। एक विशाल गौड़ साम्राज्य स्थापित करने का शशाङ्क का स्वप्न चरितार्थ हुआ। अभिलेखों में वह परमेश्वर, परम भट्टारक, महाराजाधिराज हैं। उन्होंने पाटलिपुत्र में भी दरबार किया जहाँ गंगा नदी पर उनकी नौसेना छाई हुई थी और जहाँ उत्तर के राजाओं के असंख्य घोड़ों द्वारा उड़ाई हुई धूल से सूर्य छिप गया था। बंगाल के इस महान् रूपान्तरण का श्रेय उसकी जनता और अग्रणी सरदारों को है, इनके अतिरिक्त स्वयं धर्मपाल को है। वह बंगाली जनता के स्वप्न, उसकी ऊर्जा के प्रतीक थे। उनकी कृतज्ञ प्रजा बहुत अच्छी तरह जानती थी कि उसने उनसे क्या पाया है। उनकी कीर्ति सारे देश में गाई गई। फिर यह विडम्बना देखिये कि जिस देश में उनका जन्म हुआ, वहीं के लोग उन्हें

भूल गये।

धर्मपाल के बाद देवपाल गद्दी पर बैठे। हूणों के कई राज्य उत्तर में थे। इनमें एकाध को देवपाल ने जीता और फिर आगे कम्बोज प्रदेश में बढ़ते चले गये। उन्होंने प्रतिहार राजा भोज को परास्त किया। इस समय राष्ट्रकूटों ने उत्तर भारत से हाथ खींच लिया, "सम्भवतः देवपाल ने उनके राज्य के भीतर घुसकर युद्ध किया" (उप०, पृष्ठ ५२)। वह अपनी सेना सिन्धु तक ले गये, उत्तर भारत में चक्रवर्ती सम्राट् कहलाने के अधिकारी हुए। यह ऐसा कार्य था जिसे बंगाल का कोई दूसरा शासक अगले हज़ार साल तक नहीं कर सका। "न इससे कभी पहले और न कभी इसके बाद, अंग्रेजों के आने तक, भारतीय राजनीति में बंगाल ऐसी महत्त्वपूर्ण भूमिका निबाह सका" (उप०, पृष्ठ ५२)।

रमेशचन्द्र मजूमदार के कथन का आशय यह है कि पाल वंशीय साम्राज्य का वैभव बंगाली बुद्धिजीवियों को अंग्रेज़ी राज्य में पुनः प्राप्त हुआ। यहाँ स्मरणीय है कि जहाँ इन बुद्धिजीवियों का एक वर्ग अंग्रेज़ी राज का समर्थक बनकर बंगाल के बाहर उत्तर भारत में स्वयं को शासक वर्ग का अंग मान रहा था, वहाँ दूसरा प्रगतिशील बुद्धिजीवियों और क्रान्तिकारी नौजवानों का वर्ग इसी अंग्रेज़ी राज की जड़ काटने में लगा था।

बंगाल और गुजरात समेत उत्तर भारत के सामन्तों की आदि भूमि कर्णाटक है, यह दावा भी किया गया है। "नेपाल का नान्यदेव राजपरिवार कर्णाटक उद्भव का है। बंगाल के सेन अपनी उत्पत्ति कर्णाटक के सामन्त सेन से मानते हैं। इस सामन्त का जन्म वीरसेन नामक एक ब्रह्म-क्षत्र परिवार में हुआ था। कन्नौज के गाहड़वाल अपनी उत्पत्ति नन्दपाल से मानते हैं। यह नन्दपाल कर्णाटक का राजा हुआ। जोधपुर और बीकानेर के राठौड़ भी कर्णाटक राजाओं के वंशज थे। इसी प्रकार कलिंग के गंग और कदम्ब कर्णाटक के गंग और कदम्ब वंशों से अपनी उत्पत्ति मानते हैं। पूर्वी बंगाल के बरभुज्ज राजा कर्णाटक से वहाँ गये थे" (ऐस० श्रीकंठ शास्त्री, सोर्सेज़ औफ कर्णाटक हिस्ट्री, खंड १, मैसूर, १९४०; भूमिका, पृष्ठ २६)।

आर्य भारत पर द्रविड़ों की इस विजय का इतिहास अत्यन्त रोचक है। कम से कम अब यह किसी को न कहना चाहिए कि अनादिकाल से आर्य ही द्रविड़ों को पराजित करते आये हैं।

जो कार्य सामन्तवाद के विघटनकाल में यहाँ के सामन्त न कर सके, उसे अब इतिहासकार कर रहे हैं। वे अपनी कल्पना से भव्य साम्राज्य स्थापित करते हैं, राजनीतिक साम्राज्य के साथ वे सांस्कृतिक साम्राज्य स्थापित करते हैं और पास-पड़ोस में जो कलाकृति आकर्षक लगती है, उसे इस सांस्कृतिक साम्राज्य में समेट लेते हैं। स्वभावतः एक ओर मीरांबाई, दूसरी ओर विद्यापति, इन दोनों की कृतियाँ सांस्कृतिक साम्राज्य के संस्थापकों को आकर्षित करती हैं। पर एक

कठिनाई है। बहुत से ब्राह्मण बंगाल और गुजरात में कान्यकुब्ज प्रदेश से पहुँचे थे। इनके बारे में कनैयालाल माणकलाल मुंशी ने 'दि एज औफ इम्पीरियल कन्नौज' की भूमिका में लिखा है : "पुराणवाचक अधिक नहीं तो उतने ही शक्तिशाली हो गये जितने कर्मकाण्ड, दर्शन या साहित्य के विशेषज्ञ ब्राह्मण। विशेष रूप से कान्यकुब्ज प्रदेश के ब्राह्मणों की भूमिका इस युग में महत्त्वपूर्ण थी। हजार साल बीत जाने पर आज भी वे सारे उत्तर भारत में फैले हुए मिलते हैं। उदाहरण के लिए बंगाल के कुलीन ब्राह्मण और दक्षिण गुजरात के अनाविल ब्राह्मण, दोनों ही कान्युकुब्ज प्रदेश के ब्राह्मणों से अपनी उत्पत्ति मानते हैं।"

कान्युकुब्ज प्रदेश में ब्राह्मण गुजरात या बंगाल से न आये थे। उनका केन्द्र कान्यकुब्ज प्रदेश या अवध था। यहाँ से वे गुजरात और बंगाल गये। राजस्थान के सामन्त वहाँ गुजरात या बंगाल से नहीं आये, वहाँ से वे पूर्व और पश्चिम में फैले। हर्ष के बाद का समय भारतीय सामन्तवाद के विघटन का समय है। हर्ष के समय तक संस्कृति का मुख्य माध्यम संस्कृत है। इसके बाद अपभ्रंश का समय आता है। संस्कृत अपनी ऐतिहासिक भूमिका पूरी कर चुकी थी। उसके समानान्तर प्राकृत को जमाया गया था, यह प्राकृत लोक भाषाओं से, संस्कृत की अपेक्षा, और भी दूर थी। देशी भाषाओं के अभ्युदय में अपभ्रंश-परम्परा बाधक हुई। अपभ्रंश ग्रन्थों के अनुवाद संस्कृत में किये गये। यह सामन्तवाद का विघटन काल है। अपभ्रंश काल में संस्कृति के वैसे केन्द्र स्थापित नहीं होते जैसे हर्ष के समय में और उनसे पहले थे। छोटे-बड़े सामन्त निरन्तर आपसी संघर्ष में जुटे रहते हैं। गुर्जर, पाल और राष्ट्रकूट उत्तर भारत पर प्रभुत्व पाने के लिए लम्बा संघर्ष करते हैं (दि एज औफ इम्पीरियल कन्नौज, पृष्ठ २३)। कर्णाटक से आये हुए सेन राजा बंगाल पर प्रभुत्व स्थापित करते हैं (दि स्ट्रगल फार एम्पाएर, पृष्ठ ३५)। एक समय उत्तरी और पश्चिमी बंगाल पर काम्बोज नरेश शासन करते हैं (उप०, पृष्ठ २४)। १३वीं शताब्दी में बर्मा से आये हुए आहोम गण असम में अपना राज्य कायम करते हैं। तुर्क आक्रमण से पहले ही बंगाल में सामन्ती प्रभुत्व छिन्न-भिन्न हो जाता है। "सेन राजाओं का राज्य १२वीं सदी के अन्तिम वर्षों में विघटित होने लगा था" (उप०, पृष्ठ ३९)। कनैयालाल माणकलाल मुंशी के अनुसार ९४० ई० के आसपास गुर्जर देश के साम्राज्य का पतन हुआ (गुजरात ऐन्ड इट्स लिटरेचर, पृष्ठ ५७)। 'द स्ट्रगल फार एम्पायर' में उन्होंने लिखा है कि १००० ई० में महमूद गजनवी ने भारत पर पहली बार आक्रमण किया और उस घटना को, प्राचीन भारत से मध्यकालीन भारत को अलग करने वाली, विभाजक रेखा मानना चाहिए। महमूद गज़नवी के आक्रमण से पहले ही गुर्जर साम्राज्य का पतन हो चुका था, यह तथ्य स्मरणीय है। बंगाल पर तुर्क आक्रमण होने से पहले वहाँ सेन साम्राज्य विघटित हो चुका था। यह जर्जर सामन्तवाद मध्य एशिया के लड़ाकू कबीलों का सामना करने में नितान्त असफल सिद्ध हुआ

पुरोहित वर्ग दुरभिसंधि करके राजाओं को गद्दी पर बिठाने और उतारने का काम करने लगा था। "जैन गुरुओं ने सम्राट्-विधायक बनकर ('ऐज़ किंगमेकर्स') पीढ़ियों तक राजकीय संरक्षण प्राप्त किया। वे सेनापतियों, सामन्तों और प्रान्तीय राज्यपालों को मिला लेते थे। इन प्रान्तीय अधिकारियों की छत्रछाया में उनकी सफलता प्रान्तीय केन्द्रों में सुनिश्चित हो जाती थी।" (दि एज ऑफ इम्पीरियल कन्नौज, पृष्ठ २८८)। अन्य धर्मों और मतों के पुरोहित जैन गुरुओं के इस प्रभाव को समाप्त करने में लगे थे। १२वीं सदी में गुजरात के कुमारपाल ने जैन मत को संरक्षण प्रदान किया। ब्राह्मणों की पशुबलि वाली यज्ञ क्रिया पर प्रतिबन्ध लगाया गया। कुमारपाल के निधन के बाद जैनियों ने उसके भानजे प्रतापमल को गद्दी पर बिठाना चाहा। ब्राह्मण लोग कुमारपाल के भतीजे अजयपाल का समर्थन करते थे। अजयपाल गद्दी पर बैठा। जैन ग्रन्थों के अनुसार अजयपाल ने जैन मन्दिरों का ध्वंस किया और जैनों पर अत्याचार किये। (द स्ट्रगल फार एम्पायर, पृष्ठ ७८)। एक ओर सामन्त आपस में लड़ रहे थे, दूसरी ओर विभिन्न मतों के पुरोहित आपस में लड़ रहे थे। यह क्रम काफी दिन से चला आ रहा था। अरबों के आक्रमण के समय ही "बौद्ध पुरोहित हज्जाज से विश्वासघाती पत्राचार कर रहे थे। अब उन्होंने खुलकर मुहम्मद [बिन कासिम] के लिए सामग्री जुटाई। मुहम्मद ने निर्विरोध अनेक नगरों पर अधिकार किया और सिविस्तान (सेहवान) तक बढ़ता चला आया। यहाँ भी बौद्ध पंचमांगियों ने अरबों का स्वागत किया और अपने ही राज्यपाल के विरुद्ध उनसे समझौता किया। राज्यपाल पराजित हुआ और भाग गया। अन्य नगरों के बौद्ध लोगों ने, कहते हैं, अरबों का साथ दिया···यह उल्लेखनीय है कि सभी बौद्धों ने मुसलमानों का साथ नहीं दिया और कुछ उनके विरुद्ध लड़े भी। दूसरी ओर अनेक बौद्धेतर लोगों ने भी अपने राजा और देश के प्रति विश्वासघात किया" (द क्लासीकल एज, पृष्ठ १७०-७१)। सामूहिक रूप से धर्म-परिवर्तन वहाँ हुआ जहाँ बौद्ध धर्म का प्रभाव अधिक था। तुर्क आक्रमणकारी पश्चिमी बंगाल से होकर ही पूर्वी बंगाल गये होंगे किन्तु सामूहिक धर्म-परिवर्तन की प्रक्रिया पूर्वी बंगाल में घटित हुई। इसका कारण यह जान पड़ता है कि पूर्वी बंगाल बौद्ध धर्म का गढ़ था।

राजपूत सामन्तों का गढ़ राजस्थान था। यह ऐतिहासिक तथ्य है कि १९४७ से पहले राजस्थान कभी एक ही राज्य के भीतर संयुक्त नहीं हुआ। राजपूत जितना गैर राजपूतों से लड़ते थे, उससे ज्यादा आपस में लड़ते थे। बृहत्तर गुर्जर देश के तथाकथित गुर्जर सम्राट् निरन्तर परस्पर संघर्ष में उलझे रहे। प्रतिहारों ने यदि कोई विशाल राज्य कायम किया तो इसका यह अर्थ नहीं कि युद्ध और संघर्ष समाप्त हो गये थे। यदि एक ही राजा कुमारपाल के भतीजे और भानजे आपस में लड़ सकते थे तो एक ही कबीले के सामन्त आपस में क्यों न लड़ सकते थे? इस आपसी लड़ाई का अनिवार्य परिणाम था विदेशी आक्रमणकारियों से

सहयोग। सामन्तों और पुरोहितों का एक दल लड़ता था और दूसरा दल सहयोग करता था या तटस्थ रहता था। इस विघटनकाल की सांस्कृतिक उपलब्धि है अपभ्रंश-साहित्य।

१५. युग-परिवर्तन और इतिहास में काल-विभाजन

कुछ विद्वानों का विचार है कि भारत में दो महान् क्रान्तियाँ हुईं। पहली क्रान्ति तुर्कों ने भारत पर आक्रमण करके आरम्भ की, दूसरी क्रान्ति अंग्रेज़ों ने भारत में अपना राज्य कायम करके संपन्न की। तुर्कों ने भारत के जर्जर सामन्तवाद का ध्वंस करके यहां सामाजिक संगठन, मानवतावादी संस्कृति के विकास का नवीन मार्ग प्रशस्त किया। अंग्रेज़ों ने यहाँ पहली सामाजिक क्रान्ति की और नये औद्योगिक विकास का मार्ग प्रशस्त किया। रोचक तथ्य यह है कि तुर्कों और अंग्रेज़ों, दोनों के मुख्य सहायक भारत के सामन्त थे। इन सामन्तों की सहायता के बिना भारत में न तुर्क राज्य कायम हो सकता था, न अंग्रेज़ी राज्य।

इतिहासलेखक तुर्क आक्रमण काल को प्राचीन भारत और मध्यकालीन भारत की विभाजक रेखा मानते हैं। ये सब बड़े हिन्दुत्व प्रेमी इतिहासकार हैं। इनसे पूछना चाहिए, यदि तुर्क आक्रमणकारियों की भूमिका क्रान्तिकारी नहीं थी तो एक युग समाप्त कैसे हो गया, दूसरे युग का सूत्रपात कैसे हुआ? प्राचीन भारत का अवसान और मध्यकालीन भारत का अभ्युदय, इससे अधिक युग परिवर्तन का स्पष्ट रूप और क्या होगा? तुर्कों की धर्मान्धता और क्रूरता को निरन्तर कोसने वाले ये इतिहासकार अप्रत्यक्ष रूप से उन्हें युगप्रवर्तक स्वीकार करते हैं। जहाँ तक आधुनिक आर्य भाषाओं के अभ्युदय का प्रश्न है, साहित्य में उनके प्रतिष्ठित होने का प्रश्न है, वहाँ यह स्वीकृति बहुत अप्रत्यक्ष भी नहीं है।

डा० सुनीतिकुमार चाटुर्ज्या ने लिखा है: "यदि तुर्क-मुसलमान विजय न हुई होती तो यह सम्भव था कि आधुनिक भारतीय आर्य लोकभाषाओं का औपचारिक रूप से उद्‌भव तो हो जाता किन्तु लगता है कि गम्भीर साहित्यिक उद्देश्यों के लिए उनकी स्वीकृति में विलम्ब होता" (इण्डोआर्यन ऐण्ड हिन्दी, कलकत्ता, १९६०, पृष्ठ १०३)। इस प्रक्रिया का एक अपवाद है बंगाल "जहाँ जैसे ही स्थानीय मागधी अपभ्रंश ने एक निश्चित बँगला रूप धारण किया, वैसे ही १०वीं सदी से गीतों के रूप में पुराना बँगला साहित्य हमें प्राप्त हो जाता है" (उप०, पृष्ठ १०३)। जहाँ तक हिन्दी का सम्बन्ध है, "१३वीं-१४वीं सदियों में अभी हिन्दी या हिन्दुस्तानी का कहीं अस्तित्व नहीं है" (उप०, पृष्ठ १९५)। १२वीं सदी के अन्त में और १३वीं सदी के आरम्भ में महाराष्ट्र के नामदेव हिन्दी में पद-रचना कर रहे थे, यह तथ्य डा० चाटुर्ज्या का ध्यान आकर्षित नहीं करता।

इतिहास का अध्ययन करने का एक तरीका और है। यहाँ ध्यान समाज

व्यवस्था, मनुष्य के खाने-पहनने की चीजों के उत्पादन और वितरण की व्यवस्था पर केन्द्रित किया जाता है। विदेशी आक्रमण और उसके द्वारा स्थापित राज्य कहाँ तक समाज-व्यवस्था बदलते हैं, समाज के लिए आवश्यक वस्तुओं के उत्पादन और वितरण की व्यवस्था कहाँ तक बदलते हैं, इस पर ध्यान देना ज़रूरी होता है। इस दृष्टिकोण से न तुर्क युगप्रवर्तक ठहरते हैं, और न अंग्रेज़। इंग्लैण्ड में औद्योगिक क्रान्ति १८वीं सदी के अन्त में हुई थी और तब तक वे भारत के बहुत बड़े भाग पर अपना राज्य कायम कर चुके थे। यह राज्य उन्होंने भारत में अपना माल बेचने के लिए कायम न किया था, उन्होंने यह राज्य कायम किया था भारत का माल विलायत में बेचने के लिए। १८५७ ई० से पहले वे सामन्तों के एक गुट की सहायता से दूसरे गुट को पराजित करते और उसका राज्य हथियाते रहे। १८५७ के बाद उन्होंने पुराने सामन्तों को अपने राज्य का प्रमुख स्तम्भ बनाया और ज़मींदारों के रूप में नये सामन्त पैदा करके उन्हें भी अपना सहायक बनाया। इसमें क्रान्तिविरोधी बात तो दिखाई देती है, क्रान्तिकारी बात कौन सी है? अंग्रेज़ों की भूमिका विवाद का एक विषय उस समय के लिए हो सकती है जब इंग्लैण्ड में औद्योगिक क्रान्ति सम्पन्न हो चुकी थी। यह कार्य १८०० तक पूरा न हुआ था, इसलिए अंग्रेज़ी राज्य की क्रान्तिकारी भूमिका के बारे में यहाँ और कुछ लिखना अनावश्यक है।

जहाँ तक तुर्कों का सम्बन्ध है, ये कबीलों के रूप में संगठित थे और सामन्ती व्यवस्था की प्रारम्भिक मंज़िलों से गुज़र रहे थे। भारत में आकर उन्होंने सामन्ती व्यवस्था के बदले गण-व्यवस्था कायम की हो, ऐसा नहीं हुआ, सामन्तवाद के बदले यहाँ पूँजीवादी व्यवस्था कायम की हो, ऐसा भी नहीं हुआ। तब उन्होंने कौन सा युग-परिवर्तन किया? वे यहाँ के सामाजिक ढाँचे में खप गये। उनसे पहले शक, हूण आदि जो बर्बर जनसमुदाय भारत में आये, वे भी यहाँ के सामाजिक तंत्र का अंग बन गये। उन्हीं की तरह तुर्क भी अकबर के समय तक भारतीय बन गये। अकबर से पहले ही जो तुर्क जिस प्रदेश में रहे, वहाँ की भाषाएँ बोलने लगे, उनका धर्म अवश्य भिन्न था पर उनकी जातीयता नष्ट हो गई थी। अरब तुर्कों से अधिक सभ्य थे पर सिन्ध या केरल में वे कोई भी अरबी भाषी उपनिवेश कायम न कर सके। सिन्ध के अरबों की भाषा सिन्धी हुई, केरल के अरबों की भाषा मलयालम हुई। इसी तरह तुर्क और पठान कश्मीरी, पंजाबी, ब्रजभाषा, खड़ी बोली हिन्दी, मराठी, गुजराती, बँगला भाषाएँ बोलने लगे। यह उनकी तुर्क, पठान या अरब जातीयता के परिवर्तन का सबसे बड़ा प्रमाण था। अफ्रीका में अरब जहाँ गये, वहाँ उन्होंने अरबीभाषी उपनिवेश कायम किये। तुर्कों ने लघु एशिया में ग्रीक सभ्यता का नाश करके तुर्की भाषी उपनिवेश कायम किया। यही उपनिवेश आज का तुर्की राष्ट्र है। भारत में ऐसा कोई उपनिवेश कायम नहीं हुआ।

जो लोग अपभ्रंश को आभीरों की भाषा मानते हैं, उन्हें उक्त तथ्यों पर ध्यान देना चाहिए। वैदिककाल से लेकर अब तक भारत में किसी भी विदेशी भाषा का उपनिवेश कायम नहीं हुआ। यूरुप में हंगरी बहुत स्पष्ट एशियाई भाषा का उपनिवेश है। अमरीका और अफ्रीका में अंग्रेज़ों, पुर्तगालियों, स्पैनिश जातियों के उपनिवेश कायम हुए। ऐसा भारत में नहीं हुआ। आभीर, और उनके साथ राजपूत, चाहे बाहर से आये हों और चाहे भारत के हों, भाषा और साहित्य के इतिहास में इससे कोई अन्तर नहीं पड़ता।

भारत में सामाजिक विकास विषम गति से हुआ है। अनेक मानव-समुदाय अब भी प्राक्सामन्ती और अर्ध सामन्ती अवस्था में रहते हैं। यह मानते हुए, जहाँ सामाजिक व्यवस्था में मौलिक परिवर्तन हुए हैं, उन पर ध्यान देना चाहिए। वैदिक समाज गण-व्यवस्था के विघटन और सामन्ती व्यवस्था के अभ्युदय का समाज है। गण-व्यवस्था की मंज़िल छोड़कर सामन्ती सभ्यता की मंज़िल में प्रवेश पहली सामाजिक क्रान्ति है। जिस समय तोलकाप्पियम् ग्रन्थ रचा जाता है, उस समय तक सामन्ती व्यवस्था तमिलनाडु में कायम हो चुकी है। इस सामन्त युग में केवल तमिल भाषा का अभ्युदय नहीं होता, अन्य आर्य द्रविड़ भाषाओं का अभ्युदय भी होता है। विभिन्न कारणों से जनपदीय भाषाएँ साहित्य का माध्यम कहीं पहले बनती हैं, कहीं बाद को। ११वीं सदी में जनपदों का अलगाव खत्म होने लगता है, जातीय भाषाओं के अभ्युदय के लिए ज़मीन तैयार होती है। इतिहासकार जिसे मध्य युग की शुरुआत मानते हैं, वह वास्तव में आधुनिक युग की शुरुआत है। इस युग में उत्पादन का पुराना तरीका बना रहता है पर बहुत सा माल उत्पादकों के अपने काम में आने के लिए तैयार नहीं किया जाता वरन् बेचने के लिए तैयार किया जाता है। बिकाऊ माल देश में ही नहीं, विदेश में बेचने के लिए काफी बड़े पैमाने पर तैयार किया जाता है। कारीगरों और व्यापारियों के बड़े वर्ग निर्मित होते हैं। इसके साथ समाज में द्रव्य-तंत्र और विनिमय का विकास होता है। इस विकास के साथ सामन्ती व्यवस्था के गर्भ में पूंजीवादी सम्बन्धों का प्रसार होता है। भारत में सामाजिक क्रान्ति की यह दूसरी मंज़िल थी। इंग्लैण्ड में भी यह क्रान्ति १४वीं सदी से लेकर १८वीं सदी तक हुई। १८वीं सदी के अन्त में इंग्लैण्ड ने पूंजीवाद की दूसरी मंज़िल, औद्योगिक पूंजीवाद में प्रवेश किया। भारत में १८०० तक अंग्रेज़ी राज्य कायम होने से यहाँ का सामाजिक विकास पूंजीवाद की पहली मंज़िल, व्यापारी पूंजीवाद की मंज़िल, में रुक गया। जापान में अंग्रेज़ों का या यूरुप की किसी अन्य जाति का राज्य कायम नहीं हुआ। एशिया में वहाँ औद्योगिक क्रान्ति सबसे पहले हुई, वहाँ औद्योगिक विकास उन देशों की अपेक्षा अधिक हुआ जिन पर अंग्रेज़ों ने अपना राज्य कायम किया था।

तुर्कों का आक्रमण उस समय हुआ जब यहाँ व्यापारिक पूंजीवाद के विकास

के साथ नवीन जातियाँ संगठित हो रही थीं, अनेक जनपदों से मिलकर ये जातियाँ बन रही थीं और जनपदीय भाषाएँ अपना सीमित क्षेत्र छोड़कर जातीय गठन का माध्यम बन रही थीं। उदाहरण के रूप में गुजरात की स्थिति ले सकते हैं। 'द स्ट्रगल फार एम्पायर' की भूमिका में कनैयालाल माणकलाल मुंशी ने लिखा है कि तेरहवीं सदी के समाप्त होते-होते गुजरात का सूती उद्योग अपने चरम विकास की अवस्था में था। यहाँ का चमड़े का कारोबार भी प्रसिद्ध था। गुड़, शक्कर और भवन-निर्माण उद्योगों की प्रगति कम महत्वपूर्ण नहीं थी। बारीक काम करने के लोहे के औजार बनाये जाते थे। मसाले, रंग, चमड़े का सामान, इत्र, विदेश व्यापार की मुख्य वस्तुएँ थीं। बाहर से इनके बदले सोना-चाँदी और घोड़े आते थे। यहाँ के कुछ व्यापारी सुमात्रा, जावा, ईरान आदि से व्यापार करते थे और अन्तरराष्ट्रीय ख्याति प्राप्त कर चुके थे। इन सामाजिक परिस्थितियों में गुजराती जाति का गठन हुआ। यदि गुजराती भाषा साहित्य में विलम्ब से प्रतिष्ठित हुई तो इसका कारण यह था कि राज्यसत्ता निरंकुश सामन्तों और रूढ़िवादी पुरोहितों के हाथ में थी और गुजराती भाषा पर अपभ्रंश का आधिपत्य कायम रहा।

इसी तरह अन्य प्रदेशों में सामाजिक विकास हुआ, जातीय गठन के साथ जातीय भाषाओं का विकास हुआ, वे साहित्य का माध्यम बनीं। तुर्क तथा अन्य आक्रमणकारी यहाँ की जातियों में घुलमिल गये। इससे यह न समझना चाहिए कि जातीय भाषाओं का विकास सहज गति से होता रहा। तुर्क और पठान शासक ईरानी संस्कृति और फ़ारसी से प्रभावित थे। उन्होंने फारसी को राजभाषा बनाया। कहीं उन्होंने भारतीय भाषाओं को फ़ारसी के बाद दूसरा स्थान दिया और कहीं वह भी न दिया। कोई भाषा अपने प्रदेश में पूर्ण प्रभुत्व पाये, और कोई भाषा अन्य भाषा के प्रभुत्व के अधीन होकर सामाजिक व्यवहार का माध्यम बने, इन दोनों की स्थिति में अन्तर होता है। द्रविड़ भाषाओं में तमिल, और आर्य भाषाओं में मराठी, फ़ारसी के इस प्रभुत्व से अपेक्षाकृत मुक्त रहीं। मराठी में फ़ारसी के बहुत से शब्द प्रयुक्त होने लगे, इससे उक्त स्थापना में कोई फर्क नहीं पड़ता। मराठी भाषियों ने अपने राज्य में फ़ारसी को नहीं, मराठी को राज्यभाषा बनाया, यह बात मराठी भाषा और साहित्य के विकास के लिए महत्वपूर्ण थी। ब्रज प्रदेश में जाट राजाओं ने ब्रजभाषा को राज्यभाषा का दर्जा दिया, बुन्देलखण्ड में छत्रसाल आदि राजा अपना कामकाज बुन्देलखंडी में करते थे। किन्तु बुन्देलखंडी और ब्रज जनपदीय भाषाएँ थीं। ये बृहत्तर जातीय क्षेत्र में राजकाज की भाषा नहीं बनीं। राष्ट्रीय स्तर पर फ़ारसी का व्यवहार होता था। जो दस्तावेज़ भारतीय भाषाओं में लिखे जाते थे, उनके साथ उनका फ़ारसी प्रतिरूप (अथवा मूल रूप) भी दिया जाता था। राष्ट्रीय स्तर पर यदि किसी अभारतीय भाषा का व्यवहार होगा, तो यह अस्वाभाविक स्थिति अन्य भाषाओं के विकास को भी प्रभावित करेगी।

यहाँ हम साहित्य के इतिहास में काल-विभाजन की समस्या पर विचार कर सकते हैं। समाज और साहित्य के इतिहास का काल-विभाजन एक ही आधार पर किया जाता है। जो लोग १५वीं या १६वीं सदी के साहित्य को मध्यकालीन कहते हैं, वे उस समय के भारतीय समाज को भी मध्यकालीन कहते हैं। उनके लिए अंग्रेज़ी राज कायम होने पर आधुनिक साहित्य शुरू होता है, आधुनिक समाज-व्यवस्था भी शुरू होती है। तुर्क आक्रमण से मध्यकालीन भारत आरम्भ हुआ, अंग्रेज़ों के आक्रमण से आधुनिक भारत की शुरुआत हुई। यदि समाज-व्यवस्था पर ध्यान दें तो प्राचीन गण-समाजों का अवसान वैदिक काल में आरम्भ हो जाता है। वैदिक काल से लेकर लगभग ११वीं सदी तक सामन्ती व्यवस्था कायम रहती है। इस काल में रचा हुआ साहित्य चाहे संस्कृत, प्राकृत और अपभ्रंश में हो, चाहे तथाकथित पुरानी बँगला में हो, वह सामन्ती व्यवस्था में रचा हुआ साहित्य है। द्रविड़ भाषाओं में, तमिल और कन्नड़ में, रचा हुआ साहित्य इसी व्यवस्था में रचा हुआ साहित्य माना जायेगा। इस सबको मध्यकालीन साहित्य की संज्ञा दी जा सकती है। भारत में जातीय गठन की प्रक्रिया सब जगह एक ही समय सम्पन्न नहीं होती, फिर भी मोटे रूप से १२वीं सदी को नई जातियों के निर्माण का प्रारम्भिक काल मान सकते हैं। इस समय आधुनिक भाषाओं में जातीय साहित्य की रचना आरम्भ होती है। समाज और साहित्य का आधुनिक काल १२वीं सदी से आरम्भ होता है। सामाजिक स्तर पर इसका लक्षण है सामन्ती व्यवस्था का विघटन, व्यापारिक पूँजीवाद का विकास, नये सामाजिक सम्बन्धों का प्रसार; साहित्यिक स्तर पर इसका लक्षण है सामन्त-विरोधी प्रवृत्तियों का उद्भव और प्रसार, नये मानवतावाद की प्रतिष्ठा। १२वीं सदी में शुरू होने वाली यह सामन्त-विरोधी क्रान्ति कई मंज़िलें पार कर चुकी है पर वह अभी पूर्णत: सम्पन्न नहीं हुई। अंग्रेज़ी राज कायम होने के बाद सामन्त-विरोधी विकास निरंतर अवरुद्ध होता रहा है। भारत में जातियों के पूर्ण गठन और देश को आधुनिक राष्ट्र बनाने की समस्या अब भी बनी हुई है। इसका यह अर्थ नहीं है कि भारत में अभी तक आधुनिक युग की शुरुआत नहीं हुई।

निष्कर्ष

भारतीय भाषाओं को साहित्य का माध्यम बनने में कहीं अधिक समय लगा, कहीं कम। इसके सामाजिक और सांस्कृतिक कारण हैं। कोई भाषा जिस समय साहित्य का माध्यम बने, उस समय को उसके उद्भव का समय मानना बहुत बड़ी भ्रान्ति है।

गण-समाजों के बीच सामन्ती व्यवस्था के प्रसार केन्द्र उत्तर भारत में थे। इस व्यवस्था के साथ वैदिक-पौराणिक, बौद्ध और जैन धर्मों का प्रसार हुआ। संस्कृत, पाली और प्राकृत भाषाएँ इन तीन धर्मों से सम्बद्ध हुईं। सामन्ती

व्यवस्था और संस्कृत-प्राकृत-भाषातंत्र के अन्तर्गत उत्तर भारत ही नहीं, तमिलनाडु समेत दक्षिण भारत भी था। इसलिए सामन्ती व्यवस्था के अभ्युदय काल से तमिलनाडु का संस्कृत से सम्पर्क रहा था।

वैदिक भाषा गण-व्यवस्था के अन्तिम चरण और सामन्ती व्यवस्था के प्रथम चरण की भाषा है। यह दूसरी सहस्राब्दी ईसापूर्व में बोलचाल की भाषा थी जिसमें अनेक समकालीन गण-भाषाओं के तत्त्व भी समाहित हो गये थे। प्रथम सहस्राब्दी ईसापूर्व की लौकिक संस्कृत शिष्टजनों की भाषा थी। उसके समानांतर जनपदीय भाषाओं का व्यवहार होता था। प्राकृत बोलचाल की भाषा नहीं थी। उसका शब्द-भंडार, व्याकरण व्यवस्था मूलतः वही थी जो संस्कृत की थी।

देशी भाषाएँ, अर्थात् संस्कृत-प्राकृत से भिन्न जनपदीय भाषाएँ, कम-से-कम उतनी पुरानी हैं जितना पुराना भरत का नाट्यशास्त्र है। सामन्ती व्यवस्था के ह्रास के साथ देशी भाषाओं और संस्कृत-प्राकृत भाषातंत्र का अन्तर्विरोध तीव्र होता जाता है।

साहित्य में तमिल भाषा की प्रतिष्ठा की समस्या पर इसी अखिल भारतीय संदर्भ में विचार करना चाहिए। अन्य द्रविड़ भाषाओं की अपेक्षा तमिल, साहित्य में पहले प्रतिष्ठित हुई, इसका कारण यह है कि जिस समय सामन्ती व्यवस्था तमिलनाडु में बहुत सुदृढ़ न हुई थी, उस समय वहाँ उद्योग और व्यापार का विकास हुआ और व्यापारी वर्ग से, सामन्ती व्यवस्था के गर्भ में रहते हुए भी, समाज और संस्कृति को नये स्तर पर विकसित करने में सफलता मिली।

मलयालम भाषा में तमिल की अपेक्षा प्राचीनता के अनेक लक्षण विद्यमान हैं। साहित्य में इस भाषा को प्रतिष्ठित होने में बहुत अधिक समय लगा। इसका कारण यह था कि केरल पर तमिल राजाओं का प्रभुत्व था। इसके अतिरिक्त वहाँ संस्कृत-प्राकृत-साहित्य-रचना के प्रभावशाली केन्द्र भी थे।

कन्नड़ की अपेक्षा तेलुगु भाषा में साहित्य रचना विलम्ब से होती है, इसका कारण वहाँ के सामन्त वर्ग का प्राकृत भाषा और साहित्य के प्रति विशेष आग्रह है। बंगाल जैसे प्रदेशों में भी उच्चवर्ग देशी भाषा की तुलना में संस्कृत-प्राकृत को सांस्कृतिक भाषाएँ मानकर उनमें साहित्य रचना को प्रोत्साहन देता था।

जिस समय तमिल में साहित्य रचना आरम्भ होती है, उस समय मलयालम, कन्नड़ आदि तथा ब्रज, अवधी, कश्मीरी आदि भाषाएँ अस्तित्व में हैं। तमिल समेत ये सभी भाषाएँ अभी जनपदीय भाषाएँ हैं। जब जातीय भाषाओं का निर्माण होता है, तब इन भाषाओं में अनेक परिवर्तन होते हैं।

देशी भाषाएँ एक-दूसरे के विकास में सहायक हुई हैं। अवधी, खड़ी बोली हिन्दी के अनेक तत्त्व एक ओर बंगला में दिखाई देते हैं, दूसरी ओर मराठी में। इसके साथ देशी भाषाओं के अन्तर्विरोध भी विद्यमान रहते हैं। सामन्ती व्यवस्था के अभ्युदयकाल में ऐसा विरोध तमिल और मलयालम के बीच है। इस व्यवस्था

के ह्रासकाल में ऐसा विरोध मराठी-गुजराती, मराठी-कन्नड़ आदि के बीच है। अंग्रेजी राज कायम होने पर ऐसा विरोध बँगला-उड़िया, बँगला-असमिया के बीच दिखाई देता है। सहयोग और आन्तरिक विरोध, दोनों ही देशी भाषाओं साहित्य-रचना-प्रक्रिया को प्रभावित करते हैं।

सामन्ती व्यवस्था के ह्रासकाल में, संस्कृत प्राकृत के समानान्तर, अपभ्रंश, साहित्य-रचना का प्रमुख माध्यम बनती है। इसके केन्द्र मुख्यतः उत्तर भारत में हैं। प्राकृत के समान ही इसका प्रसार दक्षिण भारत में नहीं होता। इसका कारण यह है कि इसको प्रश्रय देने वाले सामन्तों का मुख्य केन्द्र राजस्थान है। इसके साथ ही अनेक मतों के आचार्य बंगाल से लेकर गुजरात तक इसका सहारा लेते हैं।

अपभ्रंश का ध्वनितंत्र प्राकृत का है। इसका रूपतंत्र अंशतः देशी भाषाओं का है और अंशतः प्राकृत का। यह बोलचाल की भाषा नहीं थी। इसमें एक नहीं, अनेक देशी भाषाओं के तत्त्व हैं। इन देशी भाषाओं में एक भाषा अवधी भी है जिसके रूप पूरब में दोहाकोश और चर्यागीत कोश से लेकर पश्चिम में हेमचन्द्र के व्याकरण में उद्धृत अपभ्रंश पद्यों तक में मिलते हैं। इस समय देशी भाषाएँ अपभ्रंश के माध्यम से ही अपने अस्तित्व की सूचना दे सकती थीं। अपभ्रंश देशी भाषाओं से प्रभावित है, देशी भाषाओं का जन्म अपभ्रंश से नहीं होता।

अपभ्रंश चाहे पूर्ववर्ती हो, चाहे परवर्ती, है वह अपभ्रंश। उसमें कहाँ-कहाँ किन देशी भाषाओं के तत्त्व सम्मिलित किए गये हैं, इसकी छानबीन आवश्यक और उपयोगी है, किन्तु उसे पुरानी हिन्दी, पुरानी गुजराती, पुरानी बँगला आदि कहना भ्रान्तिमूलक है।

जैसे अपभ्रंश पुरानी हिन्दी नहीं है, वैसे ही अपभ्रंश साहित्य का रचनाकाल हिन्दी साहित्य का आदिकाल नहीं है। लोकभाषाओं में रचे हुए अलिखित लोकप्रिय साहित्य की अनेक परम्पराएँ अपभ्रंश में प्रकट हुईं। हिन्दी में इन काव्य परम्पराओं को देखकर उन्हें मूलतः अपभ्रंश की सम्पत्ति न मानना चाहिए।

किसी भाषा की जातीय प्रकृति को पहचानने का एक महत्त्वपूर्ण साधन छन्द-विधान है। संस्कृत और बँगला जैसी भाषाओं में वर्णिक छन्दों की प्रधानता है।

विक्रमोर्वशीय के अनेक अपभ्रंश गीत, गीतगोविन्द के संस्कृत गीत, चर्यागीतिकोश और दोहाकोश के छन्द तथा सामान्यतः अपभ्रंश काव्य में प्रयुक्त छन्द मात्रिक हैं और यह छन्द-विधान हिन्दी जैसी भाषाओं की जातीय प्रकृति के अनुकूल है।

बारहवीं सदी के आसपास भारत में पुराने जनपदों का अलगाव समाप्त होता जाता है और नवीन जातियों का अभ्युदय होता है। इस काल में अपभ्रंश देशी भाषाओं के विकास में बाधक होती है और क्रमशः उसे अपना स्थान छोड़ना पड़ता है। तुर्कों के आक्रमण से यहाँ कोई युग-परिवर्तन नहीं होता। तुर्क यहाँ की विभिन्न जातियों द्वारा आत्मसात् कर लिये जाते हैं। यह तथ्य स्वयं

जातीय निर्माण और जातीय शक्ति का एक प्रमाण है। जिस समय आधुनिक जातियों का निर्माण होता है, उसी समय से समाज और साहित्य के इतिहास में आधुनिक काल की शुरुआत माननी चाहिए। जिसे लोग मध्यकाल कहते हैं, वह वास्तव में आधुनिक काल का प्रथम चरण है जब समाज में उद्योग और व्यापार के विकास और प्रसार के साथ समाज में नये सम्बन्ध कायम होते हैं। साहित्य के इतिहास में काल-विभाजन का आधार समाज-व्यवस्था होनी चाहिए। पुरानी संस्कृति के अवशेष बहुत दिनों तक कायम रहते हैं। इससे यह सिद्ध नहीं होता कि नये युग का सूत्रपात नहीं हुआ।